© Roli & Janssen/Roli Books, New Delhi, 2008/2013
Pure & Simple, Vidhu Mittal
Pure & Special, Vidhu Mittal

© Verlag Zabert Sandmann, München, 2014
ISBN 978-3-89883-431-5

© Text und Bilder: Vidhu Mittal

Übersetzung:	Annerose Sieck, Renate Weinberger
Redaktion:	Neeta Datta, Ines Alms, Katharina Lisson
Gestaltung:	Supriya Saran, Sneha Pamneja, Irene Schulz
Foodfotos:	Sanjay Ramchandran (weitere siehe S. 310)
Produktion:	Naresh Nigam
Cover:	Georg Feigl, Irene Schulz
Herstellung & Lithografie:	Peter Karg-Cordes, Jan Russok
Druck und Bindung:	optimal media GmbH

Besuchen Sie uns auch im Internet unter www.zsverlag.de

ECHT
INDIEN
VEGETARISCH

mit Rezepten von Vidhu Mittal
und Fotos von Sanjay Ramchandran

DANKSAGUNG

Ich danke

Sanjay Ramchandran, die voller Geduld die Fotos aufgenommen hat. Ihre Kreativität spiegelt sich in diesem Buch wider.

Jagdish Babu DK, der das Buch gestaltet hat und mir als technisch unbewandertem Menschen eine große Hilfe war.

Sujatha Puranik Rakhra, die mir als Beraterin zur Seite stand, wann immer ich sie brauchte.

Sonya Balasubramanyam, die mir mit ihrer Liebe zum Detail geholfen hat, das Buch sorgfältig zu strukturieren.

Abhishek Poddar, der viele kreative Ideen zur Gestaltung des Buchs beisteuerte.

William GK, der als Foodstylist jedem Gericht vor dem Fotografieren den letzten optischen Schliff gab.

Mein besonderer Dank gilt meinem Ehemann **Som**, unseren Kindern **Nidhi**, **Tarang** und **Siddharth**, meiner Schwester **Anu** sowie meiner Haushaltshilfe **Madamma**, die mich alle während der Arbeit an diesem Buch tatkräftig unterstützten.

VORWORT

Weltweit wächst das Interesse an der indischen Küche und der vegetarischen Ernährung. Dieses Buch möchte Ihnen Freude an der Kochkunst vermitteln und zeigen, wie entspannend Kochen sein kann. Es ermöglicht Ihnen auf einfache Weise, sich an der faszinierenden Vielfalt der indischen Küche und ihren köstlichen Aromen zu erfreuen.

Seit mehr als 15 Jahren gebe ich in Bengaluru Kochkurse, die ich als eine meiner schönsten und erfüllendsten Aufgaben betrachte. Die Arbeit mit meinen zahllosen Kursteilnehmern hat mich zu diesem Buch inspiriert und ermutigt. In den Rezepten spiegeln sich die Aromen meiner Heimatprovinz Uttar Pradesh wider. Dabei ging es mir darum, fein gewürzte Gerichte zu entwickeln, die nicht die dominante Schärfe besitzen, mit der die indische Küche so häufig verbunden wird.

Die Portionen sind so berechnet, dass man, wie bei uns in Indien üblich, mehrere Gerichte zu einem Gang kombinieren kann. Menüvorschläge sollen Ihnen zeigen, wie die einzelnen Gerichte eine köstliche Mahlzeit ergeben. An Auswahl mangelt es nicht – die Rezepte reichen von Vorspeisen, Suppen und Salaten über variantenreiche Hauptgerichte bis hin zu erfrischenden Getränken und leckeren Desserts.

Ich konnte diese Rezepte über Jahre perfektionieren. Dabei lag mir auch am Herzen, das appetitliche Erscheinungsbild indischer Gerichte und die natürlichen Farben der frischen Zutaten hervorzuheben. Die Zubereitung der Gerichte ist ganz einfach. Zu jedem Rezept finden Sie Stepfotos, die es Ihnen leichtmachen, die einzelnen Arbeitsschritte nachzuvollziehen. Weil ich schnelle Gerichte kreieren wollte, verwende ich fast immer einen Schnellkochtopf. Da jedoch nicht jeder Haushalt über einen solchen verfügt, sind die Rezepte so geschrieben, dass man die Gerichte auch in herkömmlichen Töpfen zubereiten kann.

Ich hoffe, Sie haben beim Zubereiten der Gerichte so viel Spaß wie ich beim Schreiben dieses Buchs.

Vidhu Mittal

INHALT

Danksagung   4

Vorwort   5

Im Reich der Gewürze und Aromen   10

Typische Gemüse, Kräuter & Früchte   12

Die Vielfalt der Hülsenfrüchte   18

Nüsse & Trockenfrüchte   19

Küchenutensilien   20

DRINKS, SUPPEN & SALATE   22

SNACKS & VORSPEISEN   72

HAUPTGERICHTE   116

REIS & BROT   174

BEILAGEN   216

DESSERTS & GEBÄCK   244

ZUBEREITUNGSTIPPS   278

Glossar   307

Register   308

Menüvorschläge   311

IM REICH DER GEWÜRZE UND AROMEN

Gewürze verleihen den Speisen Geschmack, Aroma und häufig auch eine bestimmte Farbe. Man verwendet sie sowohl im Ganzen als auch zerstoßen oder gemahlen. Ihren vollen Geschmack entwickeln die meisten Gewürze durch das Mitgaren oder durch Rösten in heißem Öl. In luftdicht verschließbaren, dunklen Gefäßen halten sich Gewürze am längsten frisch.

Asant *(hing)*, auch Asafoetida oder Stinkasant, ist ein Baumharz, das roh sehr streng riecht. Beim Garen entwickelt sich jedoch ein angenehmes Aroma. Asant fördert die Verdauung. Wegen des Geruchs sollten Sie Asant separat aufbewahren.

Lorbeerblätter *(tej patta)* stammen vom Lorbeerbaum. Die getrockneten Blätter entfalten erst beim Mitgaren ihre aromatische Würzkraft. In Indien wird häufig mit 2 bis 3 Lorbeerblättern intensiv gewürzt. Vor dem Servieren entfernen.

Schwarzer Kardamom *(badi elaichi)* hat ein milderes Aroma als der grüne Kardamom (siehe rechte Seite). Die schwarzbraunen Fruchtkapseln gibt man im Ganzen in Suppen, gewürzten Reis und einige herzhafte Gerichte. Kardamom ist ein Bestandteil der Gewürzmischung Garam Masala.

Schwarze Pfefferkörner *(sabut kali mirch)* sind die sonnengetrockneten Früchte des Echten Pfeffers. Die Körner verwendet man im Ganzen oder frisch gemahlen aus der Pfeffermühle. Schwarzer Pfeffer ist der Hauptbestandteil von Garam Masala.

Kala Namak *(kala namak)*, auch schwarzes Salz genannt, ist ein reines (nicht raffiniertes), graubraunes bis graurosafarbenes Steinsalz, mit dem man in der indischen Küche häufig Snacks, Getränke und Joghurt würzt.

Ajowan *(ajwain)* ist die winzige graubräunliche, beißend scharfe Frucht der gleichnamigen Pflanze. Bereits eine geringe Menge – kurz in Öl oder geklärter Butter (Ghee) angeröstet – reicht zum Würzen eines Gerichts. Ajowan hilft gegen Blähungen.

Chilipulver *(lal mirch)* wird aus ganzen, getrockneten roten Chilischoten gemahlen. Die Schärfe variiert je nach verwendeter Sorte. Kashmiri-Chilis liefern ein eher mildes, stark färbendes Pulver, während das aus Piri-Piri-Chilis höllisch scharf ist. Chilipulver wird über Snacks gestreut oder am Anfang der Zubereitung in heißes Öl gerührt.

Zimt *(dalchini)* schmeckt aromatisch-süßlich. Die Zimtstangen sind hauchdünne, gerollte, getrocknete Rindenstücke des Zimtbaums. Im Ganzen mitgegart, aromatisieren sie zahlreiche Gerichte. Mit gemahlenem Zimt würzt man in Indien vor allem Suppen, Currys, Chutneys und Desserts.

Gewürznelken *(laung)* sind kleine getrocknete Blütenknospen, die sowohl für herzhafte als auch für süße Gerichte verwendet werden. Angeröstet verleihen sie Reis und Suppen ein angenehmes würzig-scharfes Aroma.

Korianderkörner *(dhaniya)* sind die getrockneten, frischwürzig schmeckenden Früchte der gleichnamigen einjährigen Pflanze. Mit fein gemahlenem Koriander werden viele indische Currys gewürzt.

Kreuzkümmel *(jeera)*, auch Cumin genannt, ist ein kleiner, länglicher Samen mit bitterscharfem Aroma und Geschmack, der sich durch Anrösten besonders intensiv entfaltet. Mit geröstetem, zerstoßenem oder gemahlenem Kreuzkümmel werden häufig Joghurtgerichte gewürzt.

Fenchelsamen *(saunf)* schmecken süßlich, wobei der Geschmack an Anis erinnert. Gemahlen würzen die länglichen grünlichen Samen Currys und Pickles. In Indien kaut man häufig ganze, geröstete Samen, um den Atem zu erfrischen.

Bockshornkleesamen *(methi dana)* schmecken etwas bitter. Zum Würzen eines Gerichts genügen bereits wenige der harten gelblichen Samen. Werden sie gemahlen oder zerstoßen, verleihen sie indischen Pickles ein angenehmes Aroma.

 **Grüner Kardamom** *(choti elaichi)* besitzt ein ausgeprägtes würzig-frisches Aroma. Die in den grünlichen Fruchtkapseln enthaltenen winzigen schwarzen Samen werden herausgelöst und fein zerstoßen für Tees, süße und herzhafte Gerichte verwendet. Gekaut erfrischen sie den Atem.

 **Jaggery** *(gur)* besteht aus gekochtem, verfestigtem Zuckerrohrsaft und enthält mehr Mineralsalze als weißer Zucker. Er wird in Indien wegen seines karamellartigen Geschmacks sehr geschätzt; alternativ kann man Palmzucker verwenden.

 **Mangopulver** *(amchur)* wird aus rohen, sonnengetrockneten Mangos hergestellt. Es wird immer erst am Ende der Garzeit gekochtem Gemüse zugegeben, um ihm eine gewisse Frische zu verleihen. Doch Vorsicht: Fügt man es früher hinzu, hemmt es den Garvorgang.

 **Minzepulver** *(pudina)* verleiht Getränken, Gemüse, Currys und indischem Brot ein frisches Aroma. Man kann es aus den sonnengetrockneten Minzeblättern selbst herstellen, indem man die Blätter durch ein feines Sieb reibt. Es hält sich luftdicht gelagert 4 Wochen.

 **Senfsamen** *(rai)* stammen von der Senfpflanze. Je nach Zuchtform der Pflanze sind die kleinen, rundlichen Samen gelb, braun oder schwarz. Ganze Samen würzen herzhafte Gerichte, während sie in gemahlener Form indischen Pickles den pikantsäuerlichen Geschmack verleihen. Zu Paste verarbeitet, ergeben sie den allseits bekannten Senf in Gläsern und Tuben.

 **Muskatnuss** *(jaiphal)* ist ein Samenkern mit einem kräftig würzigen, leicht brennenden Geschmack. Muskatnuss verfeinert frisch gerieben Gemüse, Suppen und Gebäck.

 **Safran** *(kesar)* sind die Blütennarben einer bestimmten Krokusart. Die Fäden werden in heißem Wasser oder heißer Milch aufgelöst und zum Aromatisieren und Färben von verschiedenen Gerichten genutzt.

 **Sesamsamen** *(til)* sind von Natur aus weiß oder schwarz. Ihr nussiges Aroma entfalten sie am besten, wenn man sie kurz vor der Verwendung röstet. Die gerösteten Samen werden im Ganzen oder gemahlen für Desserts und herzhafte Gerichte verwendet.

 **Kurkuma** *(haldi)*, auch Gelbwurz genannt, ist das Rhizom (Wurzelstock) einer in Indien beheimateten Pflanze, die eng mit dem Ingwer verwandt ist. Die charakteristische gelbe Farbe und das erdige Aroma erhält Kurkuma erst, wenn die Rhizome gekocht und in der Sonne getrocknet wurden. Danach werden sie poliert und fein gemahlen. Kurkuma ist aus der indischen Küche nicht wegzudenken, sie verleiht zahllosen Gerichten Würze und Farbe. Aufgrund ihrer antibakteriell wirkenden Inhaltsstoffe wird sie in Form von Paste auch zum Desinfizieren von Wunden verwendet.

 **Weiße Mohnsamen** *(khus khus)*, die aus der Mohnpflanze gewonnenen Samen, sind knackig und besitzen ein leicht süßliches Aroma. Meist werden sie fein gemahlen für indische Currys verwendet. Die Gerichte bekommen Textur und ein feines Nussaroma. Ganze Mohnsamen lassen sich auch gut für Panaden verwenden.

GEWÜRZE & AROMEN • 11

TYPISCHE GEMÜSE, KRÄUTER & FRÜCHTE

BLATTGEMÜSE & GEWÜRZPFLANZEN

Spinat *(palak)* wird in der indischen Küche häufig zusammen mit anderem Gemüse gedünstet. Die tiefgrünen Blätter reichern mit ihrem herb-erdigen Geschmack oft auch Gerichte aus Hülsenfrüchten an. Junger Spinat ist ideal als Salatzutat.

Frühlingszwiebeln *(hara pyaz)* haben ein feines Zwiebelaroma. Die schmalen Zwiebeln sind samt der grünen Blätter ideal für pfannengerührte Gerichte und Salate aller Art.

Minze *(pudina)* wird in Indien wegen ihres frischen, leicht mentholartigen Aromas sehr geschätzt. Die Blätter werden häufig für Getränke – wie Tee, Lassi oder Limonade – und Eiscreme verwendet.

Bockshornklee *(methi)* ist eine alte Gewürzpflanze, deren Samen in Indien ein beliebtes Gewürz sind. Die bitteren Blätter verwendet man für Suppen und Reisgerichte.

Curryblätter *(kadhi patta)* stammen von einem in Indien beheimateten Baum, der dem Niembaum ähnlich sieht. Die Blätter werden frisch oder getrocknet als Würze verwendet. Frische Curryblätter besitzen weitaus mehr Aroma als getrocknete.

Koriander *(dhaniya)* gehört in Indien seit Jahrtausenden zu den traditionellen Gewürzpflanzen. Es gibt kaum ein Gericht, das nicht mit frischen Korianderblättern garniert ist. Als Würze kommen die duftenden Blätter ganz zum Schluss in gegarte Gerichte, da Hitze ihr süßlich-pfefferiges Aroma zerstört.

Zitronengras hat einen intensiven Zitronengeschmack. Die schmalen Halme sind extrem hart und haben messerscharfe Ränder. Verwendet man sie fein geschnitten, entfalten sie ihr Aroma noch besser, wenn man sie zuvor im Mörser zerquetscht hat. Mitgegarte ganze Halme werden vor dem Servieren entfernt.

Petersilie ist in zwei Sorten erhältlich – als krause und als glatte Petersilie. In Indien wird das kräftig grüne Kraut oft mit Koriander verwechselt. Petersilie besitzt ein frisches, leicht pfeffriges Aroma und wird gern für Salate und Suppen verwendet. Auch in vielen Kartoffel- und Reisgerichten schmeckt sie gut. Petersilie liefert viel Vitamin A und C.

Thai-Basilikum hat saftig-grüne Blätter, einen warmen, nelkenartigen Geschmack und ein erdiges Aroma. Die Blätter sollten nicht gehackt, sondern mit der Hand zerkleinert werden. Thai-Basilikum wird vor allem in der orientalischen Küche verwendet. Es bereichert Getränke, Suppen, Salate und Beilagen. In Indien wird Basilikum oder *tulsi* als heilige Pflanze betrachtet.

Staudensellerie ist mit seinen hellgrünen, festen Stängeln und dunkelgrünen, gerippten Blättern eine beliebte Zutat für Rohkostteller. Seine knackige Textur und seine milde Kräuternote schmecken in Getränken, Salaten und Suppen. Die Blätter werden meist für die Garnitur verwendet. Sellerie liefert viel Vitamin A.

Salat ist in vielen Farben, Formen und Geschmacksrichtungen erhältlich. In Indien bevorzugt man Rucola, Romanasalat und Eisbergsalat. Ein frischer Salat besitzt knackige Blätter, die keine braunen Flecken oder welke Ränder haben. Taucht man die Blätter vor dem Essen in kaltes Wasser, bekommen sie einen zusätzlichen Frischekick. Salat ist kalorienarm und vitaminreich. Für Salate, Sandwiches und zum Garnieren einsetzbar.

Gänsefußblätter *(bathua)*, die dunkelgrünen, am Rand gezackten Blätter, haben wärmende Eigenschaften. Ihr Geschmack, der durch Dämpfen verstärkt wird, ist erdig. Sie werden z.B. für Köstlichkeiten wie »Gefülltes Hirsebrot« (s. S. 204) und »Grüner Joghurt« (s. S. 220) verwendet. Die Blätter liefern viele Vitamine, Mineralstoffe und Ballaststoffe.

VERSCHIEDENES GRÜNES GEMÜSE

Zucchini gehören zur Kürbisfamilie; sie haben eine glänzende, essbare Schale und helles Fruchtfleisch. Neben der grünen Sorte gibt es gelbe und gelbgrüne Varianten.

Okra *(bhindi)* trägt Früchte in Form von kantigen, 6 bis 12 cm langen, grünen Schoten. Sie enthalten große weiße Samen, die das meiste Aroma in sich bergen. Es entfaltet sich beim Garen. Die Schote gibt beim Kochen eine klebrige Substanz ab, die das Gericht eindickt.

Grüne Erbsen *(hara mattar)* sind eine gute Quelle für Eiweiß, B-Vitamine, Vitamin E sowie Eisen. Die glänzenden, knackigen Erbsen (die Samen) schmecken leicht süßlich. Sie werden häufig für Gemüsecurrys und Snacks verwendet.

Grüne Chilischoten zählen in Indien gewissermaßen zu den Grundnahrungsmitteln. Sie geben zahllosen herzhaften Gerichten eine markante Schärfe. Die langen, schlanken Schoten werden im Ganzen oder klein geschnitten von Anfang an mitgegart.

Grüne Bananen *(kacha kela)*, oder große Kochbananen, sind in zahlreichen Regionen Indiens sehr beliebt. Das harte Fruchtfleisch ist roh nicht genießbar, daher wird die Banane samt Schale gekocht oder gebraten, wodurch das Fruchtfleisch weich wird. Es reichert viele Gemüsegerichte an.

Grüne Bohnen zählen zu den Gartenbohnen. Sie werden vor der Samenreife geerntet, sodass die Schoten noch fleischig und zart sind. Das Aroma ist leicht süßlich. Blanchiert oder gedünstet, werden sie für Salate und Gemüsegerichte verwendet.

Brokkoli ist ein Kohlgemüse und mit dem Blumenkohl eng verwandt. Er wird als warme Beilage und für Suppen verwendet. Mit pikanten indischen Chutneys als Dip serviert, ergeben blanchierte Brokkoliröschen eine köstliche Vorspeise.

Paprikaschoten *(shimla mirch)* enthalten im Gegensatz zu Chilischoten kaum Capsaicin, das für die Schärfe verantwortlich ist. Je nach Sorte und Farbe schmecken sie leicht bitter, fruchtig oder würzig-süß. Die Schoten genießt man roh oder gegart.

Spargel *(shatwar)* – das köstliche Frühlingsgemüse – wird von Feinschmeckern sehr geschätzt, vor allem die weiße Sorte. Darüber hinaus gibt es auch grünen und violetten Spargel. Je nach Farbe müssen die Stangen teilweise oder ganz geschält werden. Dank seinem feinen Aroma schmeckt der Spargel sogar schon, wenn die Stangen nur in Butter oder Öl gedünstet werden. Auch in Suppen, Salaten und Reisgerichten macht das Vitamin-A-reiche Gemüse eine gute Figur.

VERSCHIEDENES GEMÜSE

Blumenkohl *(phool gobi)* wird in Indien gedämpft, im Wok zubereitet, frittiert und manchmal auch roh verzehrt. Im Teigmantel frittiert, sind die Röschen ein beliebter Snack. Das kalorienarme, ballaststoffreiche Gemüse besitzt einen hohen Gehalt an Vitamin C und Mineralstoffen.

Kohl *(bandh gobi)*, vor allem Weißkohl, wird in der indischen Küche häufig verwendet. Die in feine Streifen geschnittenen Kohlblätter werden als Beilage in Öl gedünstet oder zusammen mit anderen Gemüsesorten wie Erbsen und Tomaten zu herzhaften Gemüsegerichten verarbeitet.

Zwiebeln *(pyaz)* sind ein fester Bestandteil der Küche Indiens. Egal ob rot, braun oder weiß – Zwiebeln aller Sorten werden zum Würzen von gegarten Gerichten und roh als scharf-aromatische Garnierung verwendet. Zwiebeln wirken antibakteriell.

Perlzwiebeln schmecken milder als Küchenzwiebeln. Man verwendet sie im Ganzen sehr häufig für Eintopf- oder Schmorgerichte, aber auch fein geschnitten als mild-würzige Zutat für Rohkostgerichte.

Knoblauch *(lasan)* wird in Indien seit Jahrtausenden wegen seiner gesunden Inhaltsstoffe und seines scharfen Geschmacks sehr geschätzt. Häufig wird er in Kombination mit frisch geriebenem Ingwer verwendet, um Gemüsegerichten ein besonders scharf-würziges Aroma zu verleihen. Knoblauch wirkt gegen Bakterien und Pilze.

Tomaten bilden eine unentbehrliche Grundlage für zahlreiche Saucen und Chutneys. Außerdem sind sie Bestandteil vieler gegarter Gemüse- und Reisgerichte, Rohkostsalate und Snacks.

Kirschtomaten oder **Cocktailtomaten** sind kugelrund oder länglich. Sie schmecken ein bisschen süßer als die großen Tomatensorten. Meist werden diese kleinen, saftigen Früchte roh in Salaten verwendet.

Auberginen *(baingan)* sind auch als Eierpflanzen bekannt. Das Gemüse ist in verschiedenen Formen, Größen und Farben – von Weiß und Grün bis Dunkelviolett – erhältlich. Schale und Samen sind essbar. Zarte Auberginen schmecken besser als reifere Exemplare, die oft dunkle, bittere Samen haben. Auberginen können gebacken, gegrillt oder gebraten werden. Man verwendet sie außerdem für Dips, Eintöpfe, Beilagen und für Reisgerichte.

Baby-Maiskolben *(bhutta)* werden häufig einfach Maiskölbchen genannt. Es handelt sich um jungen, noch unreifen Mais, der geerntet wird, wenn die Kolben 5 bis 10 cm lang sind. Von den weichen, aber schon knackigen Maiskölbchen muss nur der Stielansatz abgeschnitten werden. Der Rest wird im Ganzen eingelegt und schmeckt auch in Suppen, Salaten und Currys.

Kürbisse *(kaddu, kaashiphal)* mit saftigem orangefarbenem bis rötlichem Fruchtfleisch sind ein beliebtes Gemüse. Während man Kürbiskerne in der indischen Küche selten braucht, ist das kalorienarme Fruchtfleisch eine gerne verwendete Zutat in Currys, Suppen oder Gemüsegerichten.

**Lotoswurzeln** *(kamal kakdi)* haben eine rotbraune Schale, die vor dem Verzehr entfernt werden muss. Das Fleisch ist cremig-weiß und knackig. Man verwendet Lotoswurzeln bei der Zubereitung von Kebabs, Beilagen und Pickles. Aber auch in Salaten oder frittiert schmecken sie gut. Nehmen Sie helle und möglichst geschlossene Exemplare, die noch weiß sind. Lotoswurzeln, die am Ende offen sind, enthalten oft Schlamm. Die Wurzeln liefern Vitamine, Mineralstoffe und Ballaststoffe.

Pilze *(khumb)* gibt es in vielen Sorten, Größen und Formen. In Indien wird der weiße Zuchtchampignon am häufigsten verwendet. Frische Champignons besitzen fleckenlose Hüte. Pilze können für Dips und Saucen, Suppen und Salate, für Toppings, Curry- und Reisgerichte verwendet werden. Brauchen Sie Champignons innerhalb von zwei Tagen auf, sie bekommen schnell dunkle Stellen.

Oliven *(jaitoon),* die kleinen Früchte mit dem harten Stein, sind in vielen Sorten (unterschiedliche Farben und Größen) erhältlich. Jede weist ein ganz typisches Aroma auf. Grüne Oliven sind junge Früchte, schwarze dagegen sind am Baum gereifte Früchte. Vor dem Essen müssen Oliven eingelegt werden. Man serviert sie gern mit Käse (als Vorspeise), als Pizzabelag, für Salate oder als Garnitur. Wichtig sind sie auch für die Produktion von Olivenöl. Oliven sind überaus gesund und liefern sehr viel Vitamin E.

**Süßmais** *(makai)* hat goldgelbe, süße Kerne, die, nachdem sie gedämpft oder gegrillt wurden, direkt vom Kolben gegessen werden können. Als Belag oder Füllung sind sie ebenso geeignet wie als Zutat in Suppen, Salaten und Currys. Mais ist im Spätsommer frisch, ansonsten tiefgefroren und eingelegt erhältlich und liefert Vitamine und Kohlenhydrate.

**Jackfrucht** *(kathal)*, die große tropische Frucht, ist oval und hat eine dicke, stachelige Schale, die nicht für den Verzehr geeignet ist. Fleisch und Samen sind jedoch essbar. Rohe Jackfrüchte werden gern für Currys und Reisgerichte verwendet. In eingelegter Form sind sie in Nordindien eine beliebte Delikatesse. Die reife Frucht hat süßes, goldgelbes Fruchtfleisch mit einem kräftigen, etwas gewöhnungsbedürftigen Geschmack.

**Indische Wasserkastanien** *(singhada)* besitzen eine feste, grünbraune Schale und weißes Fruchtfleisch, das süßlich schmeckt und eine knackige Textur hat. Wasserkastanien können roh verzehrt werden, werden aber auch gedünstet, gegrillt oder gebacken und für Suppen, Salate, Beilagen und Reisgerichte verwendet. Wasserkastanien, die viel Vitamin C und Mineralstoffe liefern, sind in der Saison frisch erhältlich. Sie werden aber auch in Dosen angeboten.

WURZELGEMÜSE

Rübe *(shalgam)* – das runde Wurzelgemüse hat eine weiße Schale mit violettem Rand. Das Fruchtfleisch ist zart und weiß. Junge Rüben bestechen durch ein süßes Aroma und schmecken am besten roh in Salaten oder als Gemüsesticks. Reifere Rübchen weisen einen eher scharfen Geschmack auf und eignen sich besser gegart als Beilage oder für Pickles. Das Gemüse enthält sehr viel Vitamin C.

Kartoffeln enthalten sehr viel Stärke, außerdem Kalium, Eisen sowie Vitamin A und C. In Indien kommt dieser vielseitige Kohlenhydratlieferant gekocht, gebacken, frittiert oder püriert auf den Tisch – sei es als Vorspeise, Snack oder Hauptgericht, aber stets markant gewürzt.

Süßkartoffeln *(shakarkandi)* sind ein stärkehaltiges Wurzelgemüse, das seinen süßlichen Geschmack seinem hohen Zuckergehalt verdankt. Man bereitet sie auf die gleiche Weise zu wie Kartoffeln und verwendet sie für herzhafte Gerichte oder als Salat. Je nach Sorte variiert die Farbe der Haut von Gelblich über Rosa bis zu rötlich Braun.

Möhren *(gajar)* sind ein orangefarbenes bis rötliches Wurzelgemüse mit einem hohen Gehalt an Betacarotin und Folsäure. Ob roh oder gekocht, die gesunde Wurzel passt in sehr viele Gerichte, seien es Suppen, Salate oder Currys. Frisch gepresster Möhrensaft mit etwas Öl ist ein gesunder Drink und kann auch in Salatdressings gemischt werden.

Taros *(arvi)* sind die Knollen der gleichnamigen tropischen Sumpfpflanze. Sie haben stärkehaltiges und etwas klebriges Fruchtfleisch. Die Wurzelknollen werden wie unsere heimischen Kartoffeln geschält und gekocht.

Ingwer *(adrak)* ist ein verzweigtes Rhizom mit einer hellbraunen Haut und gelblichem, saftigem Fleisch. Sein pfeffrig-süßliches Aroma bringt eine würzige Schärfe mit sich. In der indischen Küche wird er z. B. für Currys, Tee oder Pickles verwendet.

Rettich *(mooli)* gibt es in zahlreichen Varianten, darunter den Daikon in mehreren Sorten. Die in Indien am häufigsten verwendete Daikonsorte hat eine beißende Schärfe mit einem pfeffrigen Beigeschmack. Das saftige, knackige Fleisch dieser weißen Wurzel wird frisch für Salate verwendet.

KÜRBISGEWÄCHSE

Bittergurken *(karela)* oder Balsambirnen haben je nach Sorte eine mehr oder weniger stark mit Noppen besetzte Schale. Im teilweise hohlen Inneren umhüllt das dünne Fruchtfleisch zahllose Samen. Der sehr bittere Geschmack lässt sich ein wenig mildern, wenn man die Frucht in Salzlake einlegt und anschließend gründlich abspült.

Flaschenkürbisse *(lauki)* gibt es in einer Vielzahl an Formen und Größen. Die ausgehöhlte Frucht nennt man Kalebasse. In der indischen Küche wird das weißliche Fruchtfleisch auf unterschiedliche Weise zubereitet und unter anderem auch für Gerichte mit Hülsenfrüchten verwendet.

Schwammkürbis *(turai)* oder Luffa kann eine glatte, gerippte oder stachlige Schale haben. Die Frucht wird unreif geerntet, wenn die Schale hellgrün und das Fleisch noch weich ist (reif ist es trocken und faserig).

Gurken *(khira)* zählen ebenfalls zur Familie der Kürbisgewächse. Die fleischigen Salatgurken kommen meistens roh in Salate oder Raita. Die unreifen, jungen Gurken werden meist eingelegt und zu feinen Pickles verarbeitet, oft in Kombination mit anderem Gemüse.

FRÜCHTE

Weintrauben *(angoor)* mit ihren saftigen Beeren wachsen an Reben und sind in vielen Größen, Farben und Geschmacksnuancen erhältlich. Oft wird aus den Früchten Wein hergestellt. Textur und süßes, leicht säuerliches Aroma bereichern Puddings, Eiscreme und Salate. Auch Konfitüren und Gelees lassen sich aus Trauben zubereiten. Sie enthalten viele Ballaststoffe, Vitamin A und Mineralien.

Kiwis sind längliche Früchte mit braungrüner Schale. Das kräftige, dunkelgrüne Fruchtfleisch enthält kleine, knackige, essbare Samen. Kiwis sind vor allem wegen ihres süßsäuerlichen Aromas beliebt. Man genießt sie als Zutat in Salaten, püriert als erfrischendes Getränk oder als Garnitur. Sie sind eine hervorragende Vitamin-C-Quelle.

Birnen *(nashpati)* gibt es in vielen Sorten mit ganz unterschiedlichen Formen (von glockenförmig bis kugelig), Farben (grüne, rote und goldgelbe) und Texturen (weich oder fest). Ihr Geschmack reicht von süß bis zu süßsäuerlich. Birnen können roh gegessen oder gedünstet werden, sie eignen sich für Salate, Desserts und Getränke.

Ananas *(ananas)* – die saftige, tropische Frucht – besitzt eine goldbraune Schale mit einem erhabenen Rautenmuster, die entfernt werden muss. Ihr süßsäuerlicher Geschmack bereichert Salate, Saucen, Currys, Desserts und Kuchen. Auch Saft, Konfitüre und Eingelegtes lassen sich aus der Frucht zubereiten. Es gibt sie frisch, getrocknet und in Dosen.

Granatäpfel *(anar)* sind rundliche Früchte mit einer lederartigen, rotgoldenen Schale. Im Inneren schlummern essbare Kerne, die von saftigem, durchsichtigem Fleisch, das süß, aber auch sauer schmecken kann, umhüllt sind. Die Kerne können von weiß über blassrosa bis rubinrot sein. Meist werden sie als Garnitur verwendet oder Salaten oder Raitas zugefügt. Granatäpfel, die eine hervorragende Quelle für Kalium und Antioxidanzien sind, können auch entsaftet werden. In Indien ist Granatapfelpulver aus getrockneten Kernen sehr beliebt.

Erdbeeren gehören zur Familie der Rosengewächse. Es gibt sie in unterschiedlichen Größen und Farben (blassorange bis leuchtend rot). Die süßen Erdbeeren schmecken pur oder in Desserts, Saucen oder konserviert. Sie halten nicht lange und müssen deshalb kühl gelagert werden. Die Früchte liefern sehr viel Vitamin C.

Zitronen *(nimbu)* aromatisieren in Indien zahllose Gerichte und Getränke. Das säuerlich-fruchtige Aroma ihres Safts verleiht selbst eher geschmacksneutralen Gerichten Frische und Würze.

Mango *(kairi)* ist eine tropische Frucht, von der es zahlreiche Sorten gibt. Ihr gelbes Fruchtfleisch wird vor allem für Pickles und Chutneys verwendet. Unreife Mangos können zum Nachreifen in Zeitungspapier gewickelt werden.

DIE VIELFALT DER HÜLSENFRÜCHTE

Hülsenfrüchte sind in Indien neben Reis ein überaus wichtiges Grundnahrungsmittel. Zu den nahrhaften Samen gehören Bohnen, Erbsen, Linsen, Mungbohnen und Kichererbsen. Allen gemeinsam sind der hohe Gehalt an Ballaststoffen, Proteinen, Mineralstoffen und Vitaminen des B-Komplexes. Die getrockneten Samenkerne sind ganz oder gespalten erhältlich. Einige Sorten müssen vor der Verwendung unbedingt eingeweicht werden, damit sie beim Garen weich werden.

Geschälte, gespaltene gelbe Linsen (Toor-Linsen)
(arhar dal)

Geschälte, gespaltene Urdbohnen (Linsenbohnen)
(dhuli urad dal)

Ganze rote Linsen
(kale masoor)

Geschälte, gespaltene Mungbohnen
(dhuli moong dal)

Geschälte, gespaltene rote Linsen
(malka masoor)

Gelbe Erbsen
(safed mattar)

Geschälte, gespaltene Kichererbsen
(chana dal)

Schwarzaugenbohnen
(lobhia)

Ganze Kichererbsen
(kabuli chana)

Ganze braune Kichererbsen
(kala chana)

Gespaltene Mungbohnen
(chilka moong dal)

Ganze Mungbohnen
(sabut moong dal)

Kidneybohnen
(rajmah)

Magoris (zu Kugeln geformte, sonnengetrocknete und gemahlene Mungbohnen)
(magori)

NÜSSE & TROCKENFRÜCHTE

Mandeln *(badam)* können im Ganzen, als Stifte oder Blättchen sowie gemahlen verwendet werden. In Indien bestreut man Desserts gern mit Mandeln. Gehäutete Mandeln werden überdies oft zur einer Paste verarbeitet und für Currys verwendet. Die Paste dickt diese ein und verleiht dem Gericht eine sämige Textur und ein liebliches, süßes Aroma. Mandeln liefern gesunde Proteine und Vitamin E.

Chironji-Nüsse, die winzigen Samen des Baumes *Buchanania lanzan*, sind blassbraun, rund und auf einer Seite abgeflacht. Sie stecken in harten Schalen. Meist werden Chironji-Nüsse für Desserts verwendet. Die Samen sind sehr ölhaltig und müssen kalt aufbewahrt werden, weil sie sehr schnell ranzig werden.

Cashew-Nüsse *(kaju)*, die cremeweißen, nierenförmigen Nüsse, haben ein mildes, buttriges Aroma sowie eine krümelige Textur. Cashew-Paste wird gern zum Andicken und zur geschmacklichen Verfeinerung indischer Saucen verwendet. Kurz gebraten oder geröstet, sind Cashews ein pikanter Snack. Reisgerichte und Desserts werden ebenfalls gern mit diesen Nüssen abgerundet.

Datteln *(khajoor)* sind die Früchte der Dattelpalme. Sie besitzen ein honigsüßes Aroma und werden frisch und getrocknet verzehrt. Sie sind eine köstliche Zutat für Kuchen, Dips und Chutneys. Mit Nüssen gefüllte Datteln sind in Indien ein besonderes Dessert. Die Früchte sind sehr ballaststoffreich.

Makhana-Nüsse *(makhana)* werden auch Fox-Nüsse genannt. Es handelt sich um die Samen einer Blütenpflanze, die zur Familie der Lilien gehört. Sie sind weiß mit wenigen schwarzen Punkten. Man verwendet sie, um süße und pikante indische Köstlichkeiten zuzubereiten, aber auch als gerösteter Snack, mit Salz und Pfeffer gewürzt, sind sie beliebt. Die Nüsse besitzen antioxidative Eigenschaften.

Pinienkerne *(chilgoza)*, die elfenbeinfarbenen, schmalen Kerne mit dünner, weicher, brauner Schale bestechen, vor allem geröstet, mit einem unvergleichlichen Aroma. Ihre knackige Textur und ihr Geschmack verfeinern viele Reis-, Gemüse- und Dessertzubereitungen. Die Kerne liefern Protein und gesunde Ballaststoffe, darüber hinaus sind sie eine gute Quelle für Antioxidanzien und Vitamin A, E und Niazin.

Pistazien *(pista)* sind blassgrün und schlummern in einer harten hellbraunen Schale. Pistazien können im Ganzen, gehackt oder in Scheiben geschnitten als Garnitur verwendet werden, aber auch als Zutat für Desserts. Sie liefern viele Vitamine, Mineralstoffe und Antioxidanzien und sind zudem eine wertvolle Proteinquelle. Gesalzen, sind Pistazien eine köstliche Knabberei.

Rosinen *(kishmish)*, getrocknete Trauben, sind in einer Vielzahl von Sorten in ganz unterschiedlichen Farben (von goldfarben bis hin zu dunkel pflaumenfarben und schwarz) erhältlich. In Indien verwendet man sie gern als Zutat für Desserts, Kuchen und Gebäck. Rosinen stellen sehr viel Eisen, Vitamine und Antioxidanzien zur Verfügung.

Walnüsse *(akhrot)* sind mit und ohne Schale erhältlich. Die Nüsse werden gern als Snack verzehrt, aber auch als Zutat für Salate, Kuchen und Gebäck genommen. Walnüsse liefern viele gesunde Fette, Proteine und Ballaststoffe. An einem kühlen, trockenen Ort halten sie sich mehrere Monate.

KÜCHENUTENSILIEN

Schnellkochtopf

Pfanne mit Antihaftbeschichtung

Indisches Backblech (tawa)

Wok-Pfanne (kadhai)

Gewürz- und Gemüsereiben (kaddu kas)

Frittierkorb

Großer und kleiner Stieltopf

Messbecher

Reiskuchen-(Idli-)formen

Haarsieb (chalni)

Indische Gewürzdose mit Einzeldöschen (masala dani)

Küchenzange (chimta)

Teesieb (chai ki chalni)

Wok-Kelle (chouk ki kalchi)

Teigroller mit Ausrollbrett (chakla-belan)

Schneidbrett

Mehlsieb (chhanni)

KÜCHENUTENSILIEN • 21

DRINKS, SUPPEN & SALATE

ERDBEER-KOKOS-ERFRISCHUNGSDRINK
Strawberry Malaika

Für 1 Person

DER EXOTISCHE MIX AUS KOKOSNUSS UND ERDBEEREN VERLEIHT DEM DRINK EIN KÖSTLICHES AROMA UND EINE HÜBSCHE KIRSCHBLÜTENFARBE.

ZUTATEN

Für den Drink:
200 ml Kokoswasser
50 g Erdbeeren
(in kleinen Würfeln)
30 g weiche Kokosnusscreme
(*daab di malai*, zerkleinert)
¼ EL Petersilie (fein gehackt)
1 EL Zuckersirup (siehe S. 304)

Außerdem:
einige Erdbeerscheiben
1 Zweig Petersilie

ZUBEREITUNG

- Das Kokoswasser, die Erdbeeren und die Kokosnusscreme kühl stellen.
- Kokoswasser, Erdbeeren, Kokosnusscreme, Petersilie und Zuckersirup im Küchenmixer grob pürieren.
- Den Drink in ein Glas gießen und mit den Erdbeerscheiben und dem Petersilienzweig garnieren. Sofort servieren.

- Das milde Kokoswasser ist sehr erfrischend und gilt als idealer natürlicher Durstlöscher.
- Die dünne, fleischige Fruchtpulpe der Kokosnuss genießt man gewöhnlich, nachdem man das Kokoswasser getrunken hat.

ROSEN-JOGHURT-SHAKE
Lassi Gulbahar

Für 1 Person

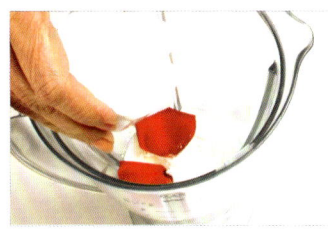

ZUTATEN
Für den Shake:
100 g Naturjoghurt
50 ml kalte Milch
2 ½ EL Puderzucker
5 ml Rosenwasser
4 rote Rosenblütenblätter
(2–3 cm groß)
8–10 Eiswürfel
Außerdem:
einige Rosenblütenblätter
(ganz oder zerkleinert)
½ TL Mandelstifte
(siehe S. 306)
½ TL gehackte Pistazien
(siehe S. 306)

ZUBEREITUNG
- Den Joghurt, die Milch, den Puderzucker, das Rosenwasser, die Rosenblütenblätter und die Eiswürfel im Küchenmixer zu einer glatten Konsistenz pürieren.
- Den Shake in ein Glas gießen.
- Gekühlt servieren. Mit Rosenblütenblättern, Mandelstiften und Pistazien garnieren.

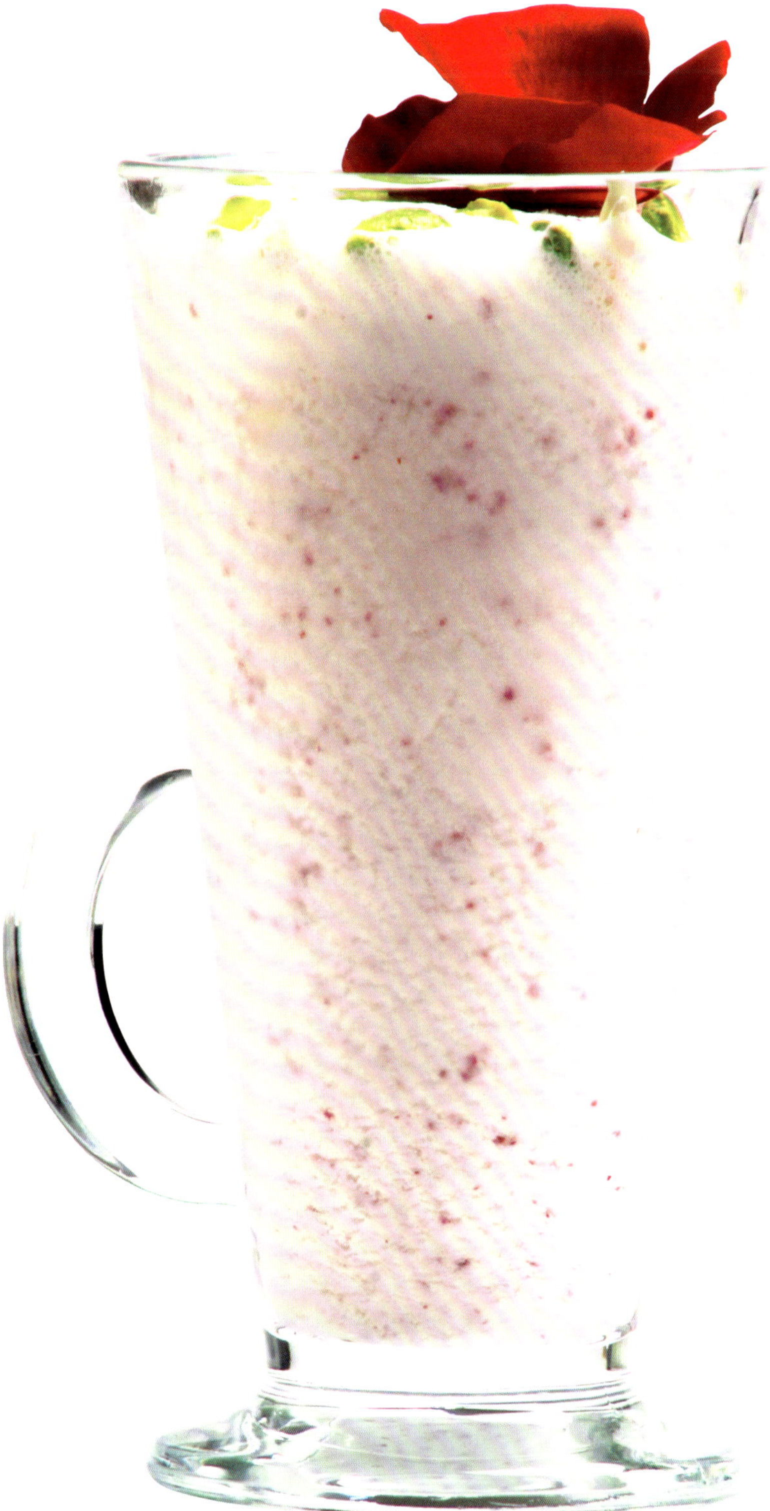

DIE ZERKLEINERTEN BLÜTENBLÄTTER BETONEN – IN VERBINDUNG MIT DEM JOGHURT – DAS EINZIGARTIGE AROMA DIESES SOMMERLICHEN GETRÄNKS.

- Selbst gemachter Joghurt, der einen Tag im Kühlschrank stand, ist die ideale Basis für diesen Shake. Verwenden Sie nicht die Molke, sie verändert sowohl Geschmack als auch Konsistenz.
- Rosenwasser wird aus Rosenblütenblättern destilliert. Viele indische Gerichte werden mit seinem einzigartigen Aroma und Geschmack verfeinert.

WÜRZIGER JOGHURT-DRINK
Mattha

Für 4 Personen

ZUTATEN
200 g Naturjoghurt
½ TL gerösteter, zerstoßener Kreuzkümmel (siehe S. 294)
¼ TL Minzepulver (*pudina*, siehe S. 11)
¼ TL Kala Namak (schwarzes Salz, siehe S. 10) · etwas Salz
einige Korianderblätter

ZUBEREITUNG
- Den Joghurt und die Gewürze in einer Schüssel gut verrühren. 400 ml Wasser unterrühren und den Drink etwa 1 Stunde kühl stellen.
- Den Joghurt-Drink mit Korianderblättern garniert servieren.

- Der erfrischende Joghurt-Drink ist ideal für heiße Sommertage.
- Statt Minzepulver kann man auch frische gehackte Minze unter den Joghurt-Drink rühren.

SÜSSER EISTEE
Sharbati Chai

Für 5 Personen

ZUTATEN
Für den Teesirup:
250 g Zucker
6 EL fein geschnittenes Zitronengras
25 g schwarze Teeblätter (siehe Tipp)
2 EL Zitronensaft

Außerdem:
10 TL Zitronensaft
10 TL Honig
Eiswürfel
kaltes Mineralwasser
10 dünne Zitronenscheiben
einige Minzeblätter

ZUBEREITUNG
- Für den Teesirup 200 ml Wasser, den Zucker und das Zitronengras in einen Topf geben und bei schwacher Hitze sieden lassen, bis sich der Zucker aufgelöst hat. Den Topf vom Herd nehmen, die Teeblätter hinzufügen und den Tee zugedeckt 20 Minuten ziehen lassen.
- Den Tee abseihen, abkühlen lassen und dann den Zitronensaft unterrühren.
- Zum Servieren in jedes Glas jeweils 2 EL Teesirup, Zitronensaft und Honig geben. Mit Eiswürfeln und Mineralwasser auffüllen.
- Mit Zitronenscheiben und Minzeblättern garniert servieren.

- Für den Eistee am besten einen fein gebrochenen schwarzen Tee, z.B. Orange Pekoe oder Orange Pekoe Fannings, verwenden.
- Der Eistee ist eine köstliche Alternative zu Limonade.

KOKOS-DRINK
Daab Shikanji

Für 4 Personen

ZUTATEN
Für den Drink:
400 ml Kokosnusswasser (siehe Tipp, gut gekühlt)
400 ml Zitronenlimonade (gut gekühlt)
½ TL Kala Namak (schwarzes Salz, siehe S. 10)
2 TL Honig
Außerdem:
½ Papaya (250 g)
1 EL frisch geraspelte Kokosflocken (siehe Tipp)
1 TL Koriander (fein gehackt)

ZUBEREITUNG
- Für den Drink das Kokosnusswasser und die Limonade mit Kala Namak und Honig verrühren und auf Gläser verteilen.
- Aus der Papayahälfte mit dem Melonenausstecher 8 Kugeln ausstechen und jeweils 2 Kugeln in jedes Glas geben.
- Den Kokos-Drink mit Kokosflocken und Koriander servieren. Nach Belieben mit Korianderstielen garnieren.

- Kokosnusswasser bekommt man im Asia- oder Bioladen. Es ist erfrischend, kalorienarm und reich an Mineralsalzen.
- Die Kokosflocken kann man leicht selbst machen, da sich das Fruchtfleisch der Kokosnuss einfach aus der Schale lösen und mit einem scharfen Messer gut raspeln lässt.

MINZLIMONADE
Hara Bhara Nimbu Pani

Für 2 Personen

ZUTATEN
2 EL Zitronensaft
3 EL Zucker
½ TL Kala Namak
(schwarzes Salz, siehe S. 10)
8–12 Minzeblätter
Eiswürfel

ZUBEREITUNG
- Den Zitronensaft und den Zucker mit Kala Namak, Minzeblättern und 300 ml Wasser im Küchenmixer pürieren.
- Die Minzlimonade in hohe Gläser füllen und mit Eiswürfeln servieren.

- Die Minzlimonade ist eine erfrischende und durstlöschende Alternative zu kohlensäurehaltigen Getränken.
- Wer möchte, kann die Limonade noch mit frischen Minzeblättchen garnieren.

ANANAS-KIWI-COOLER
Ananas Kiwi Sharbat

Für 1 Person

ZUTATEN
Für den Cooler:
75 g Ananasfruchtfleisch (in 2 cm großen Stücken)
1 TL geraspelter frischer Ingwer
2 ½ EL Zucker
25 g Kiwi (in kleinen Würfeln)
4 Minzeblätter
4 Eiswürfel
kaltes Mineralwasser zum Auffüllen

Außerdem:
2 dünne Ananasstücke
2 dünne Kiwischeiben

ZUBEREITUNG
- Für den Cooler die Ananasstücke, Ingwer, Zucker und 50 ml Wasser in einen Topf geben und bei schwacher Hitze zum Kochen bringen. 5 Minuten köcheln lassen, ab und zu umrühren. Vom Herd nehmen und abkühlen lassen.
- Die abgekühlte Mischung im Küchenmixer glatt pürieren. Durch ein Sieb abseihen und kühl stellen.
- Die Kiwiwürfel mit der Minze im Mörser grob zerkleinern.
- Die Eiswürfel in das Glas geben und den Kiwi-Minze-Mix daraufgeben. Erst den kalten Ananas-Ingwer-Saft, dann das Mineralwasser dazugießen.
- Ananasstücke und Kiwischeiben auf einen Holzspieß stecken und auf den Rand des Glases legen. Sofort servieren.

> KIWI UND MINZE VERLEIHEN DEM SCHARF-SÜSSEN ANANAS-INGWER-SAFT ERST DAS GEWISSE ETWAS.

- Der Ananas-Ingwer-Saft lässt sich gut im Voraus zubereiten, dann aber sollten Sie ihn kühl stellen und innerhalb von 6 Stunden verwenden.

BIRNEN-DRINK
Raseeli Nashpati

Für 1 Person

ZUBEREITUNG

- Für den Drink die Birne vierteln, schälen, entkernen und in Würfel schneiden. Die Birnenwürfel mit dem Zucker und 200 ml Wasser in einen Topf geben, Zimtstange und Zitronenstücke hinzufügen.

- Alles bei schwacher Hitze aufkochen lassen und köcheln, bis der Zucker vollständig aufgelöst ist. Ab und zu umrühren. Den Topf vom Herd nehmen und die Mischung abkühlen lassen. Die Zimtstange herausnehmen und beiseitelegen.

- Die abgekühlte Mischung im Küchenmixer glatt pürieren und durch ein Sieb passieren. Den Saft kühl stellen, die Fruchtpulpe entfernen.

- Die Eiswürfel in ein Glas geben, die Zitronenzesten dazugeben. Den kalten Saft und die Zimtstange hinzufügen. Mit Minzeblatt und Zitronenscheibe garnieren und sofort servieren.

DER FEINE, SÜSSLICHE ZIMT PASST SEHR GUT ZU DIESEM FRUCHTIGEN ERFRISCHUNGSGETRÄNK.

ZUTATEN
Für den Drink:
1 Birne (175 g, z.B. gelbe Bartlett)
2 ½ EL Zucker
1 Zimtstange
3 kleine Bio-Zitronenstücke (entkernt)
Außerdem:
Eiswürfel
4–5 Zesten von 1 Bio-Zitrone (Juliennes, siehe unten)
1 Minzeblatt
1 Bio-Zitronenscheibe

- Obst, wie Birnen, Äpfel und Bananen, verfärbt sich nach dem Schälen. Bereiten Sie deshalb die Birnenwürfel erst kurz vor der Verwendung zu.

- Für Zesten schälen Sie eine heiß gewaschene und abgetrocknete Bio-Zitrone mit einem scharfen Messer. Anschließend die Schale in sehr dünne Streifen schneiden.

GRANATAPFEL-PUNSCH
Anari Punch

Für 1 Person

ZUTATEN

Für den Punsch:
60 ml frischer Granatapfelsaft
(aus 150 g Granatapfelkernen)
1 EL Zuckersirup
(siehe S. 304)
1 TL Weißweinessig
½ TL Bitterlikör *(Angostura)*
Crushed Ice
kaltes Mineralwasser zum Auffüllen

Außerdem:
1 Apfelscheibe
1 Salatgurkenscheibe
2–4 Basilikumblätter

ZUBEREITUNG

- Für den Punsch mithilfe einer Saftpresse den Saft aus den Granatapfelkernen pressen. Den Saft durch ein Sieb passieren.
- Den Granatapfelsaft in ein Glas gießen und den Zuckersirup, den Essig und den Bitterlikör unterrühren.
- Crushed Ice und kaltes Mineralwasser hinzufügen. Erneut umrühren. Mit Apfel- und Gurkenscheibe garnieren und mit Basilikumblättern anrichten. Kalt servieren.

DAS BESONDERE AROMA DES BITTERLIKÖRS, GEPAART MIT DEM ESSIG, BRINGT DEN GESCHMACK DES SÜSSSAUREN GRANATAPFELSAFTS HERVORRAGEND ZUR GELTUNG.

- Damit der Punsch seine frische Farbe und seinen unverwechselbaren Geschmack erhält, sollten Granatäpfel mit dunkelroten Kernen verwendet werden.
- Bitterlikör wird aus einer Mischung von Pflanzen, Wurzeln, Rinden und aromatischen Kräutern destilliert. Diesem Cocktail verleiht er seinen süßlichbitteren Geschmack.

GRÜNE BRISE
Angoori Hara Panna

Für 1 Person

ZUTATEN
Für den Drink:
75 g kernlose, grüne Trauben (in kleinen Stücken)
25 g geschälte Salatgurke (in kleinen Würfeln)
1 Handvoll Eisbergsalat (in kleinen Stücken)
½ TL Staudensellerie (in kleinen Würfeln, siehe S. 285)
1 Msp. Senfpulver
½ TL geraspelter frischer Ingwer
2 Bio-Zitronenstücke (½ cm groß, entkernt)
1 ¼ EL Zuckersirup (siehe S. 304)

Außerdem:
4–6 Eiswürfel
2–3 Sellerieblätter
einige kernlose grüne Trauben (in dünnen Scheiben)

ZUBEREITUNG
- Für den Drink Trauben, Gurkenwürfel, Salat, Sellerie, Senfpulver, Ingwer, Zitronenstücke, Zuckersirup und 150 ml kaltes Wasser im Küchenmixer glatt pürieren.
- Die Mischung durch ein Sieb passieren und die Pulpe entfernen.
- Die Eiswürfel, die Sellerieblätter und einige Traubenscheiben in ein Glas legen und die Mischung daraufgießen. Sofort servieren.

DIE ERFRISCHENDE SÄURE DIESES GETRÄNKS WIRD VON DER FEINEN SCHÄRFE VON INGWER UND SENF BEGLEITET.

- Äußere Blätter des Eisbergsalats vor der Verwendung entfernen.
- Für Senfpulver mahlen Sie weiße Senfsamen im Mixer ganz fein.

DRINKS, SUPPEN & SALATE

SAFRAN-KAHWAH
Kesari Kahwah

Für 2 Personen

> DER HEISSE TEE, DER EIN FEINES SAFRAN-ZIMT-AROMA BESITZT, WIRD ZU BESONDEREN ANLÄSSEN IN EIGENS DAFÜR ENTWORFENEN TASSEN SERVIERT.

ZUTATEN

Für den Kahwah:
4 grüne Kardamomkapseln
(choti elaichi, siehe S. 11)
½ Zimtstange
einige Safranfäden
Zucker

Außerdem:
2 EL Mandelstifte
(siehe S. 306)

ZUBEREITUNG

- Für den Kahwah in einem Topf ½ l Wasser mit Kardamom und Zimtstange bei mittlerer Hitze aufkochen und 5 Minuten köcheln.
- Die Safranfäden und Zucker nach Geschmack hinzufügen und den Kahwah weitere 20 Sekunden köcheln lassen. Durch ein Sieb abgießen.
- Jeweils 1 EL Mandelstifte auf zwei Tassen verteilen und den heißen Kahwah daraufgießen.
- Nach Belieben mit 1 oder 2 Safranfäden garniert servieren.

- Der Kahwah ist ein für die Kaschmirregion typisches Getränk mit Safran, Kardamom und Zimt, das oft auch mit grünem Tee anstelle von Wasser zubereitet wird.
- Sie können den Kahwah auch mit Honig süßen, sein feines Aroma bekommt dadurch eine ungewöhnliche Note.

MINZTEE
Pudina Chai

Für 4 Personen

ZUTATEN
½–1 TL Grünteeblätter
2 Handvoll Minzeblätter
Honig oder Zucker

ZUBEREITUNG

- In einem Topf 1 l Wasser aufkochen lassen. Die Teekanne mit ½ Tasse vom kochenden Wasser ausspülen. Die Grünteeblätter in die Kanne geben.

- Den Grüntee mit dem restlichen heißen Wasser begießen, den Deckel auf die Kanne legen und mit einem Teewärmer bedecken. Den Tee 30 bis 60 Sekunden ziehen lassen (siehe unten).

- Je 4 bis 5 Minzeblätter in jede Teetasse legen und den Tee daraufgießen.

- Sofort mit Honig oder Zucker servieren.

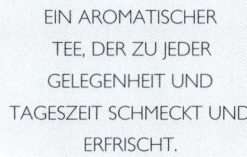

EIN AROMATISCHER TEE, DER ZU JEDER GELEGENHEIT UND TAGESZEIT SCHMECKT UND ERFRISCHT.

- Wie viel grünen Tee Sie benötigen und wie lange dieser ziehen muss, hängt davon ab, wie kräftig der Grüntee ist.

- Wenn die Teekanne zuvor mit kochendem Wasser ausgespült wird, wird der Tee perfekt.

SAFRAN-NUSS-MILCH
Kesar Pista Doodh

Für 1 Person

DIESE MILCH WIRD IN NORDINDIEN BEI HOCHZEITEN UND ANDEREN FESTEN SERVIERT – AUCH ALS DRINK AN KALTEN ABENDEN.

ZUTATEN
¼ l Milch
½–1 TL Zucker
¼ TL fein zerstoßener Kardamom (*kesar-elaichi*, siehe S. 296)
2 TL Mandelstifte (siehe S. 306)
1 TL gehackte Pistazien (siehe S. 306)

ZUBEREITUNG
- Die Milch mit Zucker, Kardamom, 1 TL Mandelstiften und ½ TL Pistazien in einen Topf geben.
- Alles bei mittlerer Hitze aufkochen lassen, häufig umrühren. Die Milch 8 Minuten köcheln lassen.
- Mit den restlichen Mandeln und Pistazien bestreuen und sofort servieren.

- Zucker-, Mandel- und Pistazienmenge können Sie nach persönlichem Geschmack abwandeln.
- Wenn Sie mehrere Portionen zubereiten, verlängert sich die Kochzeit entsprechend.

WÜRZIGE KLÖSSCHEN
Pakodi Ki Kanji

Für 10–12 Personen

IN NORDINDIEN WIRD DIESER APPETITANREGER MIT SEINEN WÜRZIGEN AROMEN BEIM HOLI-FESTIVAL VOR DEM HAUPTGERICHT SERVIERT.

ZUTATEN

125 g geschälte, gespaltene Mungbohnen (*dhuli moong dal*, 3 Stunden eingeweicht)
2 TL geraspelter frischer Ingwer
2 TL grüne Chilischote (in feinen Würfeln)
2 TL Fenchelsamen
Öl zum Frittieren
2 geh. EL Senfpulver
1 TL Chilipulver
¼ TL gemahlener Asant
Salz

ZUBEREITUNG

- Zwei Tage im Voraus die Mungbohnen mit Ingwer und Chilis im Küchenmixer oder in der Küchenmaschine mit wenig Wasser zu einem Teig verarbeiten. Den Teig in eine große Schüssel geben und mit den Quirlen des Handrührgeräts locker aufschlagen. Zum Test ¼ TL Teig in ½ Tasse Wasser geben. Schwimmt der Teig, hat er die richtige Konsistenz. Fenchelsamen unterrühren.

- Etwa 2 bis 3 cm hoch Öl im Wok erhitzen. Kleine Teigportionen nach und nach in das Öl geben und darin goldgelb frittieren. Mit dem Schaumlöffel herausnehmen und auf Küchenpapier abtropfen lassen.

- In einer großen Schüssel 2 l Wasser mit Senfpulver, Chilipulver, Asant und etwas Salz verrühren.

- Die Klöße hineinlegen und zugedeckt 2 Tage beiseitestellen. Gelegentlich umrühren.

- Die Klöße mit etwas Senfwasser servieren. Übrig gebliebene Klößchen kühl stellen und innerhalb von 2 Tagen verbrauchen.

- Falls die frittierten Klöße zu viel Öl aufgenommen haben, tauchen Sie sie 20 Sekunden in eine Schüssel mit Wasser. Erst danach ins Senfwasser legen.

LINSENSUPPE MIT PILZEN UND KÜRBIS
Lazeez Khumb Dal Shorba

Für 2 Personen

ZUTATEN

Für die Suppe:
200 g geschälter Flaschenkürbis
(*lauki*, in kleinen Würfeln)
2 EL rote Linsen
(*malka massor dal*)
1 TL Butter
1 TL Knoblauchwürfel
2 EL Blattspinat (fein gehackt)
2 EL Pilze (in Scheiben)
Salz · Pfeffer aus der Mühle

Außerdem:
1 TL Butter
4 EL Blattspinat (fein gehackt)
1 TL Sesamsamen

ZUBEREITUNG

- Für die Suppe den Kürbis und die Linsen waschen, mit 400 ml Wasser in einem Topf aufkochen und bei mittlerer Hitze weich garen. Das Gemüse abkühlen lassen. Die Mischung im Küchenmixer pürieren, durch ein Sieb streichen und beiseitestellen.

- In einer Pfanne die Butter erhitzen und den Knoblauch darin bei mittlerer Hitze andünsten. 2 EL Spinat dazugeben und 10 Sekunden mitdünsten. Die Pilze hinzufügen und ebenfalls 10 Sekunden dünsten. Das Linsen-Kürbis-Püree dazugeben, mit Salz und Pfeffer würzen. Die Suppe aufkochen und 2 Minuten köcheln lassen.

- In einer Pfanne 1 TL Butter erhitzen, 4 EL Spinat dazugeben und darin bei mittlerer Hitze unter Rühren andünsten. Die Sesamsamen einrühren und 10 Sekunden erhitzen.

- Die Suppe in tiefen Tellern anrichten und sofort mit dem Sesam-Spinat servieren.

DIE KOMBINATION AUS KÜRBIS, PILZEN, SPINAT UND SESAM ZAUBERT EIN EINZIGARTIGES FEINES UND NUSSIGES AROMA HERVOR.

- Verwenden Sie einen zarten Flaschenkürbis, er hat eine leicht flaumige Oberfläche und eine weiche Schale.
- Die Suppe kann im Voraus zubereitet werden. Garnieren sollten Sie sie jedoch erst kurz vor dem Servieren.

GRÜNE GEMÜSESUPPE
Hariyali Shorba

Für 3–4 Personen

ZUTATEN

Für die Suppe:
½ TL Butter
25 g Baby-Maiskolben
(in Stücke geschnitten)
50 g Brokkoliröschen
25 g Weißkohl (gehackt)
¼ Paprikaschote
(in sehr feinen Würfeln)
150 g Kartoffeln
(in kleinen Würfeln)
Salz · Pfeffer aus der Mühle
1 Prise Zucker
frisch geriebene Muskatnuss

Für die Einlage:
1 TL Butter
8 Basilikumblätter
25 g Baby-Maiskolben
(in Scheiben)
50 g Brokkoliröschen
(in kleinen Würfeln)

ZUBEREITUNG

- Für die Suppe die Butter in einem Topf erhitzen. Mais, Brokkoli, Kohl, Paprikaschote und Kartoffeln dazugeben und 30 Sekunden dünsten. ½ l Wasser dazugeben und das Gemüse bei mittlerer Hitze weich garen. Vom Herd nehmen und abkühlen lassen. Das Gemüse samt Garflüssigkeit im Küchenmixer pürieren, durch ein Sieb passieren und beiseitestellen.

- Für die Einlage die Butter in einem Topf erhitzen. Den Basilikum, den Mais und den Brokkoli dazugeben und bei mittlerer Hitze 30 Sekunden dünsten. Die Gemüsesuppe angießen und mit Salz, Pfeffer und Zucker würzen.

- Die Suppe mit 1 Prise Muskatnuss abschmecken, aufkochen und 2 Minuten köcheln lassen. Sofort servieren.

DAS SÜSSLICHE AROMA DER MUSKATNUSS VERFEINERT DIESE NAHRHAFTE SUPPE AUS EINEM MIX VON GRÜNEN GEMÜSESORTEN.

- Die Brühe kann gut im Voraus gekocht werden. Die Suppe selbst sollte jedoch erst kurz vor dem Servieren fertig zubereitet werden.

- Achten Sie darauf, den Mais und den Brokkoli für die Suppe nur kurz zu dünsten, damit das Gemüse seinen Biss nicht verliert.

FEINES PILZSÜPPCHEN
Khumbi Shorba

ZUTATEN

Für die Suppe:
4 Champignons
2 TL Butter
1 gestr. TL Mehl
150 ml Milch
1 TL Petersilie (fein gehackt)
1 TL Staudensellerie
(in kleinen Würfeln, siehe S. 285)
Salz · Pfeffer aus der Mühle
¼ TL Zucker

Für die Einlage:
¼ TL Butter
15 g Champignons
(in Scheiben)
1 TL Petersilie (fein gehackt)

> DIE GEHACKTEN UND GERIEBENEN PILZE, GEPAART MIT SELLERIE, GEBEN DIESER LEICHTEN SUPPE EINEN EDLEN CHARAKTER.

ZUBEREITUNG

- Für die Suppe die Champignons putzen. Zwei Pilze hacken, die restlichen beiden Pilze in feine Stifte reiben.

- In einem Topf 1½ TL Butter erhitzen. Die gehackten Pilze dazugeben und das Mehl hineinrühren. Bei mittlerer Hitze 20 Sekunden rösten, dann den Topf vom Herd nehmen.

- Die Milch und 150 ml Wasser dazugeben und verrühren. Die Suppe im Küchenmixer pürieren und beiseitestellen.

- Die restliche Butter in einem Topf erhitzen. Die geriebenen Pilze und die Petersilie dazugeben und 10 Sekunden bei mittlerer Hitze dünsten. Die Suppe dazugießen und den Sellerie hinzufügen. Mit Salz, Pfeffer und Zucker würzen. Die Suppe aufkochen und 2 Minuten köcheln lassen.

- Für die Einlage die Butter in einer Pfanne erhitzen. Die Pilzscheiben darin bei mittlerer Hitze 30 Sekunden braten und herausnehmen. Die Suppe in Suppentassen anrichten und mit Pilzen und Petersilie bestreut servieren. Nach Belieben Pfeffer darübermahlen.

- Verwenden Sie ganz frische Pilze, die fest und weiß sind und keine Verfärbungen aufweisen.

Für 1–2 Personen

• Die Suppe kann ein paar Stunden vor dem Essen vorbereitet werden, die Garnitur allerdings erst kurz vor dem Servieren.

SPINATCREMESUPPE
Palak Shorba

Für 4 Personen

ZUTATEN

400 g Blattspinat
(grob zerkleinert)
½ TL Zucker
1 TL Butter
200 ml Milch
¼ TL frisch geriebene
Muskatnuss
Salz · Pfeffer aus der Mühle
etwas Sahne

ZUBEREITUNG

- In einem Topf den Spinat in ½ l kochendem Wasser mit ¼ TL Zucker 4 Minuten garen. Abgießen, mit 600 ml Wasser im Küchenmixer pürieren und durch ein feines Sieb gießen.

- Die Butter in einem Topf erhitzen. Spinatsuppe, Milch, Muskatnuss und restlichen Zucker dazugeben. Mit Salz und Pfeffer abschmecken. Aufkochen und 2 Minuten köcheln lassen. Mit 1 Schuss Sahne servieren.

- Die vitamin- und eisenreiche Suppe ist eine köstliche Vorspeise.
- Die Sahne peppt sie nicht nur optisch auf.
- Durch die Zugabe von Zucker im Kochwasser bleibt die kräftige Farbe des Spinats erhalten.

TOMATENCREMESUPPE
Tamatar Shorba

Für 6 Personen

ZUTATEN
600 g vollreife Tomaten
(in Achteln)
100 g Möhren
(in kleinen Würfeln)
1 TL Butter · ½ TL Zucker
1 TL gerösteter Kreuzkümmel
(siehe S. 294)
¼ TL zerstoßene schwarze
Pfefferkörner · Salz
Croûtons zum Bestreuen
(siehe Tipp)
1 EL Koriander (fein gehackt)
etwas Sahne

ZUBEREITUNG
- Die Tomaten und Möhren mit ½ l Wasser in einen Topf geben und mit geschlossenem Deckel etwa 20 Minuten garen.

- Das Gemüse abkühlen lassen, samt der Garflüssigkeit im Küchenmixer pürieren und durch ein feines Sieb streichen.

- Die Butter in einem Topf erhitzen. Gemüsesuppe hinzufügen, Zucker, Kreuzkümmel und Pfeffer unterrühren und mit Salz würzen. Zum Kochen bringen und 5 Minuten köcheln lassen.

- Die Suppe mit Croûtons, Koriander und 1 Schuss Sahne servieren.

- Diese leichte und vitaminreiche Tomatensuppe passt zu jeder Gelegenheit.
- Für die Croûtons Weißbrotwürfel in Öl rösten bzw. frittieren.
- Die Möhren verleihen der Suppe eine bessere Konsistenz und eine zusätzliche Geschmacksnote.

KARTOFFEL-BLUMENKOHL-EINTOPF
Phool Gobi Aloo Shorba

ZUTATEN

Für den Eintopf:
100 g Blumenkohlröschen
75 g Kartoffeln
(in kleinen Würfeln)
1 TL Butter
1 TL Ingwerpaste
(siehe S. 292)
2 TL Korianderpaste
(siehe S. 293)
Salz · Pfeffer aus der Mühle

Außerdem:
2 TL Butter
2 EL geriebener Paneer
(Frischkäse, siehe S. 298)

ZUBEREITUNG

- Für den Eintopf die Blumenkohlröschen und die Kartoffeln mit 400 ml Wasser in einem Topf weich garen. Vom Herd nehmen und abkühlen lassen. Die Mischung im Küchenmixer pürieren, durch ein Sieb passieren und beiseitestellen.

- In einem Topf 1 TL Butter erhitzen und die Ingwer- und Korianderpaste darin bei mittlerer Hitze unter Rühren 10 Sekunden dünsten. Die beiseitegestellte Gemüsebrühe dazugießen und mit Salz würzen. Gut umrühren, dann die Suppe aufkochen und 2 Minuten köcheln lassen.

- In einem weiteren Topf 2 TL Butter erhitzen. Den Paneer dazugeben und bei mittlerer Hitze knusprig goldbraun braten. Den Käse herausnehmen und auf Küchenpapier abtropfen lassen.

- Die Suppe in Suppentassen anrichten, mit Pfeffer und gebratenem Paneer bestreuen und sofort servieren.

> DIE CREMIGE KONSISTENZ VON BLUMENKOHL UND KARTOFFELN HARMONIERT PERFEKT MIT DEM KNUSPRIGEN PANEER.

- Wer mag, kann vor dem Servieren 2 bis 3 Tropfen Zitronensaft unter die Suppe rühren, das verleiht ihr eine feinsäuerliche Note.

Für 2 Personen

- Würzen Sie Suppen grundsätzlich mit frisch gemahlenem schwarzem Pfeffer. Er hat ein wesentlich besseres Aroma als bereits gemahlener Pfeffer.

PANEER-GEMÜSE-SUPPE
Pattidar Paneer Shorba

Für 2 Personen

DIE LEICHTE, SCHMACKHAFTE SUPPE VERBINDET EINE VIELZAHL VON TEXTUREN UND STELLT WERTVOLLE KOHLENHYDRATE UND PROTEINE ZUR VERFÜGUNG.

ZUTATEN

Für die Suppe:
50 g Weißkohl
(in kleinen Würfeln)
75 g Kartoffeln
(in kleinen Würfeln)

Für die Einlage:
2 TL Öl
30 g Paneer (Frischkäse, in 8 Würfel geschnitten, siehe S. 298)
1/4 TL fein geraspelter frischer Ingwer
1 EL Maiskörner (aus der Dose)
Salz · Pfeffer aus der Mühle
1 Prise Zucker
4 Spinatblätter

ZUBEREITUNG

- Für die Suppe die Kohl- und Kartoffelwürfel mit 1/2 l Wasser in einem Topf weich garen. Vom Herd nehmen und abkühlen lassen. Das Gemüse samt Garflüssigkeit im Küchenmixer pürieren, durch ein Sieb passieren und beiseitestellen.

- Für die Einlage 1 TL Öl in einer Pfanne erhitzen und die Paneerwürfel darin bei mittlerer Hitze hellbraun braten. Herausnehmen und beiseitestellen.

- In einem zweiten Topf das restliche Öl erhitzen. Den Ingwer und den Mais darin bei mittlerer Hitze 10 Sekunden dünsten. Gebratenen Käse und Gemüsesuppe dazugeben. Mit Salz, Pfeffer und Zucker würzen und gut mischen. Die Suppe aufkochen lassen, Spinat dazugeben und 10 Sekunden erhitzen. Sofort servieren.

- Wer wenig Zeit hat, kann für diese Suppe auch abgepackten Käse verwenden, der u. a. in Reformhäusern, in Asialäden oder im Onlineshop erhältlich ist.

ERBSENCREMESUPPE
Mattar Shorba

Für 4 Personen

ZUTATEN
2 TL Butter
200 g frische Erbsen
100 g Blattspinat
(in feinen Streifen)
1 EL Minze (fein gehackt)
200 ml Milch
¼ TL Zucker
¼ TL frisch geriebene
Muskatnuss
Salz · Pfeffer aus der Mühle
2 TL Zitronensaft
Croûtons zum Bestreuen
(siehe Tipp S. 43)

ZUBEREITUNG
- Die Hälfte der Butter in einem Topf erhitzen und Erbsen, Spinat und Minze darin 30 Sekunden andünsten. 600 ml Wasser dazugießen und das Gemüse mit geschlossenem Deckel 5 Minuten garen. Dann das Gemüse offen weitere 2 Minuten garen.
- Das Gemüse samt Garflüssigkeit im Küchenmixer pürieren und durch ein feines Sieb gießen.
- Die restliche Butter in einem Topf erhitzen und die Gemüsesuppe, die Milch und den Zucker hinzufügen. Mit Muskatnuss, Salz und Pfeffer abschmecken. Die Suppe zum Kochen bringen, 2 Minuten köcheln lassen. Vor dem Servieren den Zitronensaft hinzufügen und die Suppe mit Croûtons bestreuen.

- Die Minze verleiht der Suppe einen besonders raffinierten, frischen Geschmack.
- Um die grüne Farbe zu erhalten, die Suppe im offenen Topf fertig garen und dabei mit dem Schneebesen rühren.

ZUCCHINI-SPARGEL-CREMESUPPE
Shatawar Sabz Shorba

ZUTATEN

125 g zarter Spargel
2½ TL Butter
1 Zwiebel (in Scheiben)
140 g Zucchini (längs halbiert, in dünnen Scheiben)
2 EL Frühlingszwiebelgrün (in feinen Ringen)
¼ TL Knoblauchwürfel
Salz · Pfeffer aus der Mühle
1 Prise Zucker

ZUBEREITUNG

- Den Spargel waschen. Die Spargelköpfe abschneiden und beiseitelegen. Die Spargelstangen schälen. Holzige Enden abschneiden und für die Zubereitung der Brühe beiseitestellen. Die Spargelstangen in dünne Scheiben schneiden und ebenfalls beiseitestellen (siehe S. 285).

- Für die Brühe 1 TL Butter in einem Topf erhitzen und die Zwiebelscheiben darin bei mittlerer Hitze 30 Sekunden dünsten. Die Spargelenden, drei Viertel der Zucchini und die Frühlingszwiebeln hinzufügen und 30 Sekunden mitdünsten. Dann 400 ml Wasser dazugießen und das Gemüse weich garen. Vom Herd nehmen und abkühlen lassen. Das Gemüse im Küchenmixer pürieren, durch ein Sieb passieren und beiseitestellen.

- Für die Suppe 1 TL Butter in einem Topf erhitzen und den Knoblauch darin bei mittlerer Hitze 10 Sekunden dünsten. Die Spargelscheiben und die restliche Zucchini dazugeben und 30 Sekunden dünsten. Das pürierte Gemüse hinzufügen und alles mit Salz, Pfeffer und Zucker würzen. Aufkochen und 1 Minute köcheln lassen.

- Die restliche Butter ganz kurz in einer Pfanne erhitzen und die Spargelköpfe darin bei mittlerer Hitze 30 Sekunden dünsten.

- Die Suppe in Schalen anrichten, mit den gedünsteten Spargelspitzen bestreuen und sofort servieren. Nach Belieben mit schwarzem Pfeffer übermahlen.

- Verwenden Sie nur frischen grünen oder weißen Spargel mit zarten und knackigen Stangen.

- Diese Suppe wirkt mit grünen Zucchini noch dekorativer als mit gelben, schmeckt aber natürlich genauso gut.

Für 2 Personen

EINE ODE AN DEN KÖNIG DER GEMÜSE: HIER WIRD DER SPARGEL VOM WUNDERVOLLEN AROMA DER FRÜHLINGSZWIEBELN UND DER ZUCCHINI BEGLEITET.

DRINKS, SUPPEN & SALATE

GEMÜSESUPPE
Sabz Baghan Shorba

Für 4–6 Personen

ZUTATEN
2 EL geschälte, gespaltene Mungbohnen (*dhuli moong dal*, 30 Minuten eingeweicht)
200 g vollreife Tomaten (in Achteln)
50 g Möhre (in Scheiben)
1 TL Butter
50 g geraspelte Möhre
50 g Weißkohl (sehr fein geschnitten)
50 g Tomate (entkernt und in kleinen Würfeln)
¼ TL Zucker
Salz · Pfeffer aus der Mühle
2 TL Zitronensaft
25 g junger Blattspinat (in feinen Streifen)

ZUBEREITUNG
- Mungbohnen, Tomaten und Möhre in einen Topf mit 720 ml Wasser geben und mit geschlossenem Deckel 25 Minuten weich garen. Das Gemüse abkühlen lassen, samt Garflüssigkeit im Küchenmixer pürieren und durch ein Sieb gießen.

- Die Butter in einem Topf erhitzen, Möhrenraspel, Weißkohl und Tomatenwürfel darin 30 Sekunden andünsten. Gemüsesuppe und Zucker hinzufügen, mit Salz und Pfeffer würzen. Die Suppe aufkochen und 5 Minuten köcheln lassen. Kurz vor dem Servieren Zitronensaft und Spinat unterrühren.

- Die angerichtete Suppe nach Belieben mit Croûtons bestreuen (siehe Tipp S. 43).

- Durch die Kombination von Gemüse und Mungbohnen liefert die Suppe reichlich Ballaststoffe, Vitamine und pflanzliche Proteine.

KICHERERBSENSUPPE
Kabuli Chana Shorba

Für 4–6 Personen

ZUTATEN

175 g ganze Kichererbsen
(8 Stunden eingeweicht)
2 TL Butter
50 g Zwiebelwürfel
150 g Kartoffeln
(geschält und in Würfeln)
½ TL gemahlener
Kreuzkümmel
½ TL Knoblauchwürfel
½ TL Ingwerpaste
(siehe S. 292)
50 g junger Blattspinat
(in feinen Streifen)
Salz · Pfeffer aus der Mühle
etwas Zitronensaft

ZUBEREITUNG

- Die Kichererbsen, wie auf S. 283 beschrieben, garen.

- Die Hälfte der Butter in einem Topf erhitzen. Die Zwiebelwürfel hinzufügen und 1 Minute andünsten. Die Kartoffelwürfel und 720 ml Wasser dazugeben und mit geschlossenem Deckel etwa 10 Minuten weich garen. Das Gemüse abkühlen lassen. Anschließend samt Garflüssigkeit im Küchenmixer pürieren und durch ein feines Sieb streichen.

- Die restliche Butter in einem Topf erhitzen. Den Kreuzkümmel, den Knoblauch, die Ingwerpaste und den Spinat hinzufügen und 30 Sekunden andünsten.

- Die Kichererbsen und die Kartoffelsuppe dazugeben, mit Salz und Pfeffer abschmecken. Die Suppe zum Kochen bringen und 2 Minuten köcheln lassen.

- Die Kichererbsensuppe kurz vor dem Servieren mit Zitronensaft abschmecken.

- Diese Suppe macht dank ihrer optimalen Kombination aus Proteinen und Kohlenhydraten lange satt.

- Sie können die Kichererbsen natürlich auch in einem herkömmlichen Topf garen, wenn Sie keinen Schnellkochtopf haben.

KARTOFFELSALAT MIT ZWIEBEL-PICKLES
Aloo Pyaz, Sirkewale

Für 4–6 Personen

ZUTATEN
Für den Salat:
450 g Kartoffeln
1½ EL Öl
125 g eingelegte Zwiebeln
(siehe S. 235)
50 g Frühlingszwiebeln
(in feinen Ringen)

Für das Dressing:
¾ TL Salz
½ TL Pfeffer aus der Mühle
2 TL feinster Zucker
2 TL Minze (fein gehackt)
½ TL Senfsamen
1 EL weißer Balsamessig
½ TL Ingwerpaste
(siehe S. 292)
2 TL Zitronensaft

Außerdem:
1 EL Koriander (fein gehackt)
2 EL Erdnusskerne

ZUBEREITUNG
- Backofen auf 200 °C vorheizen. Die Kartoffeln mit Öl einreiben und im Ofen auf der mittleren Schiene weich backen. Pellen und in Stücke schneiden.
- Das restliche Öl in einer Pfanne erhitzen. Die Kartoffeln darin goldbraun braten und abkühlen lassen.
- Für das Dressing alle Zutaten in einer kleinen Schüssel mischen.
- Kurz vor dem Servieren Kartoffeln, eingelegte Zwiebeln, Frühlingszwiebeln und das Dressing mischen.
- Den Salat mit Koriander und Erdnüssen bestreuen.

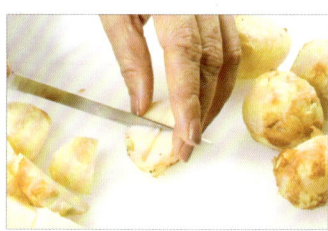  

- Mit Chaat Masala (siehe S. 294) gewürzte, gebackene oder gebratene Kartoffeln sind ein leckerer Snack zum Aperitif.

BIRNEN-WASSERKASTANIEN-SALAT
Nashpati Singhara Salaad

Für 4–6 Personen

DIE ERLESENEN AROMEN VON INGWER UND MINZE ERGÄNZEN DEN SAFTIGEN BISS DER WASSERKASTANIEN UND DIE SÜSSE DER BIRNEN.

ZUTATEN

Für den Salat:
1 EL Öl
½ TL Knoblauchwürfel
500 g rohe, geschälte Wasserkastanien
Salz
50 g Frühlingszwiebelgrün (in feinen Ringen)
200 g Birnen
30 g Walnusskerne

Für das Dressing:
3 EL Vinaigrette mit Balsamessig (*Salad-ras-Francisi*, siehe S. 297)
1 TL Ingwerpaste (siehe S. 292)
2 TL Minzpaste (siehe S. 293)

ZUBEREITUNG

- Für den Salat das Öl in einer Pfanne erhitzen und den Knoblauch darin bei mittlerer Hitze andünsten. Die Wasserkastanien und ¼ TL Salz dazugeben und 1 Minute mitdünsten. Zwei Drittel der Frühlingszwiebel unterrühren und die Pfanne beiseitestellen.

- Kurz vor dem Servieren die Birnen vierteln, schälen, entkernen und in dünne Scheiben schneiden. Mit den gedünsteten Wasserkastanien, Walnüssen und restlicher Frühlingszwiebel mischen.

- Für das Dressing alle Zutaten verrühren. Den Salat anrichten, mit Dressing beträufeln und sofort servieren.

- Frische Wasserkastanien sind natürlich besser als Dosenware, aber hierzulande schwierig zu bekommen. Versuchen Sie es am besten über einen indischen Spezialitätenversand (siehe S. 312)

- Balsamessig wird aus dem frisch gepressten, unvergorenen Saft von Trauben hergestellt. Er besitzt ein hoch konzentriertes, kräftig süßes Aroma. Verwenden Sie ihn bei Dressings sparsam.

GRÜNER ZUCCHINISALAT
Hari Bhari Zucchini Salaad

ZUTATEN

Für den Salat:
300 g grüne Zucchini
1 EL Öl
1 EL Sesamsamen
2 EL schwarze Oliven
(in Scheiben)
100 g Baby-Maiskolben
(in schrägen Stücken)
2 kleine Eisbergsalatköpfe
(in kleinen Stücken)

Für das Dressing:
1 EL Olivenöl
1 EL Balsamessig
2 EL Erdnusspulver
(siehe S. 302)
5 grüne Oliven
(im Mörser zerdrückt)
¼ TL Knoblauchpaste
(siehe S. 292)
Salz · Pfeffer aus der Mühle

ZUBEREITUNG

- Für den Salat die Zucchini putzen, längs halbieren und in etwa 2 cm dicke Stücke schneiden.

- Das Öl in einer Pfanne erhitzen und die Sesamsamen hineinstreuen. Die Zucchinischeiben fest auf den Sesam drücken.

- Die Zucchini bei mittlerer Hitze braten, bis die Sesamsamen goldbraun sind.

- Die Zucchini herausnehmen und mit den Olivenscheiben, dem gekühlten Mais und dem Eisbergsalat mischen.

- Für das Dressing alle Zutaten verrühren. Den Salat auf Tellern anrichten, mit dem Dressing beträufeln und sofort servieren.

DIE KRÄFTIGEN INDO-ITALIENISCHEN DRESSING-AROMEN UNTERSTREICHEN DEN FEINNUSSIGEN GESCHMACK DER ZUCCHINI UND DEN KNACKIGEN BISS DES SALATS.

- Zerkleinern Sie Salatblätter stets mit der Hand, statt sie mit einem Messer zu zerschneiden. So bleiben sie länger frisch.

Für 2–4 Personen

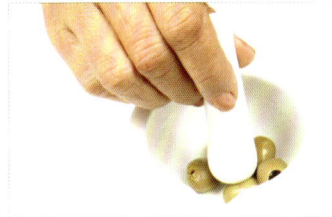 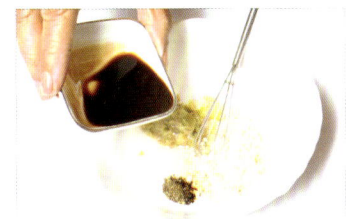  

- Olivenöl wird durch die Pressung reifer Oliven gewonnen und hat je nach Sorte ein mildes bis kräftiges Olivenaroma. Extra natives (kalt gepresstes) Olivenöl ist die reinste und geschmacklich beste Variante. Es wird vor allem für Salate verwendet und sollte nicht oder nur leicht erhitzt werden.

DRINKS, SUPPEN & SALATE • 55

WÜRZIGER SALAT-WRAP
Chatpatte Salaad Ke Paan

ZUTATEN
Für die eingelegte Gurke:
100 g Salatgurke
(entkernt, in dünnen Stiften)
1 EL Weißweinessig
1 TL Puderzucker
¼ TL Salz
Außerdem:
150 g Mungbohnensprossen
4 Salatblätter
(gewaschen, trocken getupft)
75 g geriebene Möhre
90 g Paneer (Frischkäse, in Würfeln, siehe S. 298)
50 ml scharf-süße Sauce
(*Tikhi-Meethi Chutney*, siehe S. 228)
50 g Erdnuss-Chutney
(*Moongphalli Chutney*, siehe S. 237)
50 g süßsaures Chutney
(*Khatti-Meethi Chutney*, siehe S. 229)
¼ TL Sesamsamen

ZUBEREITUNG
- Für die eingelegte Gurke alle Zutaten in einer Schüssel mischen und 30 Minuten ziehen lassen.
- Die Mungbohnensprossen in einem Topf mit 750 ml kochendem Wasser 30 Sekunden garen. In ein Sieb abgießen und abtropfen lassen.
- Von den Salatblättern die harten Strünke entfernen und die Blätter auf einer Seite eines Serviertellers anrichten.
- Die Möhre, die eingelegten Gurkenstücke, die Sprossen und die Paneerwürfel jeweils in Schälchen legen und auf den Servierteller stellen. Die Chutneys auf Schälchen verteilen und das süßsaure Chutney mit Sesam bestreuen. Die Schälchen auf dem Servierteller verteilen.
- Je ½ TL Erdnuss-Chutney auf ein Salatblatt geben. 1 EL Mungbohnensprossen, 4 Gurkenstücke, 1 TL geriebene Möhre und 2 TL Paneer darauflegen.
- Jeweils ½ TL scharf-süße Sauce und süßsaures Chutney darauf verteilen.
- Die Salatblätter zusammenlegen und die Wraps sofort essen.

- Sie können verschiedene Salatsorten mit großen Blättern verwenden. Wichtig ist, dass der Salat frisch und knackig ist.

Für 4 Personen

PFERFEKT FÜR GÄSTE: JEDER KANN SICH SEINE LIEBLINGSZUTATEN FÜR DIESEN SALAT-WRAP INDIVIDUELL ZUSAMMENSTELLEN.

- Sie können das süßsaure Chutney durch die gleiche Menge HP-Sauce oder 8-to-8-Sauce (beides Fertigprodukte) ersetzen.
- Servieren Sie zu diesem Salat eine leichte Suppe und Vollkorntoast, um eine vollwertige Mahlzeit zu erhalten.

KICHERERBSENSALAT
Kabuli Chana Salaad

Für 4–6 Personen

ZUTATEN

Für den Salat:
125 g gegarte Kichererbsen (siehe S. 283)
1 1/2 EL Zitronensaft
2 TL feinster Zucker
1 EL Koriander (fein gehackt)
1/2 TL Salz
1/4 TL Chiliflocken

Für die Gewürzmischung:
1 EL Öl
1/4 TL Senfsamen
12 Curryblätter

Außerdem:
2 EL frisch geraspelte Kokosflocken
1 EL Koriander (fein gehackt)

ZUBEREITUNG

- Für den Salat die gegarten Kichererbsen in eine große Schüssel geben.

- Für das Dressing alle restlichen Zutaten in einer kleinen Schüssel mischen und über die Kichererbsen gießen. Den Salat mit Frischhaltefolie zugedeckt 1 Stunde ziehen lassen.

- Für die Gewürzmischung das Öl in einer Pfanne erhitzen. Die Senfsamen und die Curryblätter hinzufügen und 30 Sekunden erhitzen.

- Kurz vor dem Servieren die Gewürzmischung unter die Kichererbsen heben. Den Salat mit Kokosflocken und Koriander garnieren.

- Die Kokosflocken und die Würzmischung, die in Südindien sehr beliebt ist, verleihen diesem Salat ein intensives Aroma.

SALATMIX MIT JAGGERY-DRESSING
Mila Jula Salaad

Für 4–6 Personen

ZUTATEN

Für den Salat:
300 g Salatgurke (in Würfeln)
50 g Möhre (in Würfeln)
100 g Tomaten (entkernt und in Würfeln)
25 g Maiskörner
1 Apfel (ca. 150 g)

Für das Dressing:
1 EL Öl · ¼ TL Chiliflocken
2 TL Jaggery oder Palmzucker (siehe Tipp)
2 TL Zitronensaft
¼ TL Minzepulver (*pudina*, siehe S. 11) · ¼ TL Salz

ZUBEREITUNG

- Alle Zutaten für den Salat – bis auf den Apfel – in eine Schüssel geben. Mit Frischhaltefolie zugedeckt in den Kühlschrank stellen und gut durchkühlen lassen.

- Für das Dressing das Öl in einer Pfanne erhitzen und die Chiliflocken darin 30 Sekunden rösten. Den Jaggery unterrühren. Auskühlen lassen.

- Die restlichen Zutaten für das Dressing in die Chili-Jaggery-Mischung rühren.

- Kurz vor dem Servieren den Apfel vierteln, schälen, entkernen und in kleine Würfel schneiden. Mit den vorbereiteten Salatzutaten in eine große Schüssel geben, das Dressing hinzufügen und alles gründlich mischen.

- Jaggery besteht aus gekochtem, verfestigtem Zuckerrohrsaft – er bereichert diesen Salat mit seinem süßlichen Aroma.

- Um zu verhindern, dass die Apfelwürfel sich braun verfärben, kann man sie mit 1 TL Zitronensaft mischen.

NUDELSALAT MIT LOTOS
Kamal Kakdi Pasta Salaad

ZUTATEN

Für den Salat:
60 g Farfalle-Nudeln
2 TL Öl
150 g Lotosstängel
(*kamal kakdi*, schräg in 2 cm lange Stücke geschnitten, siehe S. 286)
2 EL getrocknete Tomaten
2 EL schwarze Oliven
(in dünnen Scheiben)

Für das Dressing:
2½ EL scharf-süße Sauce
(*Tikhi-Meethi Chutney*, siehe S. 228)
1 TL Sojasauce
1 EL Balsamessig
Pfeffer aus der Mühle
¼ TL Salz

Außerdem:
1 Handvoll Rucola

Für die Würze:
1 EL Olivenöl
30 g Erdnüsse
2 trockene rote Chilischoten (halbiert)
2 EL Basilikumblätter

ZUBEREITUNG

- Für den Salat die Nudeln in reichlich kochendem Wasser nach Packungsanweisung bissfest garen. In ein Sieb abgießen und abtropfen lassen.

- Das Öl zu den Nudeln geben und gut mischen (das verhindert, dass die Nudeln zusammenkleben). Beiseitestellen.

- Die Lotosstücke mit 400 ml Wasser in einen Topf geben und bissfest garen. Die Lotosstücke in ein Sieb abgießen und abtropfen lassen.

- Für das Dressing alle Zutaten verrühren. Den Rucola verlesen, waschen und trocken schleudern, grobe Stiele entfernen. Auf einem Servierteller anrichten. In einer Schüssel Lotosstücke, Nudeln, getrocknete Tomaten und Oliven mischen. Das Dressing dazugeben und locker untermischen.

- Für die Würze das Olivenöl erhitzen. Die Erdnüsse dazugeben und bei schwacher Hitze unter Rühren rösten. Die Chilischoten und die Basilikumblätter unterrühren.

- Die Lotos-Nudel-Mischung auf dem Rucola anrichten, die Würze darüberträufeln und sofort servieren.

- Farfalle, deren Form an Schmetterlinge erinnert, sind in unterschiedlichen Farben und Geschmacksrichtungen erhältlich. In diesem Rezept werden einfache, ungewürzte Farfalle verwendet.

Für 4–6 Personen

DIE KRÄFTIGEN AROMEN DES SÜSS-WÜRZIGEN DRESSINGS, AUSSERGEWÖHNLICH KOMBINIERT MIT LOTOS UND NUDELN, WERDEN VON DER KNUSPRIGEN ERDNUSS-WÜRZE GEKRÖNT.

- Tomaten werden zum Haltbarmachen einfach in die Sonne gelegt. So bleiben konzentriertes Aroma, weiche Textur und die dunkelrote Farbe erhalten.

ORIENTALISCHER NUDELSALAT
Kurkuri Noodle Bhel

ZUTATEN
Für die Nudeln:
100 g asiatische Nudeln
2 TL Öl und Öl zum Frittieren
Für das Dressing:
1 EL Weißweinessig
2 TL Puderzucker
2 EL Tomatenketchup
Pfeffer aus der Mühle
1 TL Sojasauce
½ TL Salz
½ TL Chilipulver
Außerdem:
1 Handvoll Salatblätter
25 g Mungbohnensprossen
75 g Tomate
(entkernt, längs in Scheiben)
25 g Paprikaschote
(entkernt, in dünnen Streifen)
50 g Weißkohl
(in dünnen Streifen)
50 g Möhre
(in dünnen Streifen)
50 g Salatgurke
(entkernt, in dünnen Streifen)
30 g Zwiebeln (in Scheiben)
2 EL Frühlingszwiebelgrün
(in feinen Ringen)

ZUBEREITUNG
- Die Nudeln in 1 l kochendem Wasser nach Packungsanweisung bissfest garen.
- Die Nudeln in ein Sieb abgießen und mit 2 TL Öl mischen, damit sie nicht zusammenkleben.
- Öl zum Frittieren etwa 3 cm hoch im Wok erhitzen. Die Nudeln darin frittieren, bis die Ränder eine goldbraune Farbe haben. Die Nudeln schnell wenden und von der anderen Seite weitere 30 bis 60 Sekunden gleichmäßig bräunen.
- Die Nudeln mit dem Schaumlöffel herausnehmen und auf Küchenpapier abtropfen und abkühlen lassen. Mit den Händen in kleine Stücke brechen und beiseitestellen.
- Für das Dressing alle Zutaten verrühren. Die Salatblätter waschen, trocken schütteln und auf eine Seite eines Serviertellers legen. Die frittierten Nudeln mit dem gekühlten Gemüse (außer den Frühlingszwiebeln) und dem Dressing mischen.
- Den Nudelsalat neben den Salatblättern anrichten, mit Frühlingszwiebeln bestreuen und sofort servieren.

- Wenn das Öl fast bis zum Rauchpunkt erhitzt wird, werden die Nudeln schön knusprig, ohne zu viel Öl aufzunehmen. Die Nudeln nur einmal wenden. So behalten sie ihre nestähnliche Form.

Für 4–6 Personen

DER KÖSTLICHE SALAT AUS FRISCHEM GEMÜSE UND KNUSPRIGEN NUDELN KANN ALS SNACK FÜR ZWISCHENDURCH ODER ALS HAUPTGERICHT SERVIERT WERDEN.

- Geben Sie Gemüse und Dressing erst kurz vor dem Servieren zu den Nudeln, damit der Salat nicht durchweicht.

BOHNEN-NUDEL-SALAT
Sheetal Macrajma Bahaar

DIE NUDELN UND KIDNEYBOHNEN BILDEN MIT DER ORANGE EINE UNGEWÖHNLICHE, ABER SEHR INTERESSANTE GESCHMACKSKOMPOSITION.

ZUTATEN

Für den Salat:
50 g Kidneybohnen
(12 Stunden eingeweicht)
Salz
90 g Muschelnudeln
2 TL Öl
75 g Orangenfruchtfleisch
(ausgelöste Filets)
einige Selleriestangen (in 3 cm
langen Stücken, siehe S. 285)
2 Handvoll Rucola

Für das Dressing:
3 EL Vinaigrette (*Salad-ras-Francisi*, siehe S. 297)
1 EL Tomatenketchup
½ TL Chili-Knoblauch-Chutney
(*Lal Lehsuni Chutney*, siehe
S. 230)
1 EL Petersilie
(fein gehackt, oder 1 TL
getrocknete Petersilie)
Salz · Pfeffer aus der Mühle

ZUBEREITUNG

- Für den Salat die Kidneybohnen in ein Sieb abgießen, mit 300 ml Wasser und 1 Prise Salz in einen Topf geben und 45 bis 60 Minuten garen. Den Topf vom Herd nehmen und die Bohnen in ein Sieb abgießen.
- Die Bohnen unter fließendem kaltem Wasser abbrausen, abtropfen lassen und kühl stellen.
- Die Nudeln in reichlich kochendem Salzwasser mit 1 TL Öl bissfest garen. In ein Sieb abgießen und mit 1 TL Öl mischen, damit sie nicht zusammenkleben. Kühl stellen.
- Für das Dressing alle Zutaten gut verrühren. Kurz vor dem Servieren alle gekühlten Salatzutaten – Bohnen, Nudeln, Orangen, Sellerie und Rucola – mischen und das Dressing unterrühren.
- Den Salat auf einem Servierteller anrichten und sofort servieren.

- Verwenden Sie für den Salat Nudeln aus Hartweizengrieß (ohne Ei). Hier gibt es unendlich viele Sorten, die Muscheln sehen besonders hübsch aus.
- Rucola findet man heute auch wieder öfter unter seinem deutschen Namen Rauke im Handel.

Für 4–6 Personen

• Sie können auch Kidneybohnen aus der Dose (175 g) verwenden. Zuvor abbrausen und abtropfen lassen.

SÜSSKARTOFFELSALAT
Chatpata Shakarkandi Salaad

Für 4–6 Personen

ZUTATEN
Für die Süßkartoffeln:
500 g Süßkartoffeln (gewaschen) · 2 EL Öl
Für das Dressing:
1½ EL Zitronensaft
3 TL Chaat Masala (siehe S. 294)
2 EL Koriander (fein gehackt)
½ TL Salz
Außerdem:
25 g Mungbohnensprossen
100 g Eisbergsalatblätter (gewaschen und getrocknet)

ZUBEREITUNG

- Für die Süßkartoffeln den Backofen auf 200 °C vorheizen. Die Süßkartoffeln mit Öl einreiben und im Ofen auf der mittleren Schiene weich backen. Pellen und in Scheiben schneiden.

- Das restliche Öl in einer Pfanne erhitzen. Die Süßkartoffelscheiben darin goldbraun braten und abkühlen lassen. Die Süßkartoffeln auf einer Platte anrichten.

- Für das Dressing alle Zutaten in einer Schüssel gründlich mischen und über die Süßkartoffeln gießen.

- Den Salat mit Mungbohnensprossen und Eisbergsalat garniert servieren.

- Wenn man die Süßkartoffeln vor dem Backen mit Öl einreibt, lassen sie sich nach dem Garen leichter pellen.
- Man kann die Süßkartoffeln auch im Schnellkochtopf garen.
- Der Süßkartoffelsalat eignet sich als Beilage oder als Vorspeise.

TOMATENSCHIFFCHEN MIT PANEER
Tamatar aur Masala Paneer Salaad

Für 4–6 Personen

ZUTATEN
Für die Tomaten:
400 g schnittfeste Tomaten
(entkernt und in Achteln)
125 g Masala-Paneer
(in kleinen Würfeln, siehe
S. 299)

Für das Dressing:
1 EL Öl
2 TL weißer Balsamessig
2 TL feinster Zucker
¼ TL gemahlene Senfsamen
¼ TL Minzepulver
(*pudina*, siehe S. 11)
¼ TL Pfeffer aus der Mühle
¼ TL Salz

ZUBEREITUNG
- Die Tomatenachtel auf einer Platte anrichten.
- Für das Dressing alle Zutaten in einer kleiner Schüssel gründlich mischen.
- Drei Viertel des Dressings gleichmäßig auf die Tomatenschiffchen verteilen.
- Das restliche Dressing unter die Paneer-Würfel heben.
- Jeweils etwas Paneer auf die Tomatenschiffchen verteilen und die Schiffchen nach Belieben mit Salatblättern garniert servieren.

- In größere Würfel geschnitten, ergibt der Masala-Paneer eine pikante Vorspeise. Am besten mit Zahnstochern servieren.
- Den Masala-Paneer kann man statt auf Tomatenschiffchen auch auf roten oder gelben Paprikaachteln anrichten.

DRINKS, SUPPEN & SALATE

ANANAS-KARTOFFEL-SALAT
Bhuna Ananas Aloo Salaad

ZUTATEN
Für den Salat:
2 ½ EL Öl
200 g Ananasstücke
(siehe Tipp)
200 g kleine Kartoffeln
(gegart, gepellt, längs halbiert)
1 kleine gelbe Paprikaschote
(entkernt, in kleinen Würfeln)
1 Handvoll Salatblätter
1 EL Petersilie (fein gehackt)
1 Handvoll Frühlingszwiebelgrün
(in feinen Ringen)

Für das Dressing:
1 ½ EL feiner brauner Zucker
¼ TL rote Chiliflocken
¼ TL Senfpulver
2 TL Selleriepaste
(siehe S. 293)
1 EL Zitronensaft
2 TL geröstete Sesamsamen
(zerstoßen, siehe S. 295)
½ TL Salz

ZUBEREITUNG

- Für den Salat in einer Pfanne 1 EL Öl erhitzen und die Ananasstücke darin bei mittlerer Hitze auf beiden Seiten leicht karamellisieren. Herausnehmen und beiseitestellen.

- In einer Pfanne 1 EL Öl erhitzen, die Kartoffeln darin auf der Schnittfläche bei mittlerer Hitze goldbraun braten, wenden und die andere Seite ebenfalls rösten. Herausnehmen und beiseitestellen.

- Das restliche Öl in der Pfanne erhitzen. Die Paprika darin bei starker Hitze 1 Minute braten, herausnehmen und beiseitestellen.

- Für das Dressing alle Zutaten verrühren. Die Salatblätter auf einem Servierteller anrichten. Ananas, Kartoffeln, Paprika, Petersilie und Frühlingszwiebeln mit dem Dressing mischen und auf die Salatblätter verteilen. Sofort servieren.

AUSSERGEWÖHNLICH, ABER EINE SEHR SCHMACKHAFTE KOMBINATION: HERZHAFTE KARTOFFELN, SÜSSE ANANAS UND EIN WÜRZIGES ZUCKERDRESSING.

- Für die Ananasstücke schneiden Sie jeweils 1 Ananasscheibe in 4 bis 6 gleich große Teile.

Für 4–6 Personen

• Brauner Zucker wird aus Melasse, einem dunkelbraunen Zuckersirup, hergestellt. Er hat ein mildes Karamellaroma.

NUDEL-KARTOFFEL-SALAT
Pasta Chaat Salaad

ZUTATEN

Für den Salat:
100 g Fettuccine-Nudeln
2 TL Öl und Öl zum Frittieren
1 EL Maismehl
225 g Kartoffeln (geschält, in Stiften, in Wasser eingeweicht)
je 50 g rote, grüne und gelbe Paprikaschote (in Streifen)

Für das Dressing:
1½ EL süßsaures Chutney (*Khatti-Meethi Chutney*, siehe S. 229)
1 TL Chili-Knoblauch-Chutney (*Lal Lehsuni Chutney*, siehe S. 230)
1 EL Weißweinessig
2 EL Tomatenketchup
1 Handvoll Frühlingszwiebelgrün (in feinen Ringen)
1 EL Koriander (fein gehackt)
1 TL Puderzucker
1 TL Knoblauchpaste (siehe S. 292)
½ TL grüne Chilipaste (siehe S. 292)
Pfeffer aus der Mühle

Außerdem:
2 TL geröstete Sesamsamen (siehe S. 295)
2 EL Frühlingszwiebelgrün (in feinen Ringen)
1 EL Koriander (fein gehackt)
1 Handvoll Salatblätter

ZUBEREITUNG

- Für den Salat die Fettuccine in reichlich kochendem Wasser nach Packungsanweisung bissfest garen. In ein Sieb abgießen und abtropfen lassen. Die Nudeln mit 2 TL Öl mischen, damit sie nicht zusammenkleben, und abkühlen lassen.

- Die Nudeln in eine flache Schüssel legen, mit dem Maismehl bestreuen und gleichmäßig mischen.

- Öl zum Frittieren etwa 3 cm hoch im Wok erhitzen. Die Kartoffelstifte darin bei mittlerer Hitze goldbraun frittieren, herausnehmen und auf Küchenpapier abtropfen lassen.

- Danach die Nudeln im Öl bei starker Hitze portionsweise goldgelb frittieren. Die Nudeln mit dem Schaumlöffel herausheben und auf Küchenpapier abtropfen lassen.

- Die abgekühlten Nudeln voneinander lösen.

- Für das Dressing alle Zutaten verrühren. Jeweils einige Streifen von jeder Paprikaschote und einige Kartoffelstreifen beiseitelegen. Nudeln, restliche Paprika und Kartoffelstifte in einer Salatschüssel mit dem Dressing mischen.

- Den Salat auf einem Teller anrichten. Geröstete Sesamsamen, Frühlingszwiebel und Koriander daraufstreuen. Mit Salatblättern, beiseitegelegten Kartoffelstiften und Paprikastreifen garnieren und sofort servieren.

DER KNUSPRIGE MIX AUS NUDELN, KARTOFFELN UND PAPRIKA MIT SÜSS-SCHARFEM DRESSING MACHT DIESEN SALAT ZU EINEM KULINARISCHEN HIGHLIGHT.

- Anstelle der Fettuccine können Sie auch andere italienische Bandnudeln verwenden.

Für 4–6 Personen

• Sie können das süßsaure Chutney durch 8-to-8-Sauce oder HP-Sauce (siehe Tipp S. 57) ersetzen.

SNACKS & VORSPEISEN

POWER-FRÜHSTÜCK
Daliya Savera

Für 4–6 Personen

ZUTATEN
Für den Bulgur:
1 TL geklärte Butter (*Ghee*, siehe S. 307)
125 g Bulgur
60 g Zucker
400 ml Milch
25 g Rosinen

Außerdem:
2 EL geschälte Mandeln (siehe S. 306)
1 EL geschälte Pistazien (siehe S. 306)

ZUBEREITUNG
- Für den Bulgur die geklärte Butter im Wok erhitzen. Den Bulgur dazugeben und bei schwacher Hitze unter regelmäßigem Rühren gleichmäßig goldgelb rösten (siehe S. 295). Herausnehmen und in einen Topf geben.
- Den Bulgur mit 400 ml Wasser aufkochen und bei schwacher Hitze 10 bis 15 Minuten quellen lassen. Vom Herd nehmen.
- Den Zucker und die Milch zum Bulgur geben. Den Topf wieder auf den Herd stellen und die Rosinen unterrühren. Zum Kochen bringen und 10 Minuten köcheln lassen.
- Den Bulgur heiß mit Mandeln und Pistazien garniert servieren.

BULGUR, EIN WEIZENSCHROT, IST SEHR GESUND. ER LIEFERT KOMPLEXE KOHLENHYDRATE UND DAMIT ENERGIE PUR FÜR EINEN GESUNDEN START IN DEN TAG.

- Da Bulgur die Milch aufsaugt und schnell aufquillt, nach Belieben etwas mehr Milch unterrühren.
- Kalorienbewusste können fettarme Milch verwenden und Rosinen und Nüsse weglassen.

HERZHAFTER GESUNDHEITS-DAL
Daliya Hara Bhara

Für 4–6 Personen

DIESER HERZHAFTE SNACK MIT GESUNDEM GEMÜSEMIX IST EINE VOLLWERTIGE KLEINE MAHLZEIT.

ZUTATEN
1 TL geklärte Butter
(*Ghee*, siehe S. 307)
170 g Bulgur
125 g Brokkoliröschen
1 Prise Zucker
1½ EL Öl
150 g Zwiebelwürfel
15 Curryblätter
1 TL Ingwerpaste
(siehe S. 292)
¼ TL grüne Chilipaste
(siehe S. 292)
150 g Tomatenwürfel
1 Prise gemahlene Kurkuma
¼ TL Chilipulver
Salz
75 g frische Erbsen
(gegart, siehe S. 284)
2 EL Koriander (fein gehackt)

ZUBEREITUNG
- Im Wok 1 TL geklärte Butter erhitzen. Den Bulgur dazugeben und bei schwacher Hitze unter regelmäßigem Rühren gleichmäßig goldgelb rösten (siehe S. 295). Herausnehmen und beiseitestellen.

- In einem Topf ½ l Wasser aufkochen lassen. Die Brokkoliröschen und den Zucker dazugeben und den Brokkoli 2 Minuten garen. In ein Sieb abgießen und abtropfen lassen.

- Das Öl in einer Pfanne erhitzen. Die Zwiebeln, Curryblätter, Ingwer- und Chilipaste einrühren und 1 Minute bei mittlerer Hitze dünsten.

- Die Tomaten 30 Sekunden mitgaren. Kurkuma und Chilipulver dazugeben und unterrühren. Den Bulgur und 400 ml Wasser hinzufügen, mit Salz würzen und aufkochen lassen. Mit geschlossenem Deckel bei schwacher Hitze köcheln lassen, bis das Wasser vollständig aufgenommen ist, dabei gelegentlich umrühren. Deckel abnehmen, Brokkoli, Erbsen und Koriander unterrühren und kurz erhitzen. Den Dal sofort servieren.

- Brokkoli und Erbsen erst kurz vor dem Servieren unterrühren, damit sie ihre Farbe behalten.

- Bulgur wird aus getrocknetem Hartweizen gebrochen. Er liefert wertvolle Vitamine und Mineralstoffe.

ERDNUSS-SAGO
Saboo Dana Khichidi

Für 4–6 Personen

ZUTATEN
125 g Perlsago
2 EL Öl
½ TL Senfsamen
8 Curryblätter
1 TL geraspelter frischer Ingwer
1 grüne Chilischote
(längs aufgeschnitten)
75 g Erdnüsse
150 g Kartoffeln (gegart, gepellt, in kleinen Würfeln)
2 EL Koriander (fein gehackt)
1 TL Zitronensaft
Salz

ZUBEREITUNG
- Den Perlsago waschen und auf einem Sieb abtropfen lassen. In eine flache Schale geben und gerade mit Wasser bedecken (zu viel Wasser bewirkt, dass er klebrig wird). Zugedeckt 3 bis 4 Stunden quellen lassen. Dann zum Test einige Körner zwischen Daumen und Zeigefinger reiben. Fühlen sie sich weich an, kann man sie weiterverarbeiten.
- Das Öl in einer Pfanne erhitzen und die Senfsamen einrühren. Sobald sie aufplatzen, die Curryblätter, den Ingwer und die Chilischote dazugeben. Die Erdnüsse unterrühren und bei mittlerer Hitze 30 Sekunden dünsten.
- Die Kartoffelwürfel hinzufügen und weitere 30 Sekunden dünsten. Den Sago, den Koriander und den Zitronensaft unterrühren und mit Salz würzen.
- Alle Zutaten bei starker Hitze 1 bis 2 Minuten gut verrühren. Sofort servieren.

DIES IST DIE ABWANDLUNG EINES GERICHTS, DAS IN NORDINDIEN ZU DEN FEIERLICHKEITEN ZU EHREN DER GÖTTIN DURGA GEGESSEN WIRD.

- Sago ist Stärke, die aus der Sagopalme, aber auch aus Tapioka hergestellt wird. Es handelt sich um kleine Perlen, die beim Kochen durchsichtig werden.
- Sago wird vor dem Garen eingeweicht. Je nach Qualität müssen die Körner zwischen 2 und 8 Stunden quellen.

SCHARF-SÜSSE MAISBÄLLCHEN
Chatpati Makai Tikkia

Für 4–6 Personen

ZUTATEN

Für die Bällchen:
450 g Kartoffeln (gegart, gepellt, gerieben, siehe S. 280)
¼ TL Chilipulver
Salz
Öl zum Frittieren

Für die Füllung:
75 g Mais
½ TL Chilipulver
1 EL Koriander (fein gehackt)
½ TL grüne Chilischote (in feinen Würfeln)
½ TL Mangopulver (*amchur*, siehe S. 11)
½ TL Garam Masala (siehe S. 294)

Außerdem:
2 geh. EL Speisestärke
2 geh. EL Mehl
100 g grünes Kokos-Chutney (*Hari Nariyal Chutney*, siehe S. 233)

ZUBEREITUNG

- Für die Bällchen die Kartoffeln mit Chilipulver und ½ TL Salz zu einer glatten Masse vermischen und 12 gleich große Bällchen formen.

- Für die Füllung alle Zutaten miteinander verrühren. Jedes Kartoffelbällchen in die Hand legen und flach drücken. Jeweils 1 TL Maisfüllung in die Mitte geben und runde Bällchen daraus formen.

- Speisestärke und Mehl mischen. Jedes Bällchen gleichmäßig in der Mehlmischung wälzen und die Panade etwas andrücken.

- Im Wok etwa 2 bis 3 cm hoch Öl erhitzen. Portionsweise jeweils 4 Bällchen darin goldbraun frittieren. Herausnehmen und auf Küchenpapier abtropfen lassen.

- Sofort servieren. Dazu Kokos-Chutney reichen.

DIE NATÜRLICHE SÜSSE DER MAISKÖRNER, KOMBINIERT MIT DEM SCHMELZ DER KARTOFFELN, PASST GUT ZUM GRÜNEN KOKOS-CHUTNEY.

- Sie können für dieses Rezept sowohl frische Maiskolben (*desi butta*) als auch Maiskörner aus der Dose verwenden.

- Frische Maiskolben müssen zuvor mit ausreichend Wasser und 1 TL Zucker gegart werden – am besten im Schnellkochtopf. Dann die Kerne mit einem Messer abschaben.

GEFÜLLTE BOHNEN-PFANNKUCHEN
Bhare Hare Cheele

ZUTATEN

Für die Pfannkuchen:
100 g ganze Mungbohnen (sabut moong dal)
100 g gespaltene Mungbohnen (chilka moong dal)
50 g Reis
2 TL grüne Chilischote (in feinen Würfeln)
¼ TL Backpulver
Salz
Öl zum Braten

Für die Füllung:
1 TL geschälte, gespaltene Urdbohnen (dhuli urad dal)
1 TL geschälte, gespaltene Kichererbsen (chana dal)
2 EL Öl
½ TL Senfsamen
10 Curryblätter
150 g Zwiebelstreifen
1 TL grüne Chilischote (in feinen Würfeln)
¼ TL gemahlene Kurkuma
225 g Kartoffeln (gegart, gepellt, in kleinen Würfeln)
Salz
1 EL Koriander (fein gehackt)

Außerdem:
250 ml Kokos-Chutney (Nariyal Chutney, siehe S. 236)

ZUBEREITUNG

- Für die Pfannkuchen beide Mungbohnensorten und den Reis zusammen 4 Stunden in reichlich Wasser einweichen. In einem Sieb abtropfen lassen.

- Mungbohnen, Reis und Chiliwürfel im Küchenmixer pürieren und mit etwas Wasser zu einem groben Teig verarbeiten.

- Die Masse in eine Schüssel geben. Das Backpulver und etwas Salz untermischen und den Teig 1 Stunde ruhen lassen.

- Für die Füllung die Urdbohnen und die Kichererbsen waschen und 5 Minuten in Wasser einweichen. In einem Sieb abtropfen lassen. Das Öl in einer Pfanne erhitzen und die Senfsamen einrühren. Sobald sie aufplatzen, die Urdbohnen und die Kichererbsen dazugeben und bei mittlerer Hitze dünsten. Die Curryblätter, die Zwiebeln und die Chiliwürfel hinzufügen und die Zwiebeln unter Rühren goldgelb dünsten.

- Die Kurkuma und die Kartoffeln dazugeben und mit den anderen Zutaten verrühren.

- Mit Salz und Koriander würzen und 2 Minuten köcheln lassen, ab und zu umrühren. Die Pfanne beiseitestellen.

- Für die Pfannkuchen eine Pfanne erhitzen und mit Öl einstreichen. 1½ EL Teig in die Pfanne geben und mit einem Löffel glatt streichen.

- Am Rand entlang 2 TL Öl träufeln und den Pfannkuchen goldgelb backen. Wenden, 30 Sekunden backen und erneut wenden. Den Pfannkuchen herausnehmen und warm halten. Auf diese Weise die restlichen Pfannkuchen backen, dabei vorher die Pfanne jeweils mit Küchenpapier ausreiben.

- Jeweils 1½ EL Füllung in die Mitte eines Pfannkuchens geben, den Pfannkuchen darüber zusammenfalten und heiß mit Kokos-Chutney servieren.

- Verwenden Sie für dieses Rezept polierten Reis, sonst können sich Farbe und Textur der Pfannkuchen verändern.

Für 10–12 Personen

DIE SPEZIALITÄT AUS DEM BUNDESSTAAT ANDHRA PRADESH IST EINE VERWANDTE DES ALLGEGENWÄRTIGEN MASALA DOSA UND AUCH ALS PESARATTU BEKANNT.

- Der Teig sollte nicht zu fein und nicht zu grob sein, die Textur des Pfannkuchens ist perfekt mit einem leichten Biss.

SNACKS & VORSPEISEN • 79

KICHERERBSEN-KEBABS
Dal Ke Kebab

ZUTATEN

Für die Kebabs:
150 g braune Kichererbsen (*kala chana*, 8 Stunden eingeweicht)
Salz
50 g geschälte, gespaltene Kichererbsen (*chana dal*, 2 Stunden eingeweicht)
75 g Kartoffel (gegart, gepellt, gerieben, siehe S. 280)
8 Scheiben Toastbrot (eingeweicht, ausgedrückt, siehe S. 303)
2 TL Ingwerpaste (siehe S. 292)
2 TL Knoblauchpaste (siehe S. 292)
1 TL grüne Chilipaste (siehe S. 292)
2 EL Minze (fein gehackt)
Salz
Öl zum Frittieren

Außerdem:
eingelegte Zwiebeln (*Pyaz Sirkewale*, siehe S. 235)
Minz-Joghurt-Chutney (*Pudina Dahi Chutney*, siehe S. 234)

ZUBEREITUNG

- Für die Kebabs die braunen Kichererbsen in einem Topf mit 400 ml Wasser und 1 Prise Salz etwa 40 Minuten weich garen. Die Kichererbsen abgießen und in einem Sieb abtropfen lassen.

- In einem Topf ½ l Wasser aufkochen lassen und die gespaltenen Kichererbsen darin bei schwacher Hitze etwa 20 Minuten weich garen (sie sollten nicht auseinanderfallen). Abgießen und im Sieb abtropfen lassen.

- Beide Kichererbsensorten jeweils getrennt im Mörser oder mit einer Teigrolle grob zerkleinern, in eine große Schüssel geben.

- Die Kartoffel, das Toastbrot, Ingwer-, Knoblauch- und Chilipaste, Minze und Salz dazugeben und die Zutaten mischen.

- Die Masse in gleich große Portionen teilen und daraus runde, etwa 4 cm große Bällchen formen und flach drücken.

- Reichlich Öl in einer Pfanne erhitzen. Je 2 bis 4 Kebabs gleichzeitig mit dem Schaumlöffel ins heiße Öl geben und goldbraun braten, dann wenden und die andere Seite goldbraun braten. Auf Küchenpapier abtropfen lassen und die restlichen Kebabs auf die gleiche Weise zubereiten.

- Die Kebabs sofort servieren. Dazu eingelegte Zwiebeln und Minz-Joghurt-Chutney reichen.

EINE KÖSTLICHE VEGETARISCHE KEBAB-ABWANDLUNG UND EIN AUSGEZEICHNETER APPETITANREGER ODER SNACK ZUM COCKTAIL.

- Aus dem Kochwasser der braunen Kichererbsen können Sie eine nahrhafte Suppe oder ein Getränk zubereiten.

Für 25–30 Stück

- Die Temperatur des Öls sollte gleichbleibend kurz unter dem Rauchpunkt liegen, damit die Kebabs nicht zerfallen.
- Für einen köstlichen Wrap rollen Sie 1 bis 2 Kebabs mit eingelegten Zwiebeln (siehe S. 235) in Taschentuch-Rollen (siehe S. 208).

WÜRZIGE KICHERERBSENROLLEN
Khandvi

ZUTATEN

Für die Rollen:
Öl für die Form
200 g Naturjoghurt
200 g Kichererbsenmehl
½ TL gemahlene Kurkuma
1 Prise gemahlener Asant
2 TL Ingwerpaste (siehe S. 292)
2 TL grüne Chilipaste
(siehe S. 292)
Salz

Für die Garnitur:
1 EL Öl
1 TL Senfsamen
1 Prise gemahlener Asant
1 EL Curryblätter (gehackt)

Außerdem:
3 EL Koriander (fein gehackt)
2 EL Kokosnuss-Fruchtfleisch
(frisch geraspelt, siehe S. 284)
100 g grünes Kokos-Chutney
(Hari Nariyal Chutney, siehe
S. 233)

ZUBEREITUNG

- Für die Rollen die Rückseite von sechs großen Edelstahlservierplatten (thalis, etwa 25 cm Durchmesser, ersatzweise Tarteform) mit etwas Öl bestreichen und beiseitestellen.

- In einer großen Schüssel Joghurt, Kichererbsenmehl, 400 ml Wasser, Kurkuma, Asant, Ingwer- und Chilipaste sowie Salz zu einem glatten Teig verrühren.

- Die Mischung bei mittlerer Hitze in den Wok geben und unter Rühren garen, um Klümpchen zu vermeiden.

- Wird die Mischung fester, 1 TL davon abnehmen und die Konsistenz prüfen. Eine dünne Schicht auf die Servierplatte streichen. Wenn Sie den dünnen Streifen abziehen können, ohne dass er reißt, hat der Teig die richtige Konsistenz. Andernfalls die Mischung weitergaren.

- Jeweils 2 gehäufte EL Teig mit dem Teigschaber auf eine Servierplatte streichen, dabei so schnell wie möglich arbeiten, die Mischung sollte noch heiß sein.

- Mit einem Pizzaschneider oder Messer alles in jeweils 3 bis 4 cm breite Streifen schneiden und sofort aufrollen. Die Rollen (kandvi) nebeneinander auf einen Servierteller legen.

- Für die Garnitur das Öl in einer kleinen Pfanne erhitzen, die Senfsamen dazugeben. Sobald sie aufplatzen, den Asant und die Curryblätter einrühren. Alles gleichmäßig über die Rollen gießen.

- Die Kichererbsenröllchen mit Koriander und Kokosnuss garnieren. Die Rollen auf Zimmertemperatur abkühlen lassen und mit dem grünen Kokos-Chutney servieren.

- Selbst gemachter Joghurt, der zwei Tage im Kühlschrank gestanden hat, ist für dieses Rezept ideal.

- Gegarter Kichererbsenteig wird beim Abkühlen fest. Deshalb muss er so schnell wie möglich auf die Servierplatten gestrichen werden.

Für 6–8 Personen

EINE WESTINDISCHE SPEZIALITÄT, LEICHT UND AROMATISCH DURCH KOKOSNUSS, KORIANDER UND SENFSAMEN.

• Übrig gebliebene Rollen halten sich höchstens 24 Stunden im Kühlschrank. Sie gären schnell.

BURGER AUF INDISCHE ART
Vada Paav

ZUTATEN

Für das Knoblauch-Relish:
1 EL Öl
15 Knoblauchzehen (geschält)
2 TL Chilipulver
Salz

Für die *Vadas*:
Öl zum Braten und Frittieren
½ TL Senfsamen
8 Curryblätter (fein gehackt)
½ TL Knoblauchpaste
(siehe S. 292)
¼ TL gemahlene Kurkuma
375 g Kartoffeln
(gegart, gepellt, grob zerdrückt)
½ TL grüne Chilischote
(in feinen Würfeln)
2 EL Koriander (fein gehackt)
Salz

Für den Teig:
100 g Kichererbsenmehl
¼ TL Backpulver
Salz

Außerdem:
12 Brötchen (*Paav*, siehe Tipp)
1 ½ EL Butter
(Zimmertemperatur)
100 g süßsaures Chutney (*Khatti-Meethi Chutney*, siehe S. 229)
100 g grünes Knoblauch-Chutney (*Lehsuni Hari Chutney*, siehe S. 232)

ZUBEREITUNG

- Für das Knoblauch-Relish das Öl in einer Pfanne erhitzen und die Knoblauchzehen darin bei mittlerer Hitze 10 Sekunden dünsten. Das Chilipulver und ¼ TL Salz dazugeben, die Pfanne vom Herd nehmen und die Zutaten abkühlen lassen.

- Alles im Mörser mit dem Stößel zu einer glatten Paste zerstoßen und beiseitestellen.

- Für die *Vadas* 1 EL Öl in einer Pfanne erhitzen. Die Senfsamen dazugeben. Sobald sie aufplatzen, die Curryblätter, die Knoblauchpaste und Kurkuma einrühren. Die Kartoffeln hinzufügen und alles gut mischen. Mit Chiliwürfeln, Koriander und Salz würzen und 2 Minuten bei mittlerer Hitze dünsten, dabei ab und zu umrühren. Beiseitestellen.

- Aus der Kartoffelmasse 12 gleich große Bällchen formen.

- Für den Teig aus Kichererbsenmehl, Backpulver, Salz und 100 ml Wasser einen zähflüssigen Teig kneten. Öl 2 bis 3 cm hoch im Wok erhitzen. Jedes Kartoffelbällchen in den Kichererbsenteig tauchen, bis es gleichmäßig damit bedeckt ist.

- Portionsweise je 4 bis 6 Bällchen (*Vadas*) im Öl bei mittlerer Hitze goldgelb frittieren. Herausnehmen und auf Küchenpapier abtropfen lassen.

- Die Brötchen (*Paav*) halbieren. Jeweils auf eine Hälfte 1 TL Knoblauch-Relish, auf die andere ½ TL Butter verteilen. Alle Brötchenhälften in einer Pfanne auf der bestrichenen Seite goldgelb braten.

- Herausnehmen. Auf die Brötchenhälfte mit dem Knoblauch-Relish 2 TL süßsaures Chutney geben, auf die andere je 2 TL grünes Knoblauch-Chutney.

- Ein *Vada* auf die untere Brötchenhälfte legen, die obere Hälfte fest andrücken und die Burger servieren.

- *Paavs* sind eine Art Brötchen, klein, weich und quadratisch. Sie sind in indischen Spezialitätengeschäften erhältlich. Alternativ können Sie normale Burgerbrötchen verwenden.

Für 12 Stück

VADA PAAV WIRD IN WESTINDIEN VON STRASSENHÄNDLERN ANGEBOTEN. DER SNACK IST ÜBERAUS BELIEBT.

• Die *Vadas* können 1 bis 2 Stunden im Voraus zubereitet werden.

SNACKS & VORSPEISEN • 85

SAUTIERTE WASSERKASTANIEN
Garma Garam Singhade

Für 4–6 Personen

ZUTATEN
2 EL Öl
40 g Maiskörner (aus der Dose)
1 TL Knoblauchwürfel
1 TL fein geriebener frischer Ingwer
1 geh. TL Kichererbsenmehl
25 rohe, geschälte Wasserkastanien
¼ TL Chilipulver
Salz · Pfeffer aus der Mühle
½ TL Chaat Masala (siehe S. 294)
1 EL Minze (fein gehackt)
4 EL Frühlingszwiebelgrün (in feinen Ringen)

ZUBEREITUNG
- In einer Pfanne 1 TL Öl erhitzen. Den Mais darin bei mittlerer Hitze 30 Sekunden dünsten und beiseitestellen.
- In einer zweiten Pfanne das restliche Öl erhitzen. Den Knoblauch, den Ingwer und das Kichererbsenmehl unterrühren und bei mittlerer Hitze 20 Sekunden dünsten. Die Wasserkastanien unterrühren.
- Mit Chilipulver, Salz und ½ TL Pfeffer würzen und bei starker Hitze 2 Minuten unter Rühren erhitzen. Chaat Masala, Minze und die Hälfte der Frühlingszwiebeln untermischen.
- Die Wasserkastanien mit dem Mais servieren. Mit den restlichen Frühlingszwiebeln bestreuen.

DAS GERÖSTETE KICHERERBSENMEHL VERLEIHT DEM GERICHT EIN LIEBLICHES, WARMES RÖSTAROMA..

- Sie benötigen für dieses Rezept zarte Wasserkastanien. Verwenden Sie keine, die sich nur schwer schälen lassen.
- Einen besonderen Pfiff bekommt das Essen, wenn Sie die Wasserkastanien in Senföl dünsten.

PANEER MIT ERDNUSS-CHUTNEY
Mazeedaar Makai Paneer

Für 4–6 Personen

ZUTATEN
Öl zum Braten
115 g Maiskörner
(aus der Dose)
Salz
1 TL Ingwerpaste (siehe S. 292)
400 g Paneer (Frischkäse,
in 1 cm großen Würfeln,
siehe S. 298)
2 EL Koriander (fein gehackt)
100 g Erdnuss-Chutney (*Moongphalli Chutney*, siehe S. 237)
30 g Frühlingszwiebelgrün
(in feinen Ringen)

VON ERDNUSS-CHUTNEY UND MAIS GEKRÖNT, IST DIESES GERICHT DIE NOUVELLE-CUISINE-VERSION DES TRADITIONELLEN *PANEER TIKKA*.

ZUBEREITUNG
- In einer Pfanne 2 TL Öl erhitzen. Den Mais dazugeben, mit Salz würzen und 1 Minute bei mittlerer Hitze dünsten.

- In einer Pfanne 1½ EL Öl erhitzen. Die Ingwerpaste und den Paneer dazugeben und mischen. Mit Koriander und Salz würzen. Bei starker Hitze unter Rühren 2 Minuten braten, beiseitestellen.

- Die Käsestücke auf Tellern anrichten, das Erdnuss-Chutney gleichmäßig darauf verteilen. Mit Frühlingszwiebeln und dem Mais bestreuen und sofort servieren.

- Wenn Sie abgepackten Paneer verwenden, legen Sie den Käse vor dem Braten 15 Minuten in leicht gesalzenes lauwarmes Wasser, damit er weicher wird.

PANEER-TIKKA MIT MINZE
Pudina Paneer Tikka

ZUTATEN

Für die Marinade:
100 g abgetropfter Joghurt
(*chakka*, siehe S. 300)
2 TL Ingwerpaste (siehe S. 292)
2 TL Knoblauchpaste
(siehe S. 292)
2 TL grüne Chilipaste
(siehe S. 292)
1 EL Minzpaste (siehe S. 293)
Pfeffer aus der Mühle
¼ TL Garam Masala
(siehe S. 294)
¼ TL Zitronensaft
2 EL Erdnusspulver
(*moongphalli*, siehe S. 302)
Salz

Außerdem:
500 g Paneer (Frischkäse,
in 1 cm großen Würfeln,
siehe S. 298)
250 g Brokkoliröschen
Öl zum Braten
200 g gelbe Paprikaschote
(1 cm große Stücke)
Salz
Chaat Masala (siehe S. 294)
100 g Joghurt-Senf-Dip
(*Dah-Rai Chutney*, siehe S. 226)

ZUBEREITUNG

- Für die Marinade alle Zutaten verrühren. Die Paneerwürfel vorsichtig mit der Marinade überziehen und mit Frischhaltefolie bedeckt 1 Stunde kühl stellen.

- Die Brokkoliröschen in einem Topf mit 750 ml kochendem Wasser 2 Minuten garen. Abgießen und auf einem Sieb abtropfen lassen.

- In einer Pfanne 2 TL Öl erhitzen und die Paprikastücke darin bei starker Hitze 30 Sekunden dünsten. Mit Salz würzen, herausnehmen und beiseitestellen.

- In einer Pfanne 1 EL Öl erhitzen. Die Brokkoliröschen dazugeben und bei starker Hitze 1 Minute dünsten. Mit Salz würzen, herausnehmen und beiseitestellen.

- In einer Pfanne 1 EL Öl erhitzen. 10 bis 12 marinierte Paneerwürfel dazugeben und bei starker Hitze unter häufigem Wenden von allen Seiten goldbraun braten. Mit Chaat Masala würzen und herausnehmen.

- Die restlichen Käsewürfel auf die gleiche Weise in jeweils 1 EL Öl braten.

- Käsewürfel, Brokkoliröschen und Paprikastücke auf einem flachen Teller anrichten und mit dem Joghurt-Senf-Dip servieren.

> DER MIX AUS FRISCHER MINZE UND ERDNUSSPULVER SCHENKT DEM PANEER EIN FEINES UND FRISCHES NUSSAROMA.

- Sie können zum Dünsten von Gemüse und Käse auch dieselbe Pfanne benutzen. Dann jeweils vorher ausspülen und trocken wischen.

Für 4–6 Personen

- Gießen Sie beim Braten des Käses nicht die ganze Marinade dazu, denn das könnte die Textur verändern. Aus der übrigen Marinade lässt sich ein Aufstrich zubereiten.

SNACKS & VORSPEISEN • 89

KÄSE-SAFRAN-TIKKA
Zafrani Paneer Tikka

ZUTATEN

Für die Tandoori-Masala:
200 g abgetropfter Joghurt (*chakka*, siehe S. 300)
2 TL Ingwerpaste (siehe S. 292)
1 TL Garam Masala (siehe S. 294)
1 TL Chilipulver
¼ TL Zitronensaft
2 TL Kreuzkümmel
Salz

Außerdem:
¼ TL Safranfäden
1 TL heiße Milch
1 kg Paneer (Frischkäse, in 1 cm großen Würfeln, siehe S. 298)
200 g Zwiebeln
1 grüne Paprikaschote
300 g Tomaten
Öl zum Braten
Salz
Chaat Masala (siehe S. 294)
eingelegte Zwiebeln (*Pyaz Sirkewale*, siehe S. 235)
Minz-Joghurt-Chutney (*Pudina Dahi Chutney*, siehe S. 234)

SAFRAN GIBT DIESER KLASSISCHEN INDISCHEN VORSPEISE, DIE RAFFINIERTE AROMEN UND TEXTUREN VEREINT, ETWAS BESONDERS FESTLICHES.

ZUBEREITUNG

- Für die Tandoori-Masala alle Zutaten verrühren. Den Safran in der heißen Milch einweichen. Mit dem Stößel im Mörser zerdrücken und mit der Tandoori-Masala-Mischung verrühren.

- Die Paneerwürfel vorsichtig mit der Masala-Marinade mischen, dann mit Frischhaltefolie bedeckt 1 Stunde kühl stellen.

- Inzwischen die Zwiebeln schälen und in 1 cm große Stücke schneiden (siehe Tipp). Die Paprikaschote längs halbieren, entkernen, waschen und in etwa 1 cm große Stücke schneiden. Die Tomaten waschen, vierteln und entkernen, dabei die Stielansätze entfernen. Tomatenviertel in 1 cm große Stücke schneiden.

- In einer Pfanne 2 EL Öl erhitzen und die Zwiebeln darin mit etwas Salz bei starker Hitze 1 Minute dünsten. Herausnehmen und beiseitestellen. In der gleichen Pfanne 2 EL Öl erhitzen. Die Paprikaschote mit etwas Salz dazugeben und 30 Sekunden bei starker Hitze dünsten. Herausnehmen und beiseitestellen. Auf dieselbe Weise die Tomaten mit Salz würzen, dünsten und herausnehmen.

- In einer zweiten Pfanne 1 bis 2 EL Öl erhitzen und darin 8 bis 10 marinierte Paneerwürfel bei mittlerer Hitze gleichmäßig goldbraun braten. Herausnehmen und mit Chaat Masala würzen. Die restlichen Käsestücke auf die gleiche Weise jeweils in 1 EL Öl braten und würzen.

- Einige Gemüse- und Paneerstücke auf Servierlöffel verteilen oder auf Spieße stecken und sofort servieren. Dazu eingelegte Zwiebeln und Minz-Joghurt-Chutney reichen.

- Vierteln Sie die Zwiebeln zuerst und teilen Sie diese in die einzelnen Schichten. Die Schichten dann in Stücke schneiden.

Für 10–12 Personen

- Der Paneer kann bis zu 8 Stunden mariniert werden, er lässt sich also gut im Voraus zubereiten.
- Statt die Käsewürfel zu braten, kann man sie – zuvor mit Öl bestrichen – auch grillen.

KICHERERBSENWÜRFEL
Chatpata Dhokla

Für 4–6 Personen

ZUTATEN

Für den Teig:
150 g Kichererbsenmehl
1 TL Zucker
1 TL Salz
1 TL Zitronensäure
1 EL Öl
1 TL Backpulver

Für den Belag:
1 EL Öl
1 TL Senfsamen
5 grüne Chilischoten (längs aufgeschnitten)
2 EL Koriander (fein gehackt)
¼ TL gemahlene Kurkuma

Außerdem:
2 EL Kokosnuss-Fruchtfleisch (frisch geraspelt, siehe S. 284)
2 EL Koriander (grob gehackt)

ZUBEREITUNG

- Für das Wasserbad eine Metallschüssel mit flachem Boden (20 cm Durchmesser) in einen Topf mit kochendem Wasser hängen. Für den Teig in einer weiteren Schüssel alle Zutaten – bis auf das Backpulver – und 200 ml Wasser zu einem glatten Teig verrühren. Das Backpulver untermischen und den Teig rühren, bis sich sein Volumen verdoppelt hat.

- Den Teig in der Metallschüssel verteilen, glatt streichen und im Wasserbad bei starker Hitze etwa 10 Minuten backen (Garprobe machen, siehe Tipp). Den Kuchen in der Schüssel auskühlen lassen.

- Für den Belag das Öl in einer Pfanne erhitzen. Alle Zutaten und 100 ml Wasser hinzufügen. Die Mischung zum Kochen bringen, kurz kochen lassen und die Pfanne vom Herd nehmen.

- Den Kuchen in der Schüssel in große Würfel schneiden, die Würzmischung darauf verteilen und mindestens 15 Minuten einziehen lassen. Die Würfel herausnehmen und mit Kokosraspeln und Koriander garniert servieren.

- Für die Garprobe einen Holzspieß in den Kuchen stechen und wieder herausziehen. Haften keine Teigreste mehr daran, ist der Kuchen gar.

- Zitronensäure bekommen Sie in der Apotheke oder in der Backwarenabteilung von gut sortierten Supermärkten.

PILZKROKETTEN
Khumb ke Cutlet

Für 15 Stück

ZUTATEN

Für den Teig:
2 Scheiben Toastbrot
125 g Kartoffeln (gegart)
25 g fester Schmelzkäse
(fein zerkleinert)
¼ TL Salz

Für die Füllung:
2 TL Öl
2 EL fein zerkleinerte Pilze
(frisch oder aus der Dose)
1 EL grüne Paprikaschote
(in feinen Würfeln)
1 Prise Salz
Pfeffer aus der Mühle

Außerdem:
Öl zum Frittieren

ZUBEREITUNG

- Das Toastbrot, wie auf S. 303 beschrieben, in Wasser tauchen und ausdrücken. Die Kartoffeln pellen und mit einer Gabel zerdrücken. Mit Brot, Käse und Salz zu einem weichen Teig kneten.

- Für die Füllung das Öl in einer Pfanne erhitzen. Restliche Zutaten dazugeben und 30 Sekunden andünsten.

- Aus dem Teig 15 gleich große Bällchen formen, flach drücken und je ¼ TL Füllung in die Mitte setzen. Den Teig vorsichtig um die Füllung herum verschließen und zu ovalen Bällchen formen.

- Reichlich Öl in einer Pfanne erhitzen und die Kroketten darin goldbraun frittieren.

- Bitte halten Sie sich bei diesem Rezept genau an die Zutatenmengen. Stimmt das Verhältnis von Toastbrot und Kartoffeln nicht, fallen die Kroketten beim Frittieren auseinander.

- Wenn Sie die Kroketten nicht sofort frittieren, sollten Sie sie bis zum Garen in den Kühlschrank stellen.

BROKKOLI-KÄSE-KEBABS
Hare Paneer Kebab

ZUTATEN
Für die Kebabs:
175 g Brokkoliröschen
125 g geriebener Paneer
(Frischkäse, siehe S. 298)
2 Toastbrotscheiben
(eingeweicht, ausgedrückt,
siehe S. 303)
2 TL Selleriepaste (siehe S. 293)
2 TL Petersilienpaste
(siehe S. 293)
Salz · Pfeffer aus der Mühle
Öl zum Frittieren

Außerdem:
100 g Dattel-Joghurt-Dip
(*Khajoori Dahi Chutney*,
siehe S. 227)

ZUBEREITUNG
- Für die Kebabs die Brokkoliröschen in einem Topf mit 750 ml kochendem Wasser 2 Minuten garen.
- Den Brokkoli in ein Sieb abgießen, abtropfen und abkühlen lassen. Die Röschen reiben und beiseitestellen.
- Brokkoli und Paneer mit Toastbrot, Sellerie- und Petersilienpaste mischen und mit Salz und ½ TL Pfeffer würzen.
- Von der Masse 10 bis 12 gleich große Portionen zu runden, flachen Küchlein formen und beiseitestellen.
- Reichlich Öl in einer flache Pfanne erhitzen. Jeweils 3 bis 4 Küchlein darin goldbraun braten.
- Die Küchlein wenden und gleichmäßig auf der anderen Seite goldbraun braten. Die Küchlein mit dem Schaumlöffel aus der Pfanne nehmen und auf Küchenpapier abtropfen lassen. Die restlichen Küchlein auf die gleiche Weise braten und sofort servieren. Dazu den Dattel-Joghurt-Dip reichen.

DIESE WÜRZIGEN KEBABS SIND ALLEIN SCHON WEGEN IHRER GOLDBRAUN-GRÜNEN FARBE EIN HINGUCKER UND EINE AUSGEFALLENE VORSPEISE.

- Durch die Zugabe des ausgedrückten, feuchten Brotes werden die anderen Zutaten besser gebunden.

Für 10–12 Stück

- Die Kebabs beim Braten nur einmal vorsichtig wenden. Sie können leicht zerfallen.

FRITTIERTER BROKKOLI IM SESAMMANTEL
Hare Pakode Tilwale

ZUTATEN
Für den Teig:
80 g Mehl
80 g Speisestärke
2 TL Milch
¼ TL Backpulver
1 TL Selleriepaste (siehe S. 293)
1 TL Petersilienpaste (siehe S. 293)
Salz · Pfeffer aus der Mühle

Außerdem:
20 Brokkoliröschen (ca. 2 cm groß)
Öl zum Frittieren
2 EL Sesamsamen
50 g Erdnuss-Chutney (*Moongphalli Chutney*, siehe S. 237)
50 g scharf-süße Sauce (*Tikhi-Meethi Chutney*, siehe S. 228)

ZUBEREITUNG

- Für den Teig das Mehl mit Speisestärke, Milch, Backpulver, Sellerie- und Petersilienpaste und etwa 50 ml Wasser mischen, mit Salz und ½ TL Pfeffer würzen. Die Zutaten zu einem zähflüssigen Teig anrühren und beiseitestellen.

- Die geputzten Brokkoliröschen in einem Topf mit 750 ml kochendem Wasser 30 Sekunden blanchieren. In ein Sieb abgießen und abtropfen lassen.

- Etwa 1 cm hoch Öl im Wok erhitzen. Die Sesamsamen auf einen Teller geben. Die Brokkoliröschen durch den Teig ziehen und überschüssigen Teig abtropfen lassen.

- Die Brokkoliröschen im Sesam wälzen und bei mittlerer Hitze im Wok goldbraun frittieren.

- Den Brokkoli herausnehmen und auf Küchenpapier abtropfen lassen. Sofort mit dem Erdnuss-Chutney und der scharf-süßen Sauce servieren.

> KOMBINIERT MIT NUSSIGER UND FRUCHTIGER SAUCE, SIND BROKKOLIRÖSCHEN IM SESAMMANTEL EIN BELIEBTER PARTY-SNACK.

- Verwenden Sie dunkelgrüne Brokkoliröschen, sie sind frisch und wunderbar knackig.

Für 4–6 Personen

• Blanchieren Sie die Röschen nicht länger als 30 Sekunden. Wenn sie länger gegart werden, werden sie schnell zu weich.

GEMÜSE-VERMICELLI
Sabzdar Sewai

Für 2–4 Personen

ZUTATEN
¼ TL geklärte Butter (*Ghee*, siehe S. 307)
75 g Vermicelli (dünne Reisnudeln)
50 g Prinzessbohnen (in 2 ½ cm langen Stücken)
50 g Möhre (in feinen Stiften)
2 EL Öl
½ TL Senfsamen
1 TL geschälte, gespaltene Kichererbsen (*chana dal*, 2 Stunden eingeweicht)
1 TL geschälte, gespaltene Urdbohnen (*dhuli urad dal*, 2 Stunden eingeweicht)
2 TL geraspelter frischer Ingwer
1 TL grüne Chilischote (in feinen Würfeln)
15 Curryblätter
100 g Zwiebelringe
Salz
2 TL Koriander (fein gehackt)
1 TL Zitronensaft

ZUBEREITUNG
- Die geklärte Butter in einer Pfanne bei schwacher Hitze zerlassen. Die Vermicelli hinzufügen und leicht bräunen. Die Pfanne vom Herd nehmen.
- In einem Topf 600 ml Wasser zum Kochen bringen. Bohnen und Möhre darin 1 Minute blanchieren und abgießen.
- Das Öl in einer Pfanne erhitzen. Senfsamen, Kichererbsen und Urdbohnen darin unter Rühren goldbraun braten. Ingwer, Chili, Curryblätter und Zwiebelringe dazugeben und die Zwiebeln unter Rühren leicht bräunen.
- Die Vermicelli, 200 ml Wasser und 1 Prise Salz dazugeben, gut verrühren und bei schwacher Hitze garen, bis das Wasser aufgesogen ist. Bohnen, Möhre, Koriander und Zitronensaft untermischen und die Gemüse-Vermicelli sofort servieren.

- Die gespaltenen Kichererbsen und Urdbohnen sollte man mindestens 2 Stunden, am besten jedoch über Nacht einweichen.
- Die Gemüse-Vermicelli mit Kokosnuss-Chutney (siehe S. 240) oder grünem Chutney (siehe S. 241) servieren.

FRITTIERTE BABY-MAISKOLBEN
Chhote Karare Bhutte

Für 4–6 Personen

ZUTATEN
Für den Teig:
2 EL Mehl
2 EL Maismehl
2 TL weiße Sesamsamen
1 EL Staudensellerie (in kleinen Würfeln, siehe S. 285)
¼ TL Backpulver
¼ TL Salz
¼ TL Pfeffer aus der Mühle
¼ TL Zucker

Außerdem:
Öl zum Frittieren
12 Baby-Maiskolben
(frisch oder aus dem Glas)

ZUBEREITUNG
- Für den Teig alle Zutaten in eine Schüssel geben und mischen. Unter kräftigem Rühren nach und nach so viel Wasser dazugießen, bis ein glatter, dickflüssiger Teig entsteht.

- Reichlich Öl in einer tiefen Pfanne erhitzen.

- Von frischen Maiskolben den Stielansatz abschneiden. Die Maiskolben nacheinander in dem Teig wenden und sofort in dem heißen Öl goldbraun frittieren.

- Die Maiskolben mit dem Schaumlöffel herausheben und heiß servieren.

- Dazu passt als Dip eine würzige Tomatensauce (siehe S. 288).

- Dickere Baby-Maiskolben sollte man der Länge nach halbieren, bevor man sie durch den Ausbackteig zieht.

- Die Baby-Maiskolben lassen sich auch im Voraus zubereiten, dann nur leicht anfrittieren und kurz vor dem Servieren fertig frittieren.

LOTOSWURZEL-KARTOFFEL-FRITTEN
Kamal Kakdi Sandwich Kurkure

ZUTATEN

Für den Teig:
40 g Speisestärke
40 g Mehl
1 TL Kichererbsenmehl
¼ TL Backpulver
Salz
2 TL Milch

Außerdem:
150 g Lotosstängel (*kamal kakdi*, schräg in 24 Scheiben, siehe S. 286)
200 g Kartoffeln (gegart, gepellt, gerieben, siehe S. 280)
1 TL Staudensellerie (in kleinen Würfeln, siehe S. 285)
1 TL Petersilie (fein gehackt)
½ TL grüne Chilipaste (siehe S. 292)
Salz
Öl zum Frittieren
50 g scharf-süße Sauce (*Tikhi-Meethi Chutney*, siehe S. 228)

ZUBEREITUNG

- Für den Teig aus Speisestärke, Mehl, Kichererbsenmehl, Backpulver, Salz, Milch und etwas Wasser einen zähflüssigen Teig anrühren.

- Die Lotosscheiben in einem Topf mit 750 ml Wasser aufkochen und bei mittlerer Hitze etwa 5 Minuten bissfest garen. Abtropfen lassen.

- Kartoffeln, Sellerie, Petersilie und Chilipaste mischen und mit Salz würzen. Aus der Masse 12 Bällchen formen.

- Jeweils zwischen 2 Lotosscheiben einen Kartoffelball legen und leicht zusammendrücken (nicht zu stark, damit die Masse nicht ausläuft). Auf diese Weise 12 Lotoswurzel-Kartoffel-Sandwiches formen.

- Etwa 1 cm hoch Öl in einer tiefen Pfanne oder im Wok erhitzen. Jedes Sandwich in den Teig tauchen, auf einen Teller legen und überschüssigen Teig mit den Fingern gleichmäßig abstreifen.

- Jeweils 4 bis 6 Lotoswurzel-Kartoffel-Sandwiches im Öl goldbraun frittieren.

- Herausnehmen und auf Küchenpapier abtropfen lassen.

- Sofort servieren. Dazu die scharf-süße Sauce reichen.

- Lotoswurzeln sind in verschiedenen Größen erhältlich. Für dieses Rezept sollten sie einen Durchmesser von 3 bis 4 cm haben.

Für 12 Stück

DIE LOTOSWURZEL-KARTOFFEL-FRITTEN SIND EIN OPTISCHES HIGHLIGHT AUF JEDEM BUFFET UND EIN KNUSPERERLEBNIS IM MUND.

- Achten Sie darauf, die Lotoswurzel nicht zu lange zu garen, damit sie ihren knackigen Biss nicht verliert.
- Sie können die Lotoswurzel-Kartoffel-Fritten im Voraus halb fertig garen und erst kurz vor dem Servieren goldbraun frittieren.

LOTOS-SAGO-KEBABS
Moti Kamal Kebab

ZUTATEN
Für die Kebabs:
40 g Perlsago
250 g Lotosstängel (*kamal kakdi*, schräg in 2 cm langen Stücken, siehe S. 286)
1 TL Ingwerpaste (siehe S. 292)
2 EL Frühlingszwiebelgrün (in feinen Ringen)
fein zerstoßene Samen von 2 schwarzen Kardamomkapseln (*badi elaichi*, siehe S. 10)
2 EL geröstetes Kichererbsenmehl
Salz
Öl zum Braten

Außerdem:
150 g pikantes Tomaten-Chutney (*Tikhi Tamatar Chutney*, siehe S. 231)

ZUBEREITUNG

- Für die Kebabs den Perlsago waschen und auf einem Sieb abtropfen lassen. In eine flache Schüssel geben und gerade mit Wasser bedecken (zu viel Wasser bewirkt, dass er klebrig wird). Zugedeckt 3 bis 4 Stunden quellen lassen. Dann zum Test einige Körner zwischen Daumen und Zeigefinger reiben. Fühlen sie sich weich an, kann man sie weiterverarbeiten.

- Die Lotoswurzelstücke in einem Topf mit 400 ml Wasser 10 bis 15 Minuten garen. Die Lotosstücke in ein Sieb geben und abkühlen lassen.

- Die gegarten Lotoswurzelstücke reiben. Mit Ingwerpaste, Frühlingszwiebeln, Kardamom, Kichererbsenmehl und Sago mischen und mit Salz würzen.

- Die Masse in 12 bis 15 gleich große Portionen teilen und zu runden, flachen Küchlein formen.

- Öl etwa 1 cm hoch in einer flachen Pfanne erhitzen. Jeweils 3 bis 4 Küchlein in der Pfanne goldbraun braten.

- Die Küchlein wenden und auf der anderen Seite goldgelb braten. Mit dem Schaumlöffel herausnehmen und auf Küchenpapier abtropfen lassen. Die restlichen Küchlein auf die gleiche Weise braten. Sofort mit dem pikanten Tomaten-Chutney servieren.

Für 4–6 Personen

EINE TOLLE KOMBINATION AUS DER INTERESSANTEN TEXTUR DES SAGOS UND DEM MILD-SÜSSEN GESCHMACK SCHWARZEN KARDAMOMS.

• Schwarzer und grüner Kardamom schmecken recht unterschiedlich, daher sollten Sie sie nicht gegeneinander austauschen.

SNACKS & VORSPEISEN

FRITTIERTE KARTOFFELTALER
Aloo Pakodi

Für 4–6 Personen

ZUTATEN

Für den Teig:
150 g Kichererbsenmehl
½ TL Ajowan
(*ajwain*, siehe S. 10)
1 Prise gemahlener Asant
1 TL Ingwerpaste
(siehe S. 292)
½ TL grüne Chilipaste
(siehe S. 292)
½ TL zerstoßene Chiliflocken
½ TL Salz
¼ TL Backpulver
35 g Bockshornkleeblätter
(fein gehackt)

Außerdem:
2 mittelgroße Kartoffeln
Öl zum Frittieren
Chaat Masala (siehe S. 294)
Koriander (fein gehackt)

ZUBEREITUNG

- Für den Teig alle Zutaten in eine Schüssel geben und mischen. Unter kräftigem Rühren etwa 150 ml Wasser dazugießen, bis ein glatter, dickflüssiger Teig entsteht.

- Die Kartoffeln schälen, waschen und in dünne Scheiben schneiden. Reichlich Frittieröl in einer großen Pfanne erhitzen.

- Jede Kartoffelscheibe in dem Teig wenden und sofort in das heiße Öl geben. Die Kartoffeltaler darin goldbraun frittieren.

- Die noch heißen Kartoffeltaler mit Chaat Masala und Koriander bestreuen und sofort servieren.

- Die Kartoffeltaler sind ein schneller Snack, wenn überraschend Gäste kommen.

- Gut als Dip passen grünes Chutney (siehe S. 241), süßsaures Chutney (siehe S. 229) und Tomatensauce (siehe S. 288).

FRITTIERTE GEFÜLLTE CHILISCHOTEN
Bharwa Mirchi ki Pakodi

Für 4–6 Personen

ZUTATEN

Für die Chilischoten:
12 große grüne Chilischoten
2 TL Öl
150 g Maiskörner
(aus der Dose)
1 Prise Salz
½ TL Chaat Masala
(siehe S. 294)
2 EL Koriander (fein gehackt)
½ TL Minzepulver
(*pudina*, siehe S. 11)
1 TL Zitronensaft

Für den Teig:
150 g Kichererbsenmehl
¼ TL Backpulver
¼ TL Ajowan
(*ajwain*, siehe S. 10)
1 Prise gemahlener Asant
½ TL Salz

Außerdem:
Öl zum Frittieren
Chaat Masala
Koriander (fein gehackt)

ZUBEREITUNG

- Die Chilischoten waschen, längs aufschneiden und beiseitelegen.

- Für die Füllung das Öl in einer Pfanne erhitzen. Bis auf den Zitronensaft alle Zutaten hinzufügen und unter Rühren etwa 1 Minute andünsten. Den Zitronensaft unterrühren. Den Mais etwas abkühlen lassen, dann die Chilis damit füllen.

- Für den Teig alle Zutaten in eine Schüssel geben und mischen. Unter kräftigem Rühren etwa 150 ml Wasser dazugießen, bis ein glatter, dickflüssiger Teig entsteht.

- Reichlich Frittieröl in einer großen Pfanne erhitzen. Die Chilischoten nacheinander in dem Teig wenden und im heißen Öl goldbraun frittieren.

- Die noch heißen Schoten mit Chaat Masala und Koriander bestreuen und sofort servieren.

- Die Chilischoten lassen sich auch auf Vorrat zubereiten; dann nur leicht anfrittieren und einfrieren.

- Die Chilischoten schmecken weniger scharf, wenn man die Samen und die hellen Trennwände entfernt.

SNACKS & VORSPEISEN • 105

GEFÜLLTE CHAMPIGNONS
Khumb Ki Katori

ZUTATEN

Für die Pilze:
25–30 Champignons
1 TL Öl
einige Tropfen Zitronensaft
2 TL Sojasauce
½ TL Chili-Knoblauch-Chutney
(*Lal Lehsuni Chutney*, siehe
S. 230)
1 EL Koriander (fein gehackt)
1½ EL Balsamessig

**Für die weiße Sauce und
die Erbsenmischung:**
2 TL Öl
¼ TL Knoblauchwürfel
¾ TL Mehl
ca. 70 ml Milch
Salz · Pfeffer aus der Mühle
¼ TL Zucker
1 EL geriebener Käse
150 g frische Erbsen
(gegart, siehe S. 284)
2 EL Frühlingszwiebelgrün
(in feinen Ringen)

ZUBEREITUNG

- Für die Pilze die Champignons putzen und die Stängel vorsichtig herausdrehen. Jeden Pilz in der Mitte etwas aushöhlen.

- Die Pilze in einem Topf mit 750 ml kochendem Wasser, dem Öl und etwas Zitronensaft 10 Sekunden blanchieren, herausnehmen und abtropfen lassen (dafür die Pilze umdrehen, damit überschüssiges Wasser abtropfen kann).

- Für die weiße Sauce und die Erbsenmischung das Öl in einer Pfanne erhitzen. Den Knoblauch und das Mehl einrühren und 20 Sekunden erhitzen. Die Pfanne vom Herd nehmen und die Milch unterrühren. Mit Salz, Pfeffer und Zucker würzen. Den geriebenen Käse unterheben. Wieder auf den Herd stellen und die weiße Sauce unter Rühren aufkochen lassen.

- Die Sauce vom Herd nehmen und die Erbsen und die Frühlingszwiebeln unterrühren.

- Die Sojasauce mit dem Chili-Knoblauch-Chutney verrühren. Die Pilze mit Koriander bestreuen, auf einem Serviertneller anrichten und gleichmäßig mit Balsamessig beträufeln.

- Die Champignons mit der Erbsen-Frühlingszwiebel-Mischung füllen und sofort servieren.

- Gibt man Öl und Zitronensaft ins Kochwasser, bekommen die Pilze eine goldgelbe Farbe und einen schönen Glanz.

Für 4–6 Personen

FÜR PILZLIEBHABER IST DIE MISCHUNG AUS KÄSE, ERBSEN UND BALSAMICO DAS GESCHMACKSERLEBNIS SCHLECHTHIN.

• Blanchieren Sie die Pilze genau 10 Sekunden, so behalten sie ihre ursprüngliche Form und Größe bei.

SNACKS & VORSPEISEN • 107

HERZHAFTE KARTOFFELTASCHEN
Samosa

ZUTATEN

Für den Teig:
250 g Mehl
½ TL Salz
3 EL zerlassene geklärte Butter
(Ghee, siehe S. 307)

Für die Füllung:
400 g Kartoffeln
(halb gegart und gepellt, siehe S. 280)
1 EL Öl
1 Prise gemahlener Asant
1 TL Kreuzkümmel
je 1 TL Ingwerpaste und grüne Chilipaste
(siehe S. 292)
3 TL gemahlener Koriander
1 TL Mangopulver
(amchur, siehe S. 11)
1 TL Chilipulver
½ TL Garam Masala
(siehe S. 294)
1 kräftige Prise Salz
2 EL Koriander (fein gehackt)

Außerdem:
Öl zum Frittieren

ZUBEREITUNG

- Für den Teig das Mehl mit dem Salz in eine Schüssel sieben. Die geklärte Butter dazugeben. In kleinen Mengen so viel lauwarmes Wasser unterkneten, bis ein geschmeidiger Teig entsteht. Den Teig zugedeckt etwa 10 Minuten ruhen lassen.

- Für die Füllung die Kartoffeln grob zerdrücken. Das Öl in einer Pfanne erhitzen. Asant, Kreuzkümmel, Ingwer- und Chilipaste sowie Kartoffeln dazugeben und gründlich mischen. Die restlichen Zutaten unterrühren und die Mischung bei schwacher Hitze unter gelegentlichem Rühren 5 Minuten garen. Vom Herd nehmen und abkühlen lassen.

- Aus dem Teig 20 gleich große Bällchen formen. Jedes Bällchen zu einem Kreis (12 cm Durchmesser) ausrollen und diesen halbieren. Jede Hälfte entlang der Schnittkante mit Wasser befeuchten und zu einer spitz zulaufenden Tasche falten.

- Jede Teigtasche mit der Kartoffelmischung füllen, die Oberkanten zusammendrücken und verschließen.

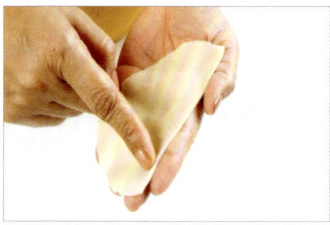 

- Reichlich Frittieröl in einer großen Pfanne erhitzen (siehe Tipp) und die Teigtaschen darin goldgelb frittieren.

- Um zu vermeiden, dass der Teig beim Frittieren Blasen wirft, das Öl zunächst bei schwacher Hitze nur lauwarm werden lassen. Die Teigtaschen hineingeben und erst nach 2 Minuten die Hitze erhöhen, um die endgültige Frittiertemperatur zu erreichen.

Für 20 Stück

SNACKS & VORSPEISEN

PILZ-KÄSE-TOAST
Khumbi Toast

Für 4–6 Personen

ZUTATEN
10–12 Scheiben Baguette
(je ca. 2 cm dick)
2 TL weiche Butter
4 Champignons
(in feinen Scheiben)
1 rote Zwiebel
(in feinen Würfeln)
Salz · Pfeffer aus der Mühle
100 g geriebener Cheddar
100 g grüne Paprikaschote
(in kleinen Würfeln)
Chiliflocken zum Bestreuen

ZUBEREITUNG

- Den Backofen auf 180 °C vorheizen.

- Die Brotscheiben mit Butter bestreichen. Champignonscheiben und Zwiebelwürfel darauf verteilen und mit Salz und Pfeffer würzen.

- Den Käse darüberstreuen, die Paprikawürfel daraufgeben und leicht mit Chiliflocken bestreuen.

- Die Pilz-Käse-Toasts auf ein Backblech setzen und im Ofen auf der mittleren Schiene 5 bis 8 Minuten goldbraun überbacken. Sofort servieren.

- Statt mit Cheddar, dem berühmten englischen Hartkäse, können Sie die Toasts natürlich auch mit einem anderen gut schmelzenden Käse, z. B. Gouda oder Emmentaler, bestreuen.

- Der Toast schmeckt auch mit Champignons aus der Dose – die Pilze gut abtropfen lassen oder mit Küchenpapier trocken tupfen.

GEMÜSE-SANDWICHES
Hara Bhara Toast

Für 6 Personen

ZUTATEN
Für die Füllung:
2 TL Butter
6 Prinzessbohnen (in 2 ½ cm langen Stücken)
150 g Möhren (in 2 ½ cm langen, feinen Stiften)
6 Baby-Maiskolben (in dünnen Scheiben)
100 g grüne Paprikaschote (in 2 ½ cm langen, feinen Stiften)
Salz · Pfeffer aus der Mühle
2 TL Mehl
50 ml Milch
Außerdem:
12 Scheiben Toastbrot
weiche Butter

ZUBEREITUNG
- Für die Füllung die Butter in einer Pfanne erhitzen. Das Gemüse hinzufügen, mit Salz und Pfeffer würzen und zugedeckt 1 Minute dünsten.

- Das Gemüse mit dem Mehl bestäuben und unter Rühren 30 Sekunden weitergaren. Milch dazugießen und 30 Sekunden weiterrühren.

- Den Sandwich-Maker vorheizen. Die Toastscheiben entrinden und mit weicher Butter bestreichen. Den Gemüsebelag auf 6 Scheiben verteilen und je 1 Scheibe mit der gebutterten Seite nach unten daraufsetzen. Die Ober- und Unterseite der Sandwiches mit Butter bestreichen.

- Die Brote im Sandwich-Maker goldbraun toasten und in Dreiecke schneiden.

- Nehmen Sie die Butter am besten 30 Minuten, bevor Sie die Brote bestreichen möchten, aus dem Kühlschrank.

- Eine Tomatensauce (z.B. S. 288) passt gut als Dip zu den Gemüse-Sandwiches.

GEFÜLLTE BROTTEIGKÖRBCHEN
Chaat Katori

ZUTATEN

Für den Teig:
250 g Mehl
½ TL Salz
1 EL Öl
½ TL Ajowan
(*ajwain*, siehe S. 10)

Für die Füllung:
175 g gelbe Erbsen
(*safed mattar*, siehe S. 18;
6–8 Stunden eingeweicht und
weich gegart)
150 g Kartoffeln (gegart, gepellt
und in Würfeln)
200 ml grünes Chutney
(siehe S. 241)
400 ml süßsaures Chutney
(siehe S. 229)
400 g Naturjoghurt
(cremig gerührt, siehe S. 300)
Salz · Chilipulver
gerösteter, zerstoßener Kreuzkümmel (siehe S. 294)

Außerdem:
Öl zum Frittieren

ZUBEREITUNG

- Für den Teig das Mehl mit dem Salz in eine Schüssel sieben. Öl, Ajowan und so viel lauwarmes Wasser unterkneten, bis ein fester Teig entsteht. Den Teig 10 Minuten ruhen lassen. Dann aus dem Teig 20 gleich große Kugeln formen und rund (10 cm Durchmesser) ausrollen.

- Um ein Körbchen zu formen, einen Metallbecher mit ebenem Boden (5 bis 6 cm Durchmesser) in die Mitte einer Teigplatte stellen und den Teigrand an die Becherwand drücken. Die Teigkanten mit den Fingern wellen und mit der Gabel Löcher in den Teigboden stechen. Auf diese Weise weitere Körbchen formen.

- Reichlich Öl in einer Pfanne auf 150 °C erhitzen. Die ummantelten Becher in die Pfanne setzen und die Teigkörbchen 2 Minuten frittieren. Die Becher mithilfe einer Grillzange und einer Gabel aus den Teigkörbchen heben. Die Körbchen weiter frittieren, bis sie goldbraun sind.

- Jedes Körbchen mit 1½ EL Erbsen, 1 EL Kartoffeln, 1 TL grünem Chutney, 2 EL süßsaurem Chutney und 2 EL Joghurt füllen. Mit Salz, Chili und Kreuzkümmel würzen. Nach Belieben mit frittierten Vermicelli garnieren.

- Die Metallbecher gibt es in gut sortierten Asialäden – man kann auch nur vier Stück kaufen und die Teigkörbchen portionsweise frittieren.

- Die gefüllten Brotteigkörbchen nach Belieben mit Korianderblättern garnieren.

Für 20 Stück

SNACKS & VORSPEISEN • 113

SAGO-KÜCHLEIN
Sabu Dana Vada

Für 12–15 Stück

ZUTATEN
75 g Perlsago
300 g Kartoffeln
2 Scheiben Toastbrot
2 TL geraspelter frischer Ingwer
½ TL grüne Chilischote
(in feinen Würfeln)
2 EL Koriander
(fein gehackt)
3 EL grobes Erdnusspulver
(siehe S. 302)
Salz
Öl zum Frittieren

ZUBEREITUNG

- Den Perlsago in einem Sieb waschen und etwa 1 Stunde einweichen. Dann abgießen und zugedeckt etwa 8 Stunden abtropfen lassen.

- Die Kartoffeln, wie auf S. 280 beschrieben, halb gar kochen, pellen und raspeln.

- Das Toastbrot, wie auf S. 303 beschrieben, in Wasser tauchen und ausdrücken.

- Sago, Kartoffeln, Toastbrot, Ingwer, Chilischote, Koriander, Erdnusspulver und ½ TL Salz mit den Händen zu einem weichen Teig kneten.

- Aus dem Sago-Teig 12 bis 15 gleich große, flache Küchlein formen.

- Reichlich Frittieröl in einer großen Pfanne erhitzen und die Küchlein darin portionsweise goldbraun frittieren. Sofort servieren.

- Sago ist ein Verdickungsmittel aus granulierter Stärke. Für dieses Gericht eignet sich der Sago »sabu dana« am besten. Sie erhalten ihn im Asialaden.

- Damit die Sago-Küchlein beim Frittieren nicht zerbrechen, sollten Sie sie unbedingt portionsweise ins heiße Öl geben.

PIKANTE KARTOFFELPLÄTZCHEN
Chatpati Aloo Tikki

Für 20 Stück

ZUTATEN

Für den Teig:
750 g Kartoffeln
2 Scheiben Toastbrot
1½ EL Maismehl · ½ TL Salz

Für die Füllung:
1 EL Öl
1 Prise gemahlener Asant
¾ TL Kreuzkümmel
je 1 TL Ingwerpaste und grüne Chilipaste (siehe S. 292)
100 g frische Erbsen (gegart und püriert)
1 TL Chilipulver
½ TL Garam Masala (siehe S. 294)
½ TL Mangopulver (*amchur*, siehe S. 11)
1 kräftige Prise Salz
1 EL Koriander (fein gehackt)

Außerdem:
Öl zum Frittieren

ZUBEREITUNG

- Für den Teig Kartoffeln, wie auf S. 280 beschrieben, halb gar kochen, pellen und raspeln. Das Toastbrot, wie auf S. 303 beschrieben, in Wasser tauchen und ausdrücken.

- Für die Füllung das Öl in einer Pfanne erhitzen. Asant, Kreuzkümmel, Ingwer- und Chilipaste sowie die Erbsen untermischen. Die restlichen Gewürze und den Koriander hinzufügen und die Masse bei schwacher Hitze unter Rühren 2 Minuten braten.

- Die Kartoffeln, das Toastbrot, das Maismehl und das Salz zu einem weichen Teig kneten. Aus dem Kartoffelteig 20 gleich große Kugeln formen.

- Jede Teigkugel flach drücken und etwa 1 TL Füllung in die Mitte setzen. Den Teig vorsichtig um die Füllung herum verschließen und flache Plätzchen formen.

- Reichlich Frittieröl in einer großen Pfanne erhitzen und die Kartoffelplätzchen darin goldbraun frittieren. Sofort servieren.

- Den Kartoffelteig gründlich durchkneten, sonst fallen die Kartoffelplätzchen beim Frittieren auseinander.

- Servieren Sie die Kartoffelplätzchen mit würzigen Chutneys. Besonders gut passen das grüne Chutney (siehe S. 241) und das süßsaure Chutney (siehe S. 229) dazu.

HAUPTGERICHTE

GOLDENE CURRY-BÄLLCHEN
Kofte Kacche Kele Ke

ZUTATEN
Für Kochbananen-Köfte:
100 g Paneer (Frischkäse, siehe S. 298)
2 TL Koriander (fein gehackt)
¼ TL grüne Chilischote (in feinen Würfeln)
Salz
450 g Kochbananen (gegart, gerieben, siehe S. 281)
2 EL Kichererbsenmehl
Öl zum Frittieren

Für die Sauce:
3–4 EL Öl
2 Lorbeerblätter
200 g Zwiebeln (gerieben)
1 TL Ingwerpaste (siehe S. 292)
1 TL grüne Chilipaste (siehe S. 292)
1 TL gemahlene Kurkuma
1 TL Chilipulver
400 g Tomatenpüree (siehe S. 289)
2 EL Sahne
Salz · 1 Prise Zucker
2 EL Koriander (fein gehackt)

Für die grob gemahlene Gewürzmischung (siehe S. 296):
10 Cashewkerne
Samen von 2 schwarzen Kardamomkapseln (*badi elaichi*, siehe S. 10)
Samen von 2 grünen Kardamomkapseln (*choti elaichi*, siehe S. 11)
½ Zimtstange
4 Gewürznelken
2 TL Mohnsamen
1 TL Kreuzkümmel

DIE STARK GEWÜRZTE INDISCHE SAUCE SETZT EINEN KÖSTLICHEN AKZENT ZUM FEINEN AROMA DER KOCHBANANEN.

- Die in diesem Rezept verwendeten Kochbananen, auch Gemüsebananen oder Platanen genannt, sind in Asialäden und gut sortierten Supermärkten erhältlich.

Für 6–8 Personen

ZUBEREITUNG

- Für die Kochbananen-Köfte den Paneer zu einer glatten Paste pürieren. Koriander, Chilischote und Salz untermischen und beiseitestellen.
- Die Kochbananen pürieren, Kichererbsenmehl und Salz unterrühren. Aus dem Teig 25 gleich große Bällchen formen.
- Die Teigkugeln flach drücken, jeweils ¼ TL Paneermischung in die Mitte geben und zu eher flachen Bratlingen (Köfte) formen.
- Reichlich Öl im Wok erhitzen. Die Köfte darin portionsweise goldbraun braten. Herausnehmen, auf Küchenpapier abtropfen lassen und beiseitestellen.
- Für die Sauce das Öl in einer Pfanne erhitzen. Lorbeerblätter, Zwiebeln, Ingwer- und Chilipaste dazugeben. Bei schwacher Hitze anbraten, ab und zu umrühren. Kurkuma und Chilipulver hineinrühren, dann die Gewürzmischung unterrühren.
- Das Tomatenpüree hinzufügen und bei mittlerer Hitze braten, bis sich das Öl absetzt. Öfter umrühren, damit nichts anbrennt.
- 750 ml Wasser und die Sahne unterrühren, mit Salz würzen. Die Kochbananen-Köfte und 1 Prise Zucker hinzufügen. Die Sauce aufkochen und die Bällchen darin 8 Minuten köcheln lassen. Sofort mit Koriander garniert servieren.

- Die Köfte können zwei Tage im Voraus gebraten werden, dann aber im Kühlschrank aufbewahren. Das gilt auch für die Sauce – bis zu dem Schritt, wo die pürierten Tomaten hinzukommen.

PANEER MIT BOCKSHORNKLEE
Methi Paneer Pasanda

ZUTATEN

Für den Paneer:
Öl zum Braten
250 g Paneer (Frischkäse, in 1 cm dicken Scheiben, siehe S. 298)
1½ Tassen Bockshornkleeblätter (fein gehackt)
¼ TL Zucker
200 g Zwiebeln
225 g Tomatenpüree (siehe S. 289)
2 EL Naturjoghurt (cremig gerührt)
Salz

Für die Würze:
2 EL Öl
fein zerstoßene Samen von 2 grünen Kardamomkapseln (siehe S. 296)
½ TL gemahlene Kurkuma
¾ TL Chilipulver

Für die grob gemahlene Gewürzmischung (siehe S. 296):
10 Cashewkerne
2 TL Mohnsamen
Samen von 2 grünen Kardamomkapseln
4 Gewürznelken
½ Zimtstange

ZUBEREITUNG

- Für den Paneer in einer Pfanne ¾ EL Öl erhitzen, die Käsescheiben hinzufügen und bei mittlerer Hitze auf beiden Seiten goldbraun anbraten (siehe S. 299). Herausnehmen, in 1 cm große Würfel schneiden und beiseitestellen.

- Eine Pfanne 30 Sekunden erhitzen. Die Bockshornkleeblätter und die Hälfte des Zuckers in die Pfanne geben und mit geschlossenem Deckel bei mittlerer Hitze 30 Sekunden garen. Herausnehmen und beiseitestellen.

- Die Zwiebeln schälen und achteln. Die Zwiebeln mit 300 ml Wasser in einen Topf geben und mit geschlossenem Deckel 10 Minuten köcheln lassen. Die Zwiebeln abkühlen lassen und im Küchenmixer grob pürieren. Beiseitestellen.

- Für die Würze das Öl in einer Pfanne erhitzen. Kardamom darin bei mittlerer Hitze 10 Sekunden rösten, dann Kurkuma und Chilipulver unterrühren. Die grob gemahlene Gewürzmischung dazugeben und unterrühren.

- Das Tomatenpüree hinzufügen und bei schwacher Hitze dünsten, bis sich das Öl absetzt. Dabei öfter umrühren, damit nichts anbrennt. Den Joghurt hineinrühren und das Ganze erhitzen, bis sich das Öl erneut absetzt. Den Bockshornklee hineinrühren und 30 Sekunden braten.

- Paneerwürfel und Zwiebelpüree unterrühren, mit restlichem Zucker und Salz abschmecken. Aufkochen lassen und bei mittlerer Hitze 10 Minuten köcheln lassen. Sofort servieren.

- Die Gewürze für die Sauce sollten Sie im Voraus zusammenstellen. Sie brennen schnell an und dürfen deshalb nicht länger als angegeben im Öl bleiben.

Für 4–6 Personen

DIE CASHEWNUSS-BASIS DER SAUCE IST DIE IDEALE ERGÄNZUNG ZUM BITTEREN BOCKSHORNKLEE UND ZUM SÜSSLICHEN AROMA DES GRÜNEN KARDAMOMS.

- Den Joghurt gut verrühren, bevor er in die Sauce kommt. Dann unter ständigem Rühren in die Sauce geben, damit sich keine Klümpchen bilden.

BOHNEN-DAL FÜR BESONDERE ANLÄSSE
Makhmali Dal Makhni

ZUTATEN
Für den Dal:
200 g schwarze Urdbohnen (*sabut urad dal*, 8 Stunden eingeweicht)
100 g Sahne
100 g Naturjoghurt (cremig gerührt)
1 EL geklärte Butter (*Ghee*, siehe S. 307)
1 TL Kreuzkümmel
½ TL Chilipulver
500 g Tomatenpüree (siehe S. 289)
Salz
1 TL Zucker
1 TL Garam Masala (siehe S. 294)

Für die Gewürzmischung:
½ TL Salz
2 Lorbeerblätter
2 schwarze Kardamomkapseln (*badi elaichi*, siehe S. 10)
1 Zimtstange
1 Prise gemahlener Asant
2 TL geraspelter frischer Ingwer
1 EL Senföl oder geklärte Butter

Außerdem:
1 EL Butter + 1 TL Butter
1 EL Ingwer (in feinen Streifen)
2 grüne Chilischoten (längs eingeschnitten)
2 EL Koriander (fein gehackt)
¼ TL Chilipulver

ZUBEREITUNG

- Für den Dal die Urdbohnen mit der Gewürzmischung und 1 l Wasser in einem Topf mit geschlossenem Deckel bei mittlerer Hitze 45 Minuten weich garen. Dann den Topf vom Herd nehmen, Lorbeerblätter, Kardamom und Zimtstange entfernen.

- Die Bohnen mit dem Kartoffelstampfer oder der Schöpfkelle leicht zerdrücken. Den Topf wieder auf den Herd stellen, die Bohnen aufkochen und bei mittlerer Hitze 10 Minuten köcheln lassen. Die Sahne und den Joghurt einrühren und weitere 30 Minuten köcheln lassen.

- Die geklärte Butter in einer Pfanne erhitzen. Kreuzkümmel, Chilipulver und Tomatenpüree hinzufügen und bei starker Hitze 2 Minuten braten, dann zu den Bohnen in den Topf geben.

- Zum Kochen bringen und weitere 30 Minuten köcheln lassen. Mit Salz, Zucker und Garam Masala würzen. Weitere 20 Minuten köcheln lassen und in eine Schüssel füllen.

- 1 EL Butter in einem kleinen Topf erhitzen und den Ingwer darin 30 Sekunden dünsten. Chilischoten, Koriander und Chilipulver unterrühren. Auf die Bohnen träufeln und 1 TL Butter darübergeben. Sofort servieren.

- Das Senföl betont das Aroma der schwarzen Urdbohnen.
- Das Geheimnis dieses Rezepts heißt Geduld. Die Linsen müssen sehr lange köcheln, um ihre samtweiche Konsistenz zu erhalten.

Für 6–8 Personen

HIER IST DER KÖNIG UNTER DEN DALS: DAS REZEPT WIRD IN INDIEN NUR ZU GANZ BESONDEREN ANLÄSSEN ZUBEREITET.

- Wer das Gericht noch verfeinern möchte, kann es mit 1 EL Sahne oder Joghurt garnieren.
- Zu diesem indischen Gericht serviert man am besten indisches Brot, beispielsweise die Taschentuch-Rollen (siehe S. 208) oder die gerollten Paratha-Fladen (siehe S. 198).

ZARTE CURRY-KÖFTE
Kofta Kaju Malai

ZUTATEN

Für die Sauce:
2 TL Mohnsamen
200 g geriebene Zwiebeln
1 TL Ingwerpaste
(siehe S. 292)
1 TL Knoblauchpaste
(siehe S. 292)
1 TL Chilipulver
1 TL gemahlene Kurkuma
2 EL Cashewkerne (gehackt)
400 g Tomatenpüree
(siehe S. 289)
2 EL Sahne
1 Prise Zucker
Salz

Für die Köfte:
200 g weicher Paneer
(Frischkäse, siehe S. 298)
100 g Kartoffeln (gegart, gepellt,
gerieben, siehe S. 280)
1 EL Koriander (fein gehackt)
1 TL grüne Chilischote
(in feinen Würfeln)
Salz
2 geh. EL Mehl zum Bestäuben
Öl zum Frittieren

Für die Würze:
3–4 EL Öl
2 Lorbeerblätter

**Für die grob gemahlene Gewürzmischung
(siehe S. 296):**
Samen von 2 schwarzen
Kardamomkapseln
(*badi elaichi*, siehe S. 10)
4 schwarze Pfefferkörner
4 Gewürznelken
10 Cashewkerne
½ TL Kreuzkümmel

Außerdem:
2 EL Koriander (fein gehackt)

- Am besten wird das Ergebnis, wenn Sie den Paneer nach dem Rezept in diesem Buch selbst herstellen.
- Für 200 g Paneer brauchen Sie 1¾ Liter Milch.

Für 6–8 Personen

DIE WEICHEN KÖFTE IN FEIN GEWÜRZTER SAUCE SIND EIN IDEALES REZEPT FÜR EINEN BESONDEREN ANLASS.

ZUBEREITUNG

- Für die Sauce die Mohnsamen in 100 ml Wasser 1 Stunde einweichen, dann abgießen. Die Samen mit dem Nudelholz oder einem indischen Batan-Stein *(sil-batta)* zu einer feinen Paste verarbeiten (siehe S. 296), gegebenenfalls etwas Wasser dazugeben.

- Für die Köfte den Käse reiben und mit dem Nudelholz zu einer feinen Paste verarbeiten. Mit Kartoffeln, Koriander, Chili und Salz mischen.

- Die Masse in 20 gleich große Portionen teilen und daraus jeweils 4 bis 5 cm lange Rollen formen. Das Mehl auf eine Arbeitsfläche streuen und die Köfte rundum im Mehl wälzen.

- Reichlich Öl im Wok erhitzen. Portionsweise jeweils 3 bis 4 Köfte darin goldbraun braten. Herausnehmen, auf Küchenpapier abtropfen lassen und beiseitestellen.

- Für die Würze das Öl in einer Pfanne erhitzen, die Lorbeerblätter und die grob gemahlene Gewürzmischung dazugeben.

- Zwiebeln, Ingwer- und Knoblauchpaste hinzufügen und bei schwacher Hitze goldbraun dünsten, ab und zu umrühren. Chilipulver und gemahlene Kurkuma einrühren, dann die Mohnpaste und die Cashewkerne untermischen. Das Tomatenpüree dazugeben und alles bei mittlerer Hitze garen, bis sich das Öl absetzt. Öfter umrühren, damit nichts anbrennt.

- 100 ml Wasser und die Sahne unterrühren, mit Zucker und Salz würzen. Zum Kochen bringen und 5 Minuten köcheln lassen.

- Die Köfte auf einem Teller anrichten und die Sauce darüberträufeln. Mit Koriander garniert sofort servieren.

- Es ist wichtig, die Köfte vor dem Garen in Mehl zu wälzen. Braten Sie sie portionsweise, damit sie nicht auseinanderfallen.
- Verfeinern Sie die heiße Sauce, indem Sie sie mit 2 EL Sahne garnieren.

HAUPTGERICHTE

ZARTER SAFRAN-PANEER
Zafrani Paneer Makhni

ZUTATEN

Für den Paneer:
Öl zum Braten
250 g Paneer (Frischkäse, in 1 cm dicken Scheiben, siehe S. 298)
¼ TL Safranfäden
1 TL Kewra-Water (siehe Tipp S. 127)
30 g Butter
200 g geriebene Zwiebeln
1 TL Ingwerpaste (siehe S. 292)
1 TL Knoblauchpaste (siehe S. 292)
½ TL Chilipulver
300 g Naturjoghurt (cremig gerührt)
4 grüne Chilischoten (längs eingeschnitten)
1 Prise Zucker
Salz

Für die grob gemahlene Gewürzmischung (siehe S. 296):
2 TL Mohnsamen
10 Cashewkerne
2 EL Erdnüsse
Samen von 4 grünen Kardamomkapseln (*choti elaichi*, siehe S. 11)
4 Gewürznelken
½ Zimtstange

ZUBEREITUNG

- Für den Paneer 1 EL Öl in einer Pfanne erhitzen und die Paneerscheiben darin bei mittlerer Hitze auf beiden Seiten goldbraun braten (siehe S. 299). Herausnehmen, in 1 cm große Würfel schneiden und beiseitestellen.

- Den Safran im Mörser 5 Minuten in dem Kewra-Water einweichen. Mit dem Stößel zu einer glatten Paste verarbeiten und beiseitestellen.

- Im Wok die Butter und 1 EL Öl erhitzen. Zwiebeln, Ingwer- und Knoblauchpaste dazugeben und bei schwacher Hitze goldbraun dünsten, ab und zu umrühren.

- Das Chilipulver hineinrühren, dann die grobe Gewürzmischung untermischen.

- Den Joghurt hinzufügen und die Sauce köcheln lassen, bis sich das Öl absetzt. Öfter umrühren.

- Die Paneerwürfel, 175 bis 200 ml Wasser, Safran mit Kewar-Water, Chilischoten, Zucker und Salz dazugeben und unterrühren. Die Sauce bei mittlerer Hitze zum Kochen bringen und 5 Minuten köcheln lassen. Heiß servieren.

> DIE EXOTISCHEN AROMEN VON SAFRAN UND KEWRA-WATER WERDEN – GEPAART MIT DEM GESCHMACK DER NÜSSE – EIN KÖSTLICHES GESPANN.

- Gibt man beim Braten etwas Öl zur Butter, bleibt die Butter klar, brennt nicht an und behält ihr feines Aroma.

Für 4–6 Personen

• Kewra-Water ist eine süßliche Essenz, die aus der Kewra- bzw. Padanusblüte destilliert wird. In der indischen Küche wird es für süße und pikante Speisen verwendet.

PANEER AUF FLORENTINER ART
Saag Paneer Bahaar

ZUTATEN

Für den Spinat:
750 g Blattspinat
½ TL Zucker
250 g Paneer (Frischkäse, in 1 cm großen Würfeln, siehe S. 298)

Für die Sauce:
2–3 EL Öl
150 g geriebene Zwiebeln
1 TL Ingwerpaste (siehe S. 292)
¼ TL Knoblauchpaste (siehe S. 292)
¾ TL Chilipulver
Salz

Für die grob gemahlene Gewürzmischung (siehe S. 296):
Samen von 2 schwarzen Kardamomkapseln (*badi elaichi*, siehe S. 10)
4 Gewürznelken
½ Zimtstange
8 schwarze Pfefferkörner

Außerdem:
1 EL Sahne
1 EL Butter

ZUBEREITUNG

- Für den Spinat den Spinat verlesen, waschen und grobe Stiele entfernen. Den Spinat hacken.

- Eine Pfanne 30 Sekunden erhitzen. Den Spinat und den Zucker mit geschlossenem Deckel bei mittlerer Hitze 2 Minuten dünsten. Vom Herd nehmen und abkühlen lassen.

- Anschließend im Küchenmixer pürieren und beiseitestellen.

- Für die Sauce das Öl in einer Pfanne erhitzen. Die Zwiebeln, die Ingwer- und Knoblauchpaste dazugeben und bei schwacher Hitze goldbraun dünsten. Ab und zu umrühren. Das Chilipulver hineinrühren, dann die grobe Gewürzmischung unterrühren.

- Die Paneerwürfel und den Spinat hinzufügen, mit Salz würzen. Die Sauce aufkochen und 5 Minuten bei mittlerer Hitze köcheln lassen, dann in tiefen Tellern anrichten.

- Eine Pfanne 20 Sekunden erhitzen und die Sahne darin 5 Sekunden erwärmen. Über die Sauce gießen. Die Butter ebenso erhitzen und darüberträufeln. Sofort servieren.

DIESES GERICHT WIRD DURCH DAS ERDIGE SPINATAROMA GEPRÄGT UND DURCH FRISCH GEMAHLENE GEWÜRZE UND EINEN HAUCH KNOBLAUCH VEREDELT.

- Der pürierte Spinat für die Sauce kann statt mit Paneer auch mit Pilzen, Mais oder einem Gemüsemix kombiniert werden.

Für 4–6 Personen

   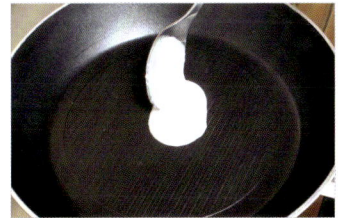

- Damit die Sauce ihre frische grüne Farbe behält, darf der Spinat nicht früher zugegeben werden.
- Zu diesem Gericht können Sie Maisbrot mit Bockshornklee (siehe S. 200) reichen.

GOLDENE BLUMENKOHLRÖSCHEN
Sunhere Rangeele Phool

ZUTATEN

1 kg Blumenkohl (in 20–25 Röschen geteilt, ca. 3 cm groß)
Salz
Öl zum Frittieren und Dünsten
150 g geriebene Zwiebeln
1 TL Ingwerpaste (siehe S. 292)
1 TL Knoblauchpaste (siehe S. 292)
1 TL Chilipulver
1 TL gemahlene Kurkuma
400 g Tomatenpüree (siehe S. 289)
2 EL frische Erbsen (gegart, siehe S. 284)
1 TL Garam Masala (siehe S. 294)
2 EL Koriander (fein gehackt)

ZUBEREITUNG

- Die Blumenkohlröschen in 1 l kochendem Wasser mit ½ TL Salz 1 Minute blanchieren. In ein Sieb abgießen und auf Küchenpapier abtropfen lassen.

- Reichlich Öl im Wok erhitzen. Die Blumenkohlröschen darin bei mittlerer Hitze portionsweise goldbraun frittieren. Herausnehmen, auf Küchenpapier abtropfen lassen und beiseitestellen.

- In einer Pfanne 2 bis 3 EL Öl erhitzen. Zwiebeln, Ingwer- und Knoblauchpaste darin bei schwacher Hitze goldbraun dünsten, ab und zu umrühren. Chilipulver und Kurkuma hineinrühren.

- Das Tomatenpüree hinzufügen und dünsten, bis sich das Öl absetzt. Häufig umrühren, damit nichts anbrennt.

- Blumenkohlröschen und Erbsen vorsichtig untermischen, mit Salz würzen und bei schwacher Hitze 2 Minuten köcheln lassen.

- Garam Masala und Koriander unterrühren und sofort servieren.

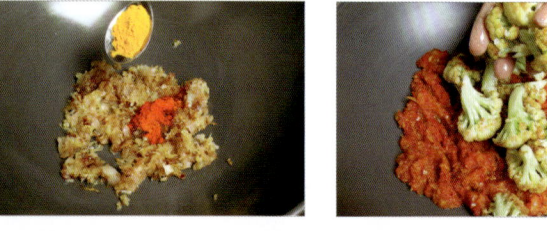

- Werden rohe Blumenkohlröschen gebraten, werden sie leicht zäh. Deshalb sollten sie zuvor 1 Minute blanchiert werden.

Für 2–4 Portionen

DIESE ZWIEBEL-TOMATEN-KOMBINATION IST IN INDIEN ALS SAUCENBASIS SEHR BELIEBT.

WÜRZIGE KRÄUTERKARTOFFELN
Dum Aloo Chaman

FÜR DIE UNVERWECHSELBARE SÜSSHERBE SAUCE WERDEN BOCKSHORNKLEE UND KHOYA KOMBINIERT.

ZUTATEN

Für die Kartoffeln:
500 g kleine Kartoffeln
1 Tasse Bockshornkleeblätter (fein gehackt)
¼ TL Zucker
Öl zum Frittieren
Salz

Für die Sauce:
3–4 EL Öl
150 g geriebene Zwiebeln
½ TL Ingwerpaste (siehe S. 292)
½ TL grüne Chilipaste (siehe S. 292)
½ TL Chilipulver
½ TL gemahlene Kurkuma
225 g Tomatenpüree (siehe S. 289)
50 g Naturjoghurt (cremig gerührt)
50 g Khoya (gerieben, siehe S. 250 und S. 301)

Für die grob gemahlene Gewürzmischung (siehe S. 296):
½ TL Kreuzkümmel
2 Gewürznelken
Samen von 1 schwarzen Kardamomkapsel (*badi elaichi*, siehe S. 10)
4 schwarze Pfefferkörner
¼ Zimtstange

ZUBEREITUNG

- Die Kartoffeln schälen und quer halbieren. Jede Kartoffelhälfte mehrfach mit einer Gabel einstechen und in eine Schüssel mit Wasser legen. Herausnehmen, mit Küchenpapier trocken tupfen und beiseitestellen.

- Eine Pfanne 30 Sekunden erhitzen. Die Bockshornkleeblätter und die Hälfte des Zuckers dazugeben und mit geschlossenem Deckel bei mittlerer Hitze 30 Sekunden dünsten. Herausnehmen und beiseitestellen.

- Reichlich Öl im Wok erhitzen. Die Kartoffelhälften darin bei mittlerer Hitze unter gelegentlichem Wenden goldbraun braten. Herausnehmen, auf Küchenpapier abtropfen lassen und beiseitestellen.

- Für die Sauce das Öl in einer Pfanne erhitzen. Zwiebeln, Ingwer- und Chilipaste dazugeben und bei schwacher Hitze goldbraun dünsten, ab und zu umrühren. Chilipulver und Kurkuma hineinrühren, dann die grobe Gewürzmischung unterrühren.

- Das Tomatenpüree dazugeben und bei mittlerer Hitze dünsten, bis sich das Öl absetzt. Häufig umrühren, damit nichts anbrennt.

- Den Joghurt hineinrühren und bei schwacher Hitze erhitzen, bis sich das Öl absetzt. Ab und zu umrühren. Das Khoya dazugeben und 1 Minute mitgaren. Den Bockshornklee dazugeben und 30 Sekunden erhitzen.

- Die gebratenen Kartoffeln, 225 ml Wasser und den restlichen Zucker hinzufügen, mit Salz würzen. Alles bei mittlerer Hitze aufkochen und 10 Minuten köcheln lassen. Sofort servieren.

- Kartoffeln und Bockshornklee können schon 2 Tage vorab gebraten werden. Bis zum Servieren im Kühlschrank aufbewahren.

Für 6–8 Personen

• Diese Sauce passt zu einer Vielzahl von Zutaten, u. a. Paneer, Pilze, Mais und Gemüse-Köfte.

KARTOFFELN MIT KREUZKÜMMEL
Jeera Aloo

Für 4–6 Personen

ZUTATEN
300 g Kartoffeln
1½ EL Öl
1 Prise gemahlener Asant
½ TL Kreuzkümmel
2 TL gemahlener Koriander
½ TL Chilipulver
½ TL Mangopulver
(*amchur*, siehe S. 11)
Salz
2 EL Koriander (fein gehackt)

ZUBEREITUNG
- Die Kartoffeln in einem Topf mit Wasser weich garen. Abkühlen lassen, pellen und in 2½ cm große Würfel schneiden.

- Das Öl in einer Pfanne erhitzen. Asant und Kreuzkümmel hinzufügen und unter Rühren 10 Sekunden erhitzen.

- Die Kartoffeln, den gemahlenen Koriander, das Chili- und Mangopulver untermischen und mit Salz würzen. 5 Minuten garen, dabei ständig wenden. Den Koriander dazugeben und 30 Sekunden rühren. Sofort servieren.

- Dazu passt der Gemüsejoghurt (siehe S. 224) oder der scharf gewürzte Joghurt (siehe S. 225).

- Dieses Gericht können Sie auch gut mit gegarten Kartoffeln vom Vortag zubereiten.

BLUMENKOHL MIT KARTOFFELN
Gobi Aloo

Für 4–6 Personen

ZUTATEN

1½ EL Öl
1 Prise gemahlener Asant
½ TL Kreuzkümmel
2 TL geraspelter frischer Ingwer
1 TL grüne Chilischote
(in feinen Würfeln)
¼ TL gemahlene Kurkuma
½ TL Chilipulver
400 g Blumenkohlröschen
150 g Kartoffeln (geschält
und in dicken Stiften) · Salz
½ TL Garam Masala
(siehe S. 294)
¼ TL Mangopulver
(*amchur*, siehe S. 11)
1 EL Koriander (fein gehackt)

ZUBEREITUNG

- Das Öl in einer Pfanne erhitzen und Asant, Kreuzkümmel, Ingwer, Chilischote, Kurkuma und Chilipulver einrühren.

- Den Blumenkohl, die Kartoffeln, etwas Salz und 50 ml Wasser dazugeben, den Deckel auflegen und das Gemüse bei starker Hitze garen, bis das Wasser verdampft ist und die Kartoffeln weich sind.

- Garam Masala, Mangopulver und Koriander untermischen und den Blumenkohl sofort servieren.

- Rohe geschälte Kartoffeln legt man bis zur Weiterverwendung am besten in Wasser, damit sie sich nicht braun verfärben.

- Falls das Wasser verdampft ist, bevor die Kartoffeln weich sind, sollte man sie mit geschlossenem Deckel bei sehr schwacher Hitze noch 5 Minuten garen.

RÖSTPAPRIKA MIT PANEER
Paneer Bhari Shimla Mirch

ZUTATEN

Für die Röstpaprika:

150 g kleine Zwiebeln
1 EL Butter
2 EL Öl
1 TL Ingwerpaste (siehe S. 292)
1 TL grüne Chilipaste
(siehe S. 292)
½ TL Chilipulver
300 g Naturjoghurt
(cremig gerührt)
250 g Masala-Paneer (Frischkäse, in 1 cm großen Würfeln, siehe S. 299)
2 EL Sahne
100 ml Milch
¼ TL Zucker
Salz
je 300 g gelbe und rote Paprikaschoten (entkernt, längs halbiert)

Für die grob gemahlene Gewürzmischung (siehe S. 296):

1 ½ EL Mohnsamen
1 TL Kreuzkümmel
Samen von 4 grünen Kardamomkapseln
(*choti elaichi*, siehe S. 11)
4 Gewürznelken
½ Zimtstange
8 geschälte Mandeln
(siehe S. 306)

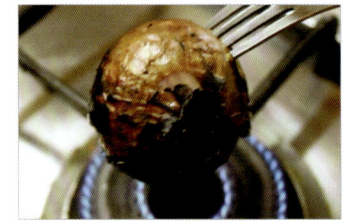

ZUBEREITUNG

- Für die Röstpaprika jede Zwiebel mit einer Gabel rundum einstechen. Dann die Zwiebeln auf Gabeln oder Spieße stecken und über offener Flamme etwa 15 Minuten rösten, bis sie außen leicht verkohlt und innen weich gegart sind.

- Die verkohlte Schicht ablösen, abspülen und die Zwiebeln im Küchenmixer zu einer glatten Paste verarbeiten.

- Für die Sauce die Butter und 1 EL Öl in einer Pfanne erhitzen. Zwiebel-, Ingwer- und Chilipaste hineinrühren und bei schwacher Hitze leicht anrösten. Ab und zu umrühren.

- Das Chilipulver und die grobe Gewürzmischung unterrühren.

- Den Joghurt hinzufügen und unter Rühren köcheln lassen, bis sich das Öl absetzt. Masala-Paneer-Würfel, Sahne, Milch, Zucker und Salz vorsichtig untermischen. Bei mittlerer Hitze alles aufkochen und 5 Minuten köcheln lassen.

- Die gerösteten Zwiebeln sind fertig, wenn Sie sie zwischen Daumen und Zeigefinger fest drücken und sie sich weich anfühlen.

Für 6–8 Personen

- Das restliche Öl in einer Pfanne erhitzen. Die Paprikaschotenhälften darin bei starker Hitze 30 Sekunden braten, dabei mehrmals wenden. Mit Salz würzen und auf Serviertellern anrichten. Mit der heißen Käsesauce füllen und sofort servieren.

DAS RAUCHIGE AROMA DER ZWIEBELN, DIE FEINE WÜRZE DES KÄSES UND DER BISS DER PAPRIKASCHOTEN ERGEBEN EINE UNWIDERSTEHLICHE KOMBINATION.

- Die schmackhafte Sauce kann als Grundlage für gedünstetes Gemüse aller Art verwendet werden.

HAUPTGERICHTE • 137

CURRY MIT DREIERLEI HÜLSENFRÜCHTEN
Dal Tarka

Für 4–6 Personen

ZUTATEN
Für das Curry:
50 g gespaltene Mungbohnen (*chilka moong dal*, 30 Minuten eingeweicht)
50 g geschälte, gespaltene Kichererbsen (*chana dal*, 30 Minuten eingeweicht)
75 g geschälte, rote Linsen (*malka masoor*)
Salz
¼ TL gemahlene Kurkuma
200 g Tomaten (geröstet, gehäutet, entkernt und in Würfeln, siehe S. 288)
1 TL grüne Chilischote (in feinen Würfeln)
2 TL geraspelter frischer Ingwer
¼ TL Mangopulver (*amchur*, siehe S. 11)
¼ TL Garam Masala (siehe S. 294)
50 g Bockshornkleeblätter (fein gehackt und angedünstet; siehe S. 287)
2 EL Koriander (fein gehackt)

Für die Gewürzmischung:
1 EL geklärte Butter (*Ghee*, siehe S. 307)
1 Prise gemahlener Asant
½ TL Kreuzkümmel
¼ TL Chilipulver

ZUBEREITUNG
- Für das Curry Mungbohnen, Kichererbsen und rote Linsen mit 300 ml Wasser, etwas Salz und Kurkuma in einen Topf geben. Aufkochen lassen und mit geschlossenem Deckel bei mittlerer Hitze 25 bis 30 Minuten weich garen.
- Tomaten- und Chiliwürfel, Ingwer, Mangopulver und Garam Masala unter die Hülsenfrüchte rühren und zum Kochen bringen. Den Bockshornklee und Koriander dazugeben und 1 Minute garen. Das Curry in eine Servierschüssel füllen.
- Für die Gewürzmischung die geklärte Butter in einer Pfanne erhitzen. Die Gewürze hinzufügen und rösten, bis sie zu duften beginnen (siehe S. 291).
- Die Gewürzmischung über die Linsen geben und das Hülsenfrüchte-Curry sofort servieren.

- Geschälte rote Linsen werden sehr schnell weich, deshalb braucht man sie vor dem Garen nicht einzuweichen.

KOCHBANANEN IN JOGHURTSAUCE
Kele ki Kad

Für 4–6 Personen

ZUTATEN

Für die Kochbananen:
2 große Kochbananen
250 g Naturjoghurt (möglichst 2 Tage im Voraus zubereiten, siehe S. 300)
1½ EL Kichererbsenmehl
Salz
2 EL Koriander (fein gehackt)

Für die erste Gewürzmischung:
2 TL geklärte Butter (*Ghee*, siehe S. 307)
1 Prise gemahlener Asant
je ¼ EL Bockshornkleesamen und Kreuzkümmel
4 getrocknete rote Chilischoten
½ TL Chilipulver
½ TL gemahlene Kurkuma

Für die zweite Gewürzmischung:
1 EL geklärte Butter
1 Prise gemahlener Asant
¼ TL Senfsamen
6 Curryblätter
¼ TL Chilipulver

ZUBEREITUNG

- Die Bananen in einem Topf mit Wasser 15 Minuten garen oder im Schnellkochtopf zubereiten (siehe S. 281). Schälen, längs halbieren und in dicke Scheiben schneiden.

- Den Joghurt, das Kichererbsenmehl und 300 ml Wasser gut verquirlen.

- Für die erste Gewürzmischung die geklärte Butter in einer Pfanne erhitzen. Die Gewürze hinzufügen und rösten, bis sie zu duften beginnen (siehe S. 294).

- Die Bananen und die Joghurtmischung unter die Gewürzmischung rühren, mit Salz abschmecken. Zum Kochen bringen, die Hitze reduzieren und das Curry 10 Minuten köcheln lassen. Dann den Koriander unterheben und das Curry in eine Servierschüssel füllen.

- Die zweite Gewürzmischung wie die erste Mischung zubereiten, über das Curry geben und sofort servieren.

- Kochbananen sind in vielen subtropischen und tropischen Ländern ein Grundnahrungsmittel wie bei uns Kartoffeln. Sie sind roh ungenießbar und müssen vor dem Verzehr gekocht, frittiert oder gebraten werden. Man bekommt sie in Asialäden.

SPINATBÄLLCHEN IN JOGHURTSAUCE
Palak Kofta Kadhi

ZUTATEN

Für die Spinatbällchen:
750 g Blattspinat
150 g Kartoffeln (gegart, gepellt, gerieben, siehe S. 280)
3 EL Kichererbsenmehl
Salz
Öl für die Form

Für die Sauce *(kadhi)*:
400 g Naturjoghurt
2 EL Kichererbsenmehl
2 TL Ingwerpaste (siehe S. 292)
2 TL grüne Chilipaste
(siehe S. 292)
¼ TL Zucker
¼ TL gemahlene Kurkuma
Salz
2 EL Koriander (fein gehackt)

Außerdem:
1 EL geklärte Butter
(Ghee, siehe S. 307)
1 Prise gemahlener Asant
½ TL Kreuzkümmel
½ TL Chilipulver
2 getrocknete rote Chilischoten
(zerdrückt)

ZUBEREITUNG

- Für die Spinatbällchen den Spinat verlesen, waschen und grobe Stiele entfernen. Den Spinat fein hacken und auf Küchenpapier abtropfen lassen. In der Mikrowelle auf höchster Stufe 2 Minuten erhitzen. Alternativ eine Pfanne 30 Sekunden erhitzen und den Spinat darin bei starker Hitze 1½ Minuten dünsten. Abkühlen lassen und überschüssiges Wasser aus dem Spinat drücken. Den Spinat mit einem Löffelrücken zerdrücken.

- Den Spinat mit Kartoffeln und Kichererbsenmehl mischen und mit Salz würzen. Die Masse in 20 bis 25 gleich große Portionen teilen und daraus Bällchen formen.

- Den Backofen auf 200 °C vorheizen. Die Spinatbällchen in eine gefettete Form legen, dabei darauf achten, dass sie sich nicht berühren. Mit Öl bestreichen und im Ofen 15 Minuten backen. Herausnehmen und beiseitestellen.

- Für die Sauce den Joghurt und das Kichererbsenmehl glatt verrühren. Ingwer- und Chilipaste, Zucker, Kurkuma, Salz und 400 ml Wasser untermischen.

- Alles in einen Topf oder eine hohe Pfanne füllen, bei mittlerer Hitze unter regelmäßigem Rühren aufkochen und 10 Minuten köcheln lassen, dann beiseitestellen.

- Die Spinatbällchen in die Sauce legen und alles aufkochen lassen. Den Koriander unterrühren und in einer Schüssel anrichten.

- Die geklärte Butter in einer Pfanne erhitzen. Asant, Kreuzkümmel, Chilipulver und Chilistückchen hinzufügen. Über die Sauce träufeln und sofort servieren.

DIE KALORIENARMEN SPINATBÄLLCHEN IN WÜRZIGER JOGHURTSAUCE SCHMECKEN AM BESTEN MIT REIS ODER INDISCHEM BROT.

- Die Spinatbällchen und den Koriander erst kurz vor dem Servieren in die Joghurtsauce geben. So werden die Klöße nicht matschig, und der Koriander behält sein Aroma.

Für 4–6 Personen

• Alternativ können Sie die Spinatklöße 15 Minuten dämpfen oder mit Öl in einer südindischen Pfanne *(kuzhi paniyaram)* oder in einer Pfanne mit Vertiefungen (siehe Step-Foto oben) braten.

HAUPTGERICHTE • 141

GRÜNE ERDNUSS-BOHNEN
Tilwali Phalli

Für 2–4 Personen

ZUTATEN
250 g grüne Bohnen
½ TL Zucker
2 TL Sesamsamen
3 EL Öl
2 EL Erdnüsse
1 TL Knoblauchwürfel
1 EL Petersilie oder Koriander (fein gehackt)
Salz · Pfeffer aus der Mühle

ZUBEREITUNG
- Die Bohnen putzen, nach Belieben in etwa 3 cm lange Stücke schneiden oder ganz lassen. Mit dem Zucker in 750 ml kochendem Wasser 5 bis 6 Minuten blanchieren. In ein Sieb abgießen und kalt abbrausen (siehe Tipp).

- Eine Pfanne 30 Sekunden erhitzen. Den Sesamsamen in der Pfanne bei schwacher Hitze unter Rühren goldbraun rösten. Herausnehmen und beiseitestellen.

- In einer Pfanne 2 EL Öl erhitzen. Die Erdnüsse darin bei schwacher Hitze unter Rühren goldbraun rösten. Herausnehmen.

- Das restliche Öl in einer Pfanne erhitzen. Den Knoblauch und die Bohnen darin bei starker Hitze 1 bis 2 Minuten dünsten. Petersilie oder Koriander und Sesam hinzufügen und 30 Sekunden garen. Mit Salz und Pfeffer würzen. Alles auf einem Teller anrichten, mit den Erdnüssen bestreuen und sofort servieren.

> ZUM FEINEN AROMA DER BOHNEN GESELLT SICH DER RÖSTGESCHMACK VON SESAM UND ERDNÜSSEN.

- Beim Blanchieren wird Gemüse für kurze Zeit in kochendem Wasser gegart und dann kalt abgeschreckt, um ein Weitergaren zu unterbinden. So bleiben Konsistenz und Farbe erhalten.

PIKANT GEWÜRZTE GRÜNE JACKFRUCHT
Sukkha Kathal

Für 6–8 Personen

ZUTATEN
Für die Jackfrucht:
1 kg rohe Jackfrucht
1½ TL Chilipulver
3 TL gemahlene Koriandersamen
1 TL getrocknetes Mangopulver (*amchur*, siehe S. 11)
Salz
2 EL Koriander (fein gehackt)

Für die Würze:
3–4 EL Senföl
¼ TL gemahlener Asant
½ TL Ajowan (*ajwain*, siehe S. 10)
¼ TL gemahlene Kurkuma
1½ EL Kichererbsenmehl

ZUBEREITUNG

- Für die Jackfrucht die Handinnenflächen und ein Messer mit etwas Öl bestreichen. Die Jackfrucht schälen, das Fruchtfleisch in 2 bis 3 cm große Stücke schneiden und in einem Topf mit 800 ml Wasser etwa 15 Minuten weich garen. Das Jackfruchtfleisch in ein Sieb abgießen und abkühlen lassen (siehe S. 286). Die Kerne und die harten Segmente entfernen.

- Aus dem Fruchtfleisch und den Kernen das überschüssige Wasser herausdrücken.

- Für die Würze das Senföl in einer Pfanne erhitzen. Asant, Ajowan, Kurkuma und Kichererbsenmehl hinzufügen und bei mittlerer Hitze 10 Sekunden darin rösten. Die Jackfruchtstücke und -kerne unterrühren.

- Chilipulver, Koriander und Mangopulver hineinrühren. Alles bei schwacher Hitze 30 bis 40 Minuten dünsten, bis das Fruchtfleisch eine goldbraune Farbe hat, dabei hin und wieder umrühren. Mit Salz würzen, den Koriander unterrühren und sofort servieren.

 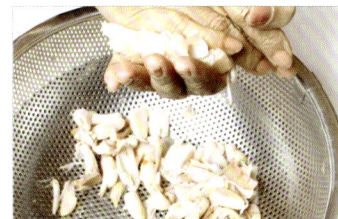  

- Hier ist etwas Geduld gefragt, denn es kann etwas mühsam und zeitaufwendig sein, die äußere harte Schale von den Früchten zu entfernen.
- Sollten Sie kein Senföl bekommen, nehmen Sie mildes Pflanzenöl.
- Dieses Gericht hält sich im Kühlschrank bis zu 1 Woche.

TROPISCHES JACKFRUCHT-CURRY
Rasedaar Kathal

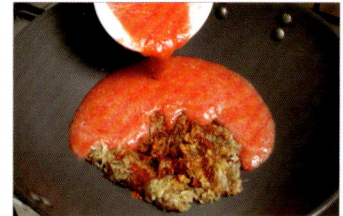

ZUTATEN
Öl zum Frittieren
300 g weiche, rohe Jackfrucht
(in ca. 1 cm großen Würfeln)
300 g Naturjoghurt
½ TL Kichererbsenmehl
150 g geriebene Zwiebeln
2 TL Ingwerpaste (siehe S. 292)
1 TL grüne Chilipaste
(siehe S. 292)
½ TL gemahlene Kurkuma
¾ TL Chilipulver
225 g Tomatenpüree
(siehe S. 289)
Salz
2 EL Koriander (fein gehackt)
½ TL Garam Masala
(siehe S. 294)

ZUBEREITUNG
- Reichlich Öl im Wok erhitzen. Die Jackfruchtstücke darin bei mittlerer Hitze portionsweise goldbraun braten. Herausnehmen und auf Küchenpapier abtropfen lassen.

- Den Joghurt und das Kichererbsenmehl glatt verrühren und beiseitestellen.

- In einer Pfanne 2 bis 3 EL Öl erhitzen. Zwiebeln, Ingwer- und Chilipaste hineinrühren und bei schwacher Hitze unter Rühren goldbraun dünsten.

- Kurkuma und Chilipulver unterrühren. Das Tomatenpüree hinzufügen und bei mittlerer Hitze garen, bis sich das Öl absetzt. Öfter umrühren, damit nichts anbrennt.

- Die Joghurt-Mehl-Mischung hineinrühren und bei schwacher Hitze unter häufigem Rühren köcheln lassen, bis sich das Öl absetzt.

- Die gebratenen Jackfruchtstücke und 350 ml Wasser dazugeben, mit Salz würzen. Die Sauce aufkochen und 8 Minuten köcheln lassen. Mit Koriander und Garam Masala bestreuen und sofort servieren.

> DIESE REICH GEWÜRZTE SAUCE IST DER IDEALE BEGLEITER FÜR DIE JACKFRUCHT, DIE EIN MILDES AROMA UND EINE FLEISCHIGE TEXTUR BESITZT.

- Sollen Jackfrüchte frittiert werden, nehmen Sie eine zarte Frucht mit kleinen Kernen. Ältere Früchte haben eine harte Schale, die sich nach dem Frittieren nur schwer entfernen lässt.

Für 2–4 Personen

- Zu diesem Gericht passen gedämpfter Reis oder einfache frische indische Brote wie *phulkas* oder *parathas*.

BOHNENBÄLLCHEN IN PIKANTER SAUCE
Taazi Mangodi Ki Sabzi

ZUTATEN

125 g geschälte, gespaltene
Mungbohnen (*dhuli moong dal*,
3 Stunden eingeweicht)
Öl zum Frittieren
1–2 EL geklärte Butter
(*Ghee*, siehe S. 307)
1 Prise gemahlener Asant
½ TL Kreuzkümmel
1 TL Ingwerpaste (siehe S. 292)
½ TL grüne Chilipaste
(siehe S. 292)
¼ TL gemahlene Kurkuma
½ TL Chilipulver
225 g Tomatenpüree
(siehe S. 289)
200 g Naturjoghurt
(cremig gerührt)
Salz
2 EL Koriander (fein gehackt)

ZUBEREITUNG

- Für die Klöße (*mangodi*) die Mungbohnen im Küchenmixer zu einem cremigen Teig verarbeiten, dafür nach Bedarf etwas Wasser hinzufügen. Den Teig in eine große Schüssel geben und mit den Quirlen des Handrührgeräts leicht schaumig aufschlagen. Zum Testen ¼ TL Teig in eine Tasse mit Wasser geben. Schwimmt der Teig, hat er die richtige Konsistenz. 2 TL Teig für die Sauce beiseitestellen.

- Reichlich Öl im Wok erhitzen. Portionsweise kleine Teigportionen ins Öl geben und die Bällchen goldbraun frittieren.

- Die Bällchen mit dem Schaumlöffel herausnehmen und sofort 1 Stunde in 1 l Salzwasser (1 TL Salz) legen.

- Die Bällchen herausnehmen, das überschüssige Wasser mit den Händen herausdrücken. Die Bällchen beiseitestellen.

- Für die Sauce den beiseitegelegten Teig mit 700 ml Wasser verrühren. Die geklärte Butter in einer Pfanne erhitzen. Asant, Kreuzkümmel, Ingwer- und Chilipaste, Kurkuma und Chilipulver hineinrühren.

- Das Tomatenpüree dazugeben und bei mittlerer Hitze köcheln lassen, bis sich das Öl absetzt. Öfter umrühren, damit nichts anbrennt.

- Den Joghurt hinzufügen und bei schwacher Hitze unterrühren. Zum Kochen bringen und weiterrühren, bis sich das Öl absetzt.

- Die Wasser-Teig-Mischung dazugießen und aufkochen lassen, ab und zu umrühren.

- Die Bällchen dazugeben, mit Salz würzen und erneut aufkochen lassen. 10 Minuten köcheln lassen, dann mit Koriander bestreuen und sofort servieren.

- Die kleine Teigmenge in der Sauce sorgt für eine Bindung und eine sämige, glatte Konsistenz.

Für 4–6 Personen

IM NORDINDISCHEN UTTAR PRADESH DÜRFEN DIE BÄLLCHEN BEI FESTESSEN NICHT FEHLEN. DAZU SERVIERT MAN WEIZENBROT.

- Legen Sie die Bällchen sofort nach dem Braten in Salzwasser. Auf diese Weise wird überschüssiges Öl absorbiert, und die Bällchen bleiben schön weich.

ZUCCHINI-MUNGBOHNEN-DAL
Anokhi Moong Dal

Für 4–6 Personen

ZUTATEN

Für den Dal:
200 g geschälte, gespaltene Mungbohnen (*dhuli moong dal*, 15 Minuten eingeweicht)
2½ EL geklärte Butter (*Ghee*, siehe S. 307)
½ TL gemahlene Kurkuma
Salz
100 g Zucchini (in 2 cm langen Stücken)
60 g Kirschtomaten
2 EL Koriander (fein gehackt)

Außerdem:
1 EL geklärte Butter
2 TL Ingwer (in feinen Streifen)
1 Prise gemahlener Asant
½ TL Kreuzkümmel
2 Gewürznelken
2 grüne Kardamomkapseln (*choti elaichi*, siehe S. 11)
¼ TL Pfeffer aus der Mühle

ZUBEREITUNG

- Für den Dal die Mungbohnen abtropfen lassen. Einen Topf 30 Sekunden erhitzen, ½ TL geklärte Butter, die Mungbohnen, ½ l Wasser, Kurkuma und Salz dazugeben und die Mungbohnen 15 bis 20 Minuten weich garen.

- Die restliche geklärte Butter in einer Pfanne erhitzen. Zucchinistücke und Kirschtomaten dazugeben und bei mittlerer Hitze unter Rühren 1 Minute dünsten. Herausnehmen und zu den Mungbohnen geben.

- Alles zum Kochen bringen. Den Koriander unterrühren und den Dal in eine Schüssel füllen.

- Die geklärte Butter in einem kleinen Topf erhitzen. Den Ingwer dazugeben und bei mittlerer Hitze 1 Minute dünsten, ab und zu umrühren. Asant, Kreuzkümmel, Gewürznelken, Kardamomkapseln und Pfeffer unterrühren. Auf dem Dal verteilen und sofort servieren.

DAS ABSOLUTE I-TÜPFELCHEN FÜR DIESEN INDISCHEN DAL SIND DIE ZUCCHINI UND DIE KIRSCHTOMATEN.

- Geschälte, gespaltene Mungbohnen werden schnell gar. Damit sie nicht zu weich werden, sollten Sie die Einweich- und Garzeit genau einhalten.

KICHERERBSEN-CURRY MIT SPINAT
Chatpata Chana Palak

Für 2–4 Personen

ZUTATEN

Für das Curry:
400 g Blattspinat (gehackt)
¼ TL Zucker
125 g geschälte, gespaltene Kichererbsen (*chana dal*, 1 Stunde eingeweicht)
½ TL gemahlene Kurkuma
2 schwarze Kardamomkapseln (*badi elaichi*, siehe S. 10)
1 Zimtstange
Salz
2 TL geraspelter frischer Ingwer
½ TL grüne Chilischote (in feinen Würfeln)
75 g Tomaten (gerieben, siehe S. 288)
100 g Tomaten (geröstet, geschält, in Würfeln, siehe S. 288)

Außerdem:
1½ EL geklärte Butter (*Ghee*, siehe S. 307)
75 g Zwiebelspalten
½ TL Kreuzkümmel
4 getrocknete rote Chilischoten
½ TL Chilipulver

ZUBEREITUNG

- Eine Pfanne 30 Sekunden erhitzen. Den Spinat und den Zucker dazugeben und mit geschlossenem Deckel bei mittlerer Hitze 1 Minute garen. Herausnehmen und abkühlen lassen. Den Spinat mit einem Löffelrücken leicht zerdrücken und beiseitestellen.

- Die Kichererbsen in einem Topf mit ½ l Wasser, Kurkuma, Kardamom, Zimtstange und Salz etwa 25 Minuten weich garen. Ingwer, Chiliwürfel, geriebene und gewürfelte Tomaten hinzufügen. Alles bei mittlerer Hitze zum Kochen bringen. Den Spinat hineinrühren und erneut aufkochen lassen. 2 Minuten garen, dann in Suppenschüsseln anrichten.

- Die geklärte Butter in einem kleinen Topf erhitzen. Die Zwiebelspalten darin bei mittlerer Hitze rösten, dabei häufig rühren. Kreuzkümmel, Chilischoten und Chilipulver unterrühren. Auf dem Curry verteilen und sofort servieren.

DIESES GESUNDE CURRY BESTICHT DURCH DIE TYPISCH INDISCHE GEWÜRZKOMBINATION VON ZIMT UND KARDAMOM.

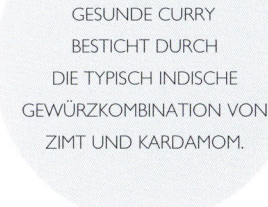

- Wenn man die Kichererbsen 1 Stunde einweicht, garen sie anschließend schneller.
- Den zerkleinerten Spinat erst kurz vor dem Servieren dazugeben. So behält er seine frische grüne Farbe.

HAUPTGERICHTE

KICHERERBSEN-NUGGET-CURRY
Chattpatte Gatte

ZUTATEN

Für die Nuggets *(gatte)*:
200 g Kichererbsenmehl
1 TL Fenchelsamen
1 TL Kreuzkümmel
1 TL Chilipulver
½ TL gemahlene Kurkuma
1 TL Koriandersamen
1 TL Garam Masala
(siehe S. 294)
1 TL Minzepulver
(*pudina*, siehe S. 11)
Salz
4 EL Öl

Für die Sauce:
300 g Naturjoghurt
½ TL Kichererbsenmehl
Salz
2 EL Koriander (fein gehackt)
1 TL Garam Masala
1 TL Minzepulver

Außerdem:
2 ½ EL geklärte Butter (*Ghee*,
siehe S. 307) oder Öl
¼ TL gemahlener Asant
2 TL Kreuzkümmel
1 TL Fenchelsamen
2 TL geraspelter frischer Ingwer
1 TL grüne Chilischote
(in feinen Würfeln)
1 TL gemahlene Kurkuma
1 TL Chilipulver
3 TL gemahlener Koriander

ZUBEREITUNG

- Für die Nuggets das Kichererbsenmehl sieben und mit Fenchelsamen, Kreuzkümmel, Chilipulver, Kurkuma, Koriandersamen, Garam Masala, Minzepulver, 1 TL Salz und Öl mischen.

- Aus den Zutaten mit ausreichend Wasser einen festen Teig kneten. Den Teig in 8 gleich große Portionen teilen und diese zu etwa 1 cm dicken Rollen formen.

- In einem Topf 1 l Wasser zum Kochen bringen. Die Rollen darin köcheln lassen, bis sie an der Oberfläche schwimmen. Herausnehmen und in einem Sieb abtropfen lassen, die Brühe für die Sauce beiseitestellen. Die Rollen abkühlen lassen und in etwa ½ cm dicke Nuggets schneiden.

- Die Brühe muss Zimmertemperatur haben, bevor der Joghurt eingerührt wird. Wenn sie zu heiß ist, gerinnt der Joghurt.

- Nuggets (*gatte*) und Brühe können einen Tag im Voraus zubereitet werden. Man sollte sie dann im Kühlschrank aufbewahren.

Für 6–8 Personen

- Für die Sauce den Joghurt mit dem Kichererbsenmehl und der Kloßbrühe (auf Zimmertemperatur abgekühlt) glatt rühren und beiseitestellen.
- Die geklärte Butter in einer Pfanne erhitzen. Asant, Kreuzkümmel und Fenchelsamen, Ingwer und Chilischote, Kurkuma, Chilipulver und gemahlenen Koriander hineinrühren.
- Die Joghurtmischung unter Rühren hinzufügen und aufkochen lassen. Die Nuggets dazugeben und mit Salz würzen. Die Sauce erneut aufkochen und 8 Minuten köcheln lassen.
- Koriander, Garam Masala und Minzepulver unterrühren. Alles 2 Minuten köcheln lassen und sofort servieren.

DIESES TRADITIONELLE GERICHT AUS DEM NORDWESTINDISCHEN RAJASTHAN KANN MIT REIS ODER EINFACHEM INDISCHEM BROT SERVIERT WERDEN.

- Die Nuggets können Sie auch frittieren und als Vorspeise servieren. Dazu dann das süßsaure Chutney (siehe S. 229) und das grüne Kokos-Chutney (siehe S. 233) reichen.

HAUPTGERICHTE • 151

MAISCURRY MIT KORIANDER
Dhaniyawale Makai ke Dane

Für 4–6 Personen

ZUTATEN
2 EL Öl
100 g frische Maiskörner
100 g Zwiebelwürfel
¼ TL Knoblauchwürfel
1 TL geraspelter frischer Ingwer
¼ TL Chilipulver
2 TL gemahlener Koriander
4 große Tomaten
(ca. 400 g; 3 Stück geröstet,
gehäutet und in Würfeln,
1 Tomate geraspelt; siehe
S. 288)
¼ TL Zucker
¼ TL Garam Masala
(siehe S. 294)
2 EL Koriander (fein gehackt)
Salz

ZUBEREITUNG
- In einer Pfanne 1 EL Öl erhitzen. Die Maiskörner darin unter Rühren 2 Minuten dünsten und herausnehmen.

- Das restliche Öl in der Pfanne erhitzen, die Zwiebel- und Knoblauchwürfel sowie den Ingwer darin dünsten, bis die Zwiebeln leicht gebräunt sind. Chilipulver und gemahlenen Koriander unterrühren. Die Tomatenwürfel und -raspel sowie den Zucker dazugeben und weitergaren, bis die Sauce eingedickt ist.

- Die Maiskörner mit Garam Masala und Koriander untermischen, das Curry mit Salz würzen und 1 weitere Minute garen.

- Die würzigen Korianderblätter harmonieren geschmacklich besonders gut mit Mais und Tomaten.

WEISSKOHL MIT ERBSEN
Patta Gobi Mattar

Für 4–6 Personen

ZUTATEN
250 g Weißkohl
1½ EL Öl
1 Prise gemahlener Asant
½ TL Kreuzkümmel
1 grüne Chilischote
(längs halbiert)
¼ TL gemahlene Kurkuma
75 g frische Erbsen
(blanchiert)
Salz
¼ TL Garam Masala
(siehe S. 294)
2 EL Koriander (fein gehackt)

ZUBEREITUNG
- Den Weißkohl putzen, waschen und auf der Gemüsereibe raspeln.
- Das Öl in einer Pfanne erhitzen. Asant, Kreuzkümmel, Chilischote und Kurkuma gut einrühren.
- Die Erbsen hinzufügen und 30 Sekunden garen. Den Weißkohl untermischen und zugedeckt garen, bis er weich, aber noch bissfest ist.
- Den Kohl mit Salz und Garam Masala würzen, den Koriander untermischen und das Kohlgemüse sofort servieren.

- Falls Sie keine frischen grünen Erbsen bekommen, können Sie auch tiefgekühlte Erbsen verwenden. Diese dann nach Packungsanweisung garen.

KLASSISCHES CURRY-TRIO
Tiranga Aloo Ta-Mattar

Für 2–4 Personen

ZUTATEN
1–2 EL Öl
1 Prise gemahlener Asant
½ TL Kreuzkümmel
2 TL geraspelter frischer Ingwer
½ TL grüne Chilischote (in feinen Würfeln)
¼ TL gemahlene Kurkuma
⅓ TL Chilipulver
225 g Tomatenpüree (siehe S. 289)
150 g frische Erbsen (gegart, siehe S. 284)
150 g Kartoffeln (gegart, gepellt, in 1 cm großen Würfeln)
Salz
¼ TL Garam Masala (siehe S. 294)
2 EL Koriander (fein gehackt)

ZUBEREITUNG

- Das Öl in einer Pfanne erhitzen. Asant, Kreuzkümmel, Ingwer, Chilischote, Kurkuma und Chilipulver unterrühren.

- Das Tomatenpüree hinzufügen und bei mittlerer Hitze dünsten, bis sich das Öl absetzt. Ab und zu umrühren, damit nichts anbrennt. Die Erbsen dazugeben und bei starker Hitze unter häufigem Rühren 30 Sekunden dünsten.

- Die Kartoffelwürfel unterrühren und 200 ml Wasser dazugeben, mit Salz würzen. Die Sauce aufkochen und 5 Minuten köcheln lassen. Garam Masala und Koriander unterrühren und sofort servieren.

DIE WÜRZIGE VERBINDUNG AUS KARTOFFELN, ERBSEN UND TOMATEN WIRD IN NORDINDIEN DAS GANZE JAHR ÜBER GERN GEGESSEN.

- Am besten schmeckt das Gericht natürlich mit frischen Erbsen. Alternativ können Sie aber auch Tiefkühl-Erbsen nehmen.

- Im Winter genießt man dieses Essen mit saisonalen Brotspezialitäten wie gefülltem Hirsebrot (siehe S. 204) und Masala-Maispuffer (siehe S. 211).

GRÜNE GARTENERBSEN
Hare Bhare Mattar

Für 2–4 Personen

MIT INGWER GEWÜRZT SCHMECKEN DIE ERBSEN ZU JEDER TAGESZEIT. UNTER DEM NAMEN *GHUGNI* WERDEN SIE MIT TOAST SOGAR ZUM FRÜHSTÜCK GEGESSEN.

ZUTATEN

1 EL Öl
1 Prise gemahlener Asant
½ TL Kreuzkümmel
1 TL Ingwer
(in feinen Streifen)
1 grüne Chilischote
(längs eingeschnitten)
300 g frische Erbsen
¼ TL Zucker
Salz
¼ TL Garam Masala
(siehe S. 294)
2 EL Koriander (fein gehackt)

ZUBEREITUNG

- Das Öl im Wok erhitzen. Asant, Kreuzkümmel, Ingwer und Chilischote darin bei mittlerer Hitze 10 Sekunden rösten.

- Die Erbsen hinzufügen und mit Zucker und Salz würzen. Die Erbsen mit geschlossenem Deckel bei schwacher Hitze weich garen, ab und zu umrühren. Sollte dann noch Flüssigkeit vorhanden sein, alles kurz offen bei starker Hitze köcheln lassen.

- Garam Masala und Koriander unterrühren und sofort servieren.

- Das A und O für dieses Rezept ist der feinsüße Geschmack der Erbsen. Deshalb empfiehlt es sich, frische Erbsen zu verwenden.

PILZTOPF MIT MINZE
Khumb Mattar Mela

ZUTATEN

Für den Pilztopf:
Öl
2–3 Tropfen Zitronensaft
250 g Pilze (halbiert)
150 g geriebene Zwiebeln
½ TL Ingwerpaste
(siehe S. 292)
½ TL Knoblauchpaste
(siehe S. 292)
¼ TL Chilipulver
150 g Naturjoghurt
(cremig gerührt)
300 g frische Erbsen
(gegart, siehe S. 284)
¼ l Milch
1 Prise Zucker
Salz
¼ TL Minzepulver
(*pudina*, siehe S. 11)

Für die grob gemahlene Gewürzmischung (siehe S. 296):
6 Cashewkerne
2 TL Mohnsamen
2 Gewürznelken
½ Zimtstange
Samen von 2 grünen Kardamomkapseln
(*choti elaichi*, siehe S. 11)

ZUBEREITUNG

- In einem Topf 750 ml Wasser, 1 TL Öl und Zitronensaft aufkochen lassen. Die Pilze dazugeben und bei starker Hitze 20 Sekunden blanchieren. In ein Sieb gießen und abtropfen lassen.

- Im Wok 2 bis 3 EL Öl erhitzen. Zwiebeln, Ingwer- und Knoblauchpaste unterrühren und bei schwacher Hitze unter gelegentlichem Rühren braten, bis die Zwiebeln glasig sind und ganz leicht Farbe angenommen haben. Erst das Chilipulver, dann die grob gemahlene Gewürzmischung unterrühren.

- Den Joghurt hinzufügen und bei schwacher Hitze unter Rühren erwärmen, bis sich das Öl absetzt.

- Die Erbsen, die Pilze und die Milch unterrühren und mit Zucker und Salz würzen.

- Die Sauce bei mittlerer Hitze aufkochen und 2 Minuten köcheln lassen. Das Minzepulver unterrühren und den Pilztopf sofort servieren. Nach Belieben mit schwarzem Pfeffer übermahlen.

- Pilze bleiben saftig und behalten ihre natürliche Farbe, wenn sie 20 Sekunden mit Öl und Zitronensaft blanchiert werden.

- Dünsten Sie die Zwiebeln nicht zu lange, denn zu dunkle Zwiebeln ändern Geschmack und Farbe der Sauce.

Für 4–6 Personen

DIESE MILD GEWÜRZTE SAUCE MIT MINZAROMA KANN AUCH MIT PANEER, MAIS ODER EINEM GEMÜSEMIX SERVIERT WERDEN.

• Geben Sie Erbsen und restliche Zutaten erst kurz vor dem Servieren hinzu, so behalten sie ihre frische Farbe.

BOCKSHORNKLEE-KARTOFFELN
Methi Aloo Bahaar

Für 4–6 Personen

ZUTATEN
1½ EL Senföl
1 Prise gemahlener Asant
½ TL Kreuzkümmel
3 Handvoll Bockshornklee-
blätter (gehackt)
1 Prise Zucker
500 g kleine Kartoffeln
(gegart, gepellt)
¾ TL Chilipulver
2 TL gemahlene Koriander-
samen
1 Prise Mangopulver
(*amchur*, siehe S. 11)
Salz

ZUBEREITUNG
- Das Senföl in einer Pfanne erhitzen, Asant und Kreuzkümmel unterrühren.
- Den Bockshornklee und den Zucker hinzufügen und offen bei mittlerer Hitze köcheln lassen, bis die Feuchtigkeit ganz verdunstet ist. Ab und zu umrühren.
- Die Hitze verringern und die Kartoffeln untermischen. Mit Chilipulver, Koriander, Mangopulver und Salz würzen. Alles bei starker Hitze dünsten, ab und zu umrühren. Sofort servieren.

DIE ÄUSSERST VIELSEITIGEN KARTOFFELN ERGEBEN MIT BOCKSHORNKLEEBLÄTTERN UND SENFÖL EIN ÜBERAUS KÖSTLICHES GESPANN.

- Sie können das Rezept auch mit 500 g großen Kartoffeln zubereiten. Nach dem Pellen in etwa 1½ cm dicke Stücke schneiden.
- Statt Senföl können Sie jedes andere Pflanzenöl verwenden.

EXOTISCHES GEMÜSE-TRIO
Tirangi Chilgoza Sabzi

Für 4–6 Personen

DIESES FARBENFROHE GEMÜSEGERICHT ERHÄLT DANK ZUCCHINI UND PINIENKERNEN EINE MEDITERRANE GESCHMACKSNOTE.

ZUTATEN
Öl zum Braten
200 g Zucchini
(in 1 cm dicken halben Scheiben)
200 g kleine Kartoffeln (gegart)
200 g kleine Zwiebeln (geschält)
1 Prise gemahlener Asant
½ TL Kreuzkümmel
½ TL Chilipulver
1½ TL gemahlene Koriandersamen
¼ TL Garam Masala (siehe S. 294)
¼ TL Mangopulver (*amchur*, siehe S. 11)
Salz
2 EL Koriander (fein gehackt)
1 EL Pinienkerne

ZUBEREITUNG
- Für die Zucchini 1 EL Öl in einer Pfanne erhitzen. Die Zucchinistücke darin bei mittlerer Hitze rundum goldbraun braten.
- Die Kartoffeln längs halbieren. In einer Pfanne 1 EL Öl erhitzen. Die Kartoffeln auf der Schnittfläche bei mittlerer Hitze leicht anbraten, gelegentlich wenden. Herausnehmen und beiseitestellen.
- Für die Zwiebeln 1 EL Öl in der Pfanne erhitzen. Die Zwiebeln darin bei mittlerer Hitze leicht anrösten, dabei gelegentlich umrühren. Herausnehmen und beiseitestellen.
- In der Pfanne 1 EL Öl erhitzen. Asant, Kreuzkümmel, gedünstete Zwiebeln, Kartoffeln und Zucchinistücke dazugeben. Mit Chilipulver, gemahlenem Koriander, Garam Masala, Mangopulver und Salz würzen. Den gehackten Koriander untermischen. Alles bei starker Hitze unter Rühren 1 Minute braten. Die Pinienkerne unterrühren.
- Die Kartoffeln in einer Schüssel anrichten und sofort servieren.

- Es ist wichtig, das Gemüse einzeln zu dünsten. Denn jedes Gemüse hat eine andere Garzeit.
- Statt der Pinienkerne können Sie geschälte Erdnüsse verwenden (siehe S. 302).

INDISCHES BLUMENKOHLGRATIN
Cheesy Gobi Bake

ZUTATEN

500 g Blumenkohl
1 ½ EL Butter
(Zimmertemperatur)
¼ TL Knoblauchwürfel
1 EL Mehl
400 ml Milch
(Zimmertemperatur)
Salz · Pfeffer aus der Mühle
¼ TL Zucker
25 g Käse (gerieben)
2 EL Koriander (fein gehackt)
2 EL Erdnüsse
(grob zerdrückt, siehe S. 302)
1 TL grüne Chilipaste
(siehe S. 292)
50 g Cheddar (gerieben)
1 Salzkräcker (fein zerbröselt)

DER HERZHAFTE AUFLAUF BESTICHT DURCH EIN TYPISCH INDISCHES AROMA AUS FRISCHEN KORIANDERBLÄTTERN, ERDNÜSSEN UND GRÜNEN CHILISCHOTEN.

- Der Blumenkohl darf nicht zu lange gegart werden. Die Röschen sollten auf jeden Fall noch Biss haben.

Für 4–6 Personen

ZUBEREITUNG

- Den Blumenkohl putzen und in kleine Röschen teilen. Die Blumenkohlröschen in einem Topf mit 1 l kochendem Wasser 2 Minuten garen. In ein Sieb abgießen und abtropfen lassen.
- Im Wok 1 EL Butter erhitzen. Den Knoblauch und das Mehl dazugeben und bei mittlerer Hitze unter Rühren 20 Sekunden dünsten.
- Den Wok vom Herd nehmen und die Milch hinzufügen. Mit Salz und Pfeffer würzen.
- Den Zucker und den Käse unterrühren. Den Wok wieder auf den Herd stellen und alles unter Rühren zum Kochen bringen.
- Dann den Herd ausstellen. Blumenkohlröschen, Koriander, Erdnüsse und Chilipaste unterrühren.
- Den Backofen auf 180 °C vorheizen. Eine Auflaufform mit der restlichen Butter einfetten. Die Gemüsemischung darin verteilen und mit Cheddar und Kräckerbröseln bestreuen.
- Den Auflauf im Ofen 15 bis 25 Minuten goldbraun backen. Herausnehmen und sofort servieren.

- Dazu schmeckt Weißbrot, mit etwas Koriander bestreut und mit Käse überbacken.

HAUPTGERICHTE • 161

BOHNEN MIT BABY-MAISKOLBEN
Beans aur Chhote Bhutte

Für 4–6 Personen

ZUTATEN

250 g Prinzessbohnen (gewaschen und in 2½ cm langen schrägen Stücken)
¼ TL Zucker
12 Baby-Maiskolben (in 2½ cm langen schrägen Stücken)
1 EL Öl
2 TL geschälte, gespaltene Urdbohnen (*dhuli urad dal*, 15 Minuten eingeweicht)
2 TL geschälte, gespaltene Kichererbsen (*chana dal*, 15 Minuten eingeweicht)
½ TL Senfsamen
je ¼ TL Ingwer- und Knoblauchpaste (siehe S. 292)
2 getrocknete rote Chilischoten
15 Curryblätter
¼ TL Pfeffer aus der Mühle
Salz · 2 EL frisch geraspelte Kokosflocken

ZUBEREITUNG

- In einem Topf 700 ml Wasser aufkochen. Die Bohnen darin mit dem Zucker 4 Minuten garen und abgießen.

- In einem Topf ½ l Wasser aufkochen. Den Mais dazugeben, 1 Minute blanchieren und abgießen.

- Das Öl in einer Pfanne erhitzen und die Urdbohnen und Kichererbsen darin unter Rühren 30 Sekunden garen. Senfsamen, Ingwer- und Knoblauchpaste, Chilischoten und Curryblätter gut untermischen.

- Prinzessbohnen, Mais und Pfeffer unterheben. Das Gemüse mit Salz würzen und 1 Minute garen.

- Die Hälfte der Kokosflocken untermischen und das Gemüse mit den restlichen Flocken bestreut servieren.

- Man kann auch andere grüne Bohnensorten verwenden, beispielsweise Gartenbohnen. Diese haben allerdings eine längere Garzeit als die zarten Prinzessbohnen.

BABY-MAISKOLBEN MIT PAPRIKA
Mazedaar Shimla Mirch aur Chhote Bhutte

Für 4–6 Personen

ZUTATEN

30 Baby-Maiskolben (in 2½ cm langen schrägen Stücken)
½ EL Maisstärke
½ EL Kichererbsenmehl
¾ TL Chilipulver
½ TL Garam Masala (siehe S. 294)
¼ TL Mangopulver (*amchur*, siehe S. 11)
1 EL Milch
Öl zum Frittieren · 1 EL Öl
2 EL Zwiebelwürfel
1 TL Knoblauchpaste (siehe S. 292)
½ TL grüne Chilipaste (siehe S. 292)
100 g grüne Paprikaschote (in schmalen Streifen)
Salz · Pfeffer aus der Mühle
2 TL Honig
50 g Frühlingszwiebeln (in 1 cm breiten Ringen)

ZUBEREITUNG

- Die Maiskolbenstücke mit Maisstärke, Kichererbsenmehl, ½ TL Chilipulver, ¼ TL Garam Masala, Mangopulver und Milch in einer Schüssel mischen und 1 Minute ziehen lassen.
- Reichlich Öl in einer Pfanne erhitzen. Die Maismischung darin 2 Minuten frittieren.
- In einer Pfanne 1 EL Öl erhitzen. Zwiebeln, Knoblauch- und Chilipaste dazugeben und unter Rühren 1 Minute erhitzen.
- Die Paprika hinzufügen und 30 Sekunden andünsten. Den Mais unterheben, mit Salz und Pfeffer würzen. Honig, restliches Chilipulver und übriges Garam Masala unterrühren. Die Frühlingszwiebeln untermischen. Sofort servieren.

- Der frittierte Mais wird erst ganz zum Schluss unter die restlichen Zutaten gehoben, damit er schön knackig bleibt.
- Statt frischer Baby-Maiskolben können Sie auch bereits gegarte aus der Dose verwenden.

ERBSEN-KÄSE-AUFLAUF
Mattar Paneer Francisi

ZUTATEN

Für die weiße Sauce:
2 EL Butter
20 g Mehl
600 ml Milch
(Zimmertemperatur)
Salz · Pfeffer aus der Mühle
½ TL Zucker
50 g Käse (gerieben)

Außerdem:
600 g Kartoffeln (gegart)
Salz · Pfeffer aus der Mühle
2 EL Koriander (fein gehackt)
1 EL Öl
250 g Paneer (Frischkäse, in 1 cm dicken Scheiben, siehe S. 298)
225 g frische Erbsen (gegart, siehe S. 284)
1 EL Staudensellerie (in kleinen Würfeln, siehe S. 285)
2 EL Paprikaschote (in ½ cm großen Stücken)
1 TL Butter (Zimmertemperatur)
50 g Cheddar (gerieben)
1 Salzkräcker (zerbröselt)

ZUBEREITUNG

- Für die weiße Sauce die Butter im Wok erhitzen. Das Mehl dazugeben und unter Rühren bei mittlerer Hitze 20 Sekunden rösten.
- Den Wok vom Herd nehmen. Milch, Salz, Pfeffer, Zucker und geriebenen Käse unterrühren.
- Den Wok wieder auf den Herd stellen und alles unter Rühren aufkochen lassen. Wieder vom Herd nehmen.
- Die Kartoffeln pellen und grob zerstampfen. Mit Salz und Pfeffer würzen. Den Koriander und 100 ml weiße Sauce untermischen und beiseitestellen.
- Für die Käse-Erbsen-Schicht das Öl in einer Pfanne erhitzen. Den Paneer bei mittlerer Hitze auf beiden Seiten goldbraun braten. Herausnehmen und in etwa 1 cm große Würfel schneiden (siehe S. 299).
- Die Käsewürfel mit der restlichen weißen Sauce mischen. Erbsen, Sellerie und Paprika unterrühren.
- Den Backofen auf 180 °C vorheizen. Eine Auflaufform mit der Butter einstreichen. Die Kartoffeln in der Form gleichmäßig verteilen und glatt streichen.
- Die Käse-Erbsen-Mischung daraufgeben und glatt verstreichen. Mit Cheddar und Kräckerbröseln bestreuen.
- Den Auflauf im Ofen 15 bis 25 Minuten goldbraun und knusprig backen. Herausnehmen und sofort servieren.

PANEER VERLEIHT DIESEM AUFLAUF DAS »INDISCHE ETWAS«. DAZU BAGUETTE ODER KNOBLAUCHBROT REICHEN.

- Die Milch für die Sauce sollte Zimmertemperatur haben oder kalt sein. Mit warmer Milch zubereitet, wird das Mehl klumpig.

Für 6–8 Personen

• Die weiße Sauce sollte nicht mehr als 3 Stunden vor dem Backen zubereitet werden, da die Milch-Käse-Mischung gerinnen könnte.

MAIS-SPINAT-AUFLAUF
Palak Makai Firangi

ZUTATEN

Für den Spinat und den Mais:
400 g Blattspinat (gehackt)
¼ TL Zucker
2 EL Öl
150 g Maiskörner
(aus der Dose)
50 g Baby-Maiskolben
(in dünnen Scheiben)
1 TL Butter
(Zimmertemperatur)

Für die weiße Sauce:
1 EL Butter
1 EL Mehl
300 ml Milch
Salz · Pfeffer aus der Mühle
25 g Käse (gerieben)
¼ TL Zucker

Für den Belag:
25 g Cheddar (gerieben)
1 Salzkräcker (zerbröselt)

ZUBEREITUNG

- Für den Spinat eine Pfanne 30 Sekunden erhitzen. Den Spinat und den Zucker hineingeben und mit geschlossenem Deckel bei mittlerer Hitze 1 Minute dünsten. Die Pfanne vom Herd nehmen und den Spinat abkühlen lassen.

- Für den Mais das Öl in einer Pfanne erhitzen. Die Maiskörner und -scheiben dazugeben und mit geschlossenem Deckel bei mittlerer Hitze 2 Minuten dünsten. Ab und zu umrühren. Herausnehmen und beiseitestellen.

- Für die weiße Sauce die Butter im Wok erhitzen. Das Mehl dazugeben und unter Rühren bei mittlerer Hitze 20 Sekunden anrösten.

- Den Wok vom Herd nehmen. Milch, Salz, Pfeffer, geriebenen Käse und Zucker unterrühren. Den Wok wieder auf den Herd stellen und alles unter Rühren aufkochen lassen. Beiseitestellen.

- Das überschüssige Wasser aus dem Spinat drücken und den Spinat in die weiße Sauce rühren. Den Mais dazugeben und ebenfalls unterrühren.

- Den Backofen auf 180 °C vorheizen. Eine Auflaufform mit 1 TL Butter einstreichen. Das Gemüse in der Form verteilen und erst mit Cheddar, dann mit den Kräckerbröseln bestreuen.

- Den Auflauf im Ofen 15 bis 25 Minuten goldbraun backen. Herausnehmen und sofort servieren.

DIESER HERRLICH KNUSPRIGE AUFLAUF LIEFERT MIT SPINAT UND ZWEIERLEI MAIS GESUNDE ZUTATEN.

- Es ist wichtig, überschüssiges Wasser aus dem Spinat zu entfernen, damit die Sauce nicht wässrig wird (siehe Step-Foto).

Für 2–4 Personen

HAUPTGERICHTE • 167

GEBRATENE AUBERGINENTALER
Chatpate Baingan

Für 4–6 Personen

ZUTATEN

300–400 g Auberginen
(in 6 mm dicken Scheiben)
Salz
½ TL gemahlene Kurkuma
2 EL Vollkorn-Weizenmehl
½ TL Chilipulver
¼ TL Garam Masala
(siehe S. 294)
2 TL Sesamsamen
½ TL gemahlene
Fenchelsamen
ca. 2 EL Öl
Chaat Masala (siehe S. 294)
2 EL Koriander (fein gehackt)

ZUBEREITUNG

- Die Auberginenscheiben auf beiden Seiten mit ½ TL Salz und Kurkuma bestreuen und 10 Minuten ziehen lassen.

- Für die Panade das Mehl mit Chilipulver, Garam Masala, Sesam- und Fenchelsamen in einer Schüssel mischen und dann auf einen Teller geben.

- Die Auberginenscheiben auf beiden Seiten mit der Mehl-Gewürz-Mischung panieren.

- In einer beschichteten Pfanne 2 EL Öl erhitzen und die Auberginenscheiben darin portionsweise auf beiden Seiten goldbraun braten. Falls nötig, weiteres Öl dazugeben.

- Zum Servieren die heißen Auberginenscheiben mit Chaat Masala und Koriander bestreuen.

- Durch das Salz und die gemahlene Kurkuma ziehen die Auberginenscheiben Wasser. Dank des ausgetretenen Wassers haftet die Panade besser an der Aubergine.

- Servieren Sie zu den Auberginentalern z.B. den Kartoffeljoghurt (siehe S. 218) oder scharf gewürzten Joghurt (siehe S. 225).

OKRA MIT PERLZWIEBELN
Bhindi aur Chhote Pyaz

Für 4–6 Personen

ZUTATEN
250 g Okraschoten
100 g Perlzwiebeln
2 EL Öl
Salz
1 EL Koriander (fein gehackt)
¼ TL Zucker
2 grüne Chilischoten
(längs aufgeschnitten)
¼ TL Pfeffer aus der Mühle

ZUBEREITUNG
- Die Okraschoten waschen, trocken tupfen und den Stielansatz entfernen. Die Okraschoten schräg in Stücke schneiden. Die Perlzwiebeln schälen.
- In einer Pfanne 1 EL Öl erhitzen und die Zwiebeln darin leicht bräunen, mit Salz würzen. Den Koriander untermischen, die Zwiebeln aus der Pfanne nehmen und in eine Schüssel geben.
- Das restliche Öl in der Pfanne erhitzen und die Okraschoten, den Zucker und die Chilischoten dazugeben. Zugedeckt bei schwacher Hitze garen, bis die Schoten weich sind. Zum Schluss mit Salz würzen.
- Die Perlzwiebeln und den Pfeffer untermischen und 1 Minute mitgaren. Das Gemüse sofort servieren.

- Der Zucker sorgt dafür, dass die Okraschoten beim Garen ihre frische grüne Farbe behalten.
- Beim Kochen sondern die Okraschoten eine schleimige Substanz ab. Wer dies verhindern möchte, blanchiert die Schoten vorher etwa 5 Minuten in Essigwasser und schreckt sie kalt ab.

WÜRZIGES ZUCCHINIGEMÜSE
Besani Zucchini

Für 4–6 Personen

ZUTATEN
1 ½ EL Öl
¼ TL Ajowan
(*ajwain*, siehe S. 10)
¼ TL Kreuzkümmel
1 EL Kichererbsenmehl
¼ TL gemahlene Kurkuma
400 g Zucchini (gewaschen, längs halbiert und in dicken Scheiben)
1 TL Chilipulver
2 TL gemahlener Koriander
Salz
¼ TL Mangopulver
(*amchur*, siehe S. 11)
½ TL Chaat Masala
(siehe S. 294)
2 EL Koriander (fein gehackt)

ZUBEREITUNG
- Das Öl bei mittlerer Hitze in einer Pfanne erhitzen. Ajowan, Kreuzkümmel, Kichererbsenmehl und Kurkuma einrühren.

- Die Hitze erhöhen. Zucchini, Chilipulver und gemahlenen Koriander hinzufügen, mit Salz würzen. Unter Rühren 2 Minuten garen.

- Mangopulver, Chaat Masala und Koriander untermischen und noch 1 Minute weitergaren. Sofort servieren.

- Die zarte Schale der Zucchini kann man mitessen, Sie sollten das Gemüse nur gründlich waschen.

- Zur Abwechslung können Sie dieses Gericht auch einmal mit gelben Zucchini zubereiten.

MUNGBOHNENSPROSSEN MIT PAPRIKA
Ankurit Moong aur Shimla Mirch

Für 4–6 Personen

ZUTATEN

200 g Mungbohnensprossen
100 g Naturjoghurt
2 TL Kichererbsenmehl
1 EL Öl
1 Prise gemahlener Asant
½ TL Kreuzkümmel
½ TL Ingwerpaste
(siehe S. 292)
¼ TL grüne Chilipaste
(siehe S. 292)
¼ TL gemahlene Kurkuma
⅓ TL Chilipulver
Salz
½ grüne Paprikaschote
(in schmalen Streifen)
200 g Tomaten (geröstet, gehäutet und in Achteln, siehe S. 288)
¼ TL Garam Masala
(siehe S. 294)
1 EL Koriander
(fein gehackt)

ZUBEREITUNG

- In einem Topf 700 ml Wasser zum Kochen bringen, die Sprossen darin 1½ Minuten blanchieren und abgießen.
- Den Joghurt und das Kichererbsenmehl in einer Schüssel gut verquirlen.
- Das Öl in einer Pfanne erhitzen. Asant, Kreuzkümmel, Ingwer- und Chilipaste einrühren.
- Dann Kurkuma, Chilipulver und den angerührten Joghurt dazugeben und 2 Minuten unter Rühren erhitzen.
- Die Bohnensprossen hinzufügen, mit Salz würzen und alles weitergaren, bis die Sauce eingedickt ist.
- Paprika und Tomaten unterheben und 2 Minuten garen. Garam Masala und Koriander untermischen.

- Der Joghurt muss sehr gut mit dem Kichererbsenmehl verrührt werden, sonst gerinnt er beim Garen.
- Damit die Mungbohnensprossen knackig bleiben, sollte man sie waschen und dann mit Wasser bedeckt kühl aufbewahren.

SPINAT MIT KICHERERBSEN
Chana Palak

Für 4–6 Personen

ZUTATEN

175 g ganze Kichererbsen (12 Stunden eingeweicht)
500 g Blattspinat
½ TL Kreuzkümmel
2 Gewürznelken
4 schwarze Pfefferkörner
2 EL Öl
Salz
100 g Zwiebelwürfel
2 TL geraspelter frischer Ingwer
200 g Tomatenwürfel

ZUBEREITUNG

- Die Kichererbsen im Schnellkochtopf, wie auf S. 282 beschrieben, garen oder in einem Topf etwa 2 Stunden weich garen.

- Den Spinat verlesen, waschen, trocken schleudern und in feine Streifen schneiden. Die Spinatstreifen in einer heißen Pfanne ohne Fett 2 Minuten andünsten. Herausnehmen, abkühlen lassen und im Küchenmixer kurz pürieren.

- Für die Gewürzmischung Kreuzkümmel, Gewürznelken und Pfefferkörner im Mörser grob zerstoßen.

- In einer Pfanne 1 EL Öl erhitzen und die Gewürzmischung darin 10 Sekunden rösten. Die Kichererbsen hinzufügen und 1 Minute garen. Den pürierten Spinat unterheben und alles mit Salz würzen. Zum Kochen bringen und 2 Minuten köcheln lassen. In eine Servierschüssel geben.

- Das restliche Öl in einer Pfanne erhitzen. Zwiebeln, Ingwer und Tomaten unterheben und 1 Minute dünsten. Die Mischung auf den Kichererbsen-Spinat geben. Sofort servieren.

- Statt mit Kichererbsen kann man dieses Gericht auch mit 250 g frischen Maiskörnern oder 200 g Paneer zubereiten.

- Zu dem Spinat mit Kichererbsen können Sie klassische Paratha (siehe S. 196) oder Bhatura (siehe S. 213) servieren.

BUNTES GEMÜSE MIT TOMATEN-MASALA
Milijuli Videshi Tarkariyan

Für 4–6 Personen

ZUTATEN

Für die Tomaten-Masala:
2 TL Öl
200 g Tomatenpüree
(siehe S. 289)
¼ TL Chilipulver
1 TL gemahlene Koriandersamen
1 EL Tomatensauce
(siehe S. 288)
¼ TL Garam Masala
(siehe S. 294)
Salz

Für das Gemüse:
1½ EL Öl
100 g Zwiebelstreifen
1 TL Knoblauchpaste
(siehe S. 292)
½ TL grüne Chilipaste
(siehe S. 292)
200 g Brokkoliröschen
(1 Minute blanchiert)
150 g kleine Champignons
(geputzt und halbiert)
je 75 g gelbe und rote Paprikaschote (in Streifen)
½ TL Chaat Masala
(siehe S. 294)
200 g Tomatenwürfel
Salz

ZUBEREITUNG

- Für die Tomaten-Masala das Öl in einer Pfanne erhitzen und die Zutaten für die Masala – bis auf das Salz – darin bei mittlerer Hitze dünsten, bis die Mischung eindickt. Mit Salz würzen.

- Für das Gemüse das Öl in einer Pfanne erhitzen und die Zwiebelstreifen darin bei mittlerer Hitze 1 Minute andünsten.

- Die Knoblauch- und Chilipaste unterrühren und 10 Sekunden mitdünsten.

- Die Hitze erhöhen, Brokkoli, Champignons sowie Paprikaschoten unterheben und 1 Minute garen.

- Tomaten-Masala, Chaat Masala und die Tomatenwürfel unterheben und das Gemüse mit Salz würzen.

- Das gemischte Gemüse schmeckt besser, wenn man die Tomatenwürfel erst ganz zum Schluss unterhebt.

- Besonders knackig wird das bunte Gemüse, wenn Sie noch Cashewkerne oder Erdnüsse untermischen.

REIS & BROT

DREIERLEI-ZWIEBEL-PILAW
Pulao Teen Pyaza

Für 2–4 Personen

ZUTATEN
1–2 EL geklärte Butter
(*Ghee*, siehe S. 307)
1 Zimtstange
2 schwarze Kardamomkapseln
(*badi elaichi*, siehe S. 10)
150 g Zwiebelspalten
100 g geschälte Perlzwiebeln
175 g Basmatireis (gewaschen, 30 Minuten eingeweicht)
Salz
60 g Frühlingszwiebelgrün
(in feinen Ringen)

ZUBEREITUNG
- Die geklärte Butter in einer Pfanne erhitzen. Zimtstange, Kardamom und Zwiebelspalten dazugeben und bei mittlerer Hitze unter Rühren 1 Minute dünsten.
- Die Perlzwiebeln dazugeben und unter Rühren goldbraun dünsten. Den abgetropften Reis mit 400 ml Wasser und Salz einrühren und alles aufkochen lassen. Mit geschlossenem Deckel bei schwacher Hitze köcheln lassen, bis der Reis das Wasser vollständig aufgenommen hat und gar ist.
- Drei Viertel der Frühlingszwiebeln vorsichtig untermischen und den Pilaw in eine Schüssel füllen.
- Den Pilaw mit den restlichen Frühlingszwiebeln bestreuen und sofort servieren.

ZIMT, KARDAMOM UND DER BISS DER PERLZWIEBELN MACHEN AUS DIESEM PILAW EIN EINZIGARTIGES GESCHMACKSERLEBNIS.

- Durch das Einweichen vorab gart der Reis gleichmäßig.
- Den Reis ab und zu umrühren. Aber nur vorsichtig und nicht zu oft, sonst könnten die Körner brechen.
- Damit die Reiskörner nicht aneinanderkleben, sollte der Reis nach dem Aufkochen bei schwacher Hitze quellen. Bei zu hoher Temperatur verdunstet das Wasser, bevor der Reis gar ist.

LOTOSWURZEL-PILAW
Kamal Kakdi Pulao

Für 2–4 Personen

ZUTATEN
Für den Pilaw:
125 g Lotosstängel (*kamal kakdi*, in dünnen Scheiben, siehe S. 286)
1–2 EL geklärte Butter (*Ghee*, siehe S. 307)
150 g Zwiebelwürfel
1 TL Ingwerpaste (siehe S. 292)
½ TL Knoblauchpaste (siehe S. 292)
½ TL grüne Chilipaste (siehe S. 292)
½ TL Chilipulver
1 Prise gemahlene Kurkuma
225 g Tomatenpüree (siehe S. 289)
175 g Basmatireis (gewaschen, 30 Minuten eingeweicht)
Salz

Für die grob gemahlene Gewürzmischung (siehe S. 296):
Samen von 2 schwarzen Kardamomkapseln (*badi elaichi*, siehe S. 10)
15 schwarze Pfefferkörner
6 Gewürznelken
1 Zimtstange

Außerdem:
30 g Frühlingszwiebelgrün (in feinen Ringen)
2 EL Koriander (fein gehackt)

ZUBEREITUNG

- Die Lotosscheiben mit 400 ml Wasser in einem Topf etwa 10 Minuten garen. Vom Herd nehmen. Die Lotosscheiben in ein Sieb abgießen und abtropfen lassen.

- Die geklärte Butter in einer Pfanne erhitzen. Die grob gemahlene Gewürzmischung einrühren. Dann Zwiebelwürfel, Ingwer-, Knoblauch- und Chilipaste dazugeben und unter Rühren leicht rösten. Chilipulver und Kurkuma unterrühren. Tomatenpüree hinzufügen und bei mittlerer Hitze 2 Minuten garen.

- Die Lotosstücke dazugeben und 1 Minute mitköcheln lassen. Den abgetropften Reis mit 400 ml Wasser hinzufügen. Mit Salz würzen.

- Alles aufkochen und mit geschlossenem Deckel bei schwacher Hitze köcheln lassen, bis der Reis das Wasser vollständig aufgenommen hat und gar ist. Mit Frühlingszwiebeln und Koriander garniert servieren.

DAS REISGERICHT VERBINDET DIE KNACKIGKEIT VON LOTOSWURZEL UND FRÜHLINGSZWIEBELN MIT EINEM DUFTENDEN GEWÜRZ-MIX.

 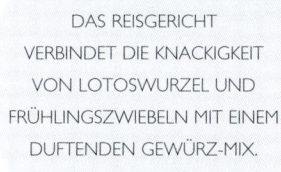 

- Die Lotoswurzel muss vor der Verwendung geschält werden. Zudem muss sie unbedingt vorgegart werden. Gäbe man sie roh zum Reisgericht, würde die Garzeit viel zu lang.

PIKANTER JOGHURT-MILCHREIS
Thair Saadam

Für 2–4 Personen

ZUTATEN

400 g Naturjoghurt
50–100 ml Milch (Zimmertemperatur)
Salz
2 Tassen gegarter Basmatireis oder Reis mit kleinen Körnern (siehe Tipp unten und S. 303)
1 EL Öl
2 TL geschälte, gespaltene Kichererbsen *(chana dal)*
1 TL geschälte, gespaltene Urdbohnen *(dhuli urad dal)*
1 Prise gemahlener Asant
½ TL Senfsamen
2 getrocknete rote Chilischoten (zerdrückt)
10–15 Curryblätter
2 EL Granatapfelkerne

ZUBEREITUNG

- Den Joghurt mit ausreichend Milch cremig verrühren und mit Salz würzen.

- Den lauwarmen Reis unter die Joghurt-Milch-Mischung rühren und in eine Schüssel füllen.

- Das Öl in einer kleinen Pfanne erhitzen. Die Kichererbsen und die Urdbohnen hinzufügen und bei mittlerer Hitze unter Rühren leicht rösten. Asant und Senfsamen unterrühren. Sobald die Senfsamen aufplatzen, die Chilischoten und die Curryblätter unterrühren und die Mischung sofort über den Joghurt-Milch-Reis geben.

- Mit Granatapfelkernen bestreuen und sofort servieren. Übrig gebliebenen Reis kühl stellen.

> IN VIELEN SÜDINDISCHEN FAMILIEN WIRD DIESES AUSSERGEWÖHNLICHE REISGERICHT ZUM ABSCHLUSS EINER MAHLZEIT GEGESSEN.

- Für 2 Tassen gegarten Reis benötigen Sie 125 g rohen Reis.
- Der Reis sollte lauwarm, nicht heiß sein, wenn er unter den Joghurt gerührt wird. Dann hat er die richtige Textur.

GELBER ZITRONENREIS
Namkeen Nimbu Chawal

Für 2–4 Personen

ZUTATEN
½ EL Öl
2 TL geschälte, gespaltene Kichererbsen *(chana dal)*
1 TL geschälte, gespaltene Urdbohnen *(dhuli urad dal)*
½ TL Senfsamen
2 getrocknete rote Chilischoten
1 grüne Chilischote (längs aufgeschnitten)
1 Prise gemahlene Kurkuma
10–15 Curryblätter
2 Tassen gegarter Basmatireis oder Reis mit kleinen Körnern (siehe Tipp unten links und S. 303)
Salz
1 EL Zitronensaft
2 EL geröstete Erdnüsse (siehe S. 302)
2 EL Koriander (fein gehackt)

ZUBEREITUNG
- Das Öl im Wok erhitzen. Die Kichererbsen und die Urdbohnen hinzufügen und bei mittlerer Hitze unter Rühren leicht rösten. Die Senfsamen unterrühren. Sobald diese aufplatzen, die getrockneten Chilischoten, die grüne Chilischote, Kurkuma und Curryblätter unterrühren.
- Bei schwacher Hitze den gegarten Reis (Zimmertemperatur) vorsichtig untermischen. Mit Salz und Zitronensaft abschmecken.
- Jeweils die Hälfte der Erdnüsse und des Korianders unterrühren und 2 Minuten bei mittlerer Hitze weiterdünsten.
- Alles in eine Schüssel füllen und mit den restlichen Erdnüssen und dem übrigen Koriander bestreut sofort servieren.

DAS EINFACHE REISGERICHT AUS SÜDINDIEN WIRD TRADITIONELL AUF DEM FESTIVAL VON PONGAL – EINE ART ERNTEDANKFEST – GEGESSEN.

- Um einen bitteren Nachgeschmack zu vermeiden, sollten Sie sich nach der Zugabe des Zitronensafts genau an die angegebenen Garzeiten halten.
- Das ideale Rezept, um übrig gebliebenen Reis zu verwerten.

SPINAT-PILAW
Palak Pulao

ZUTATEN

Für den Pilaw:
500 g Blattspinat
½ TL Zucker
2 EL Öl
100 g Zwiebelwürfel
Salz
¼ TL Chilipulver
100 g Tomatenwürfel
1 EL geklärte Butter
(Ghee, siehe S. 307)
½ TL Kreuzkümmel
175 g Basmatireis (gewaschen, 30 Minuten eingeweicht)
1 EL Milch
1 EL Sahne

Für die grob gemahlene Gewürzmischung (siehe S. 296):
Samen von 1 schwarzen Kardamomkapsel
(badi elaichi, siehe S. 10)
4 Gewürznelken
5 schwarze Pfefferkörner
½ Zimtstange

ZUBEREITUNG

- Für den Pilaw den Spinat verlesen und waschen, die groben Stiele entfernen. Den Spinat fein hacken. Eine Pfanne 30 Sekunden erhitzen und den Spinat und den Zucker darin mit geschlossenem Deckel bei mittlerer Hitze 2 Minuten dünsten.

- Den Spinat offen abkühlen lassen. Mit 400 ml Wasser im Küchenmixer grob pürieren und beiseitestellen.

- In einer Pfanne 1 EL Öl erhitzen und die Zwiebelwürfel darin bei mittlerer Hitze goldbraun dünsten, dabei häufiger umrühren. Mit Salz würzen und beiseitestellen.

- Das restliche Öl erhitzen. Chilipulver und Tomatenwürfel dazugeben, mit Salz würzen und bei starker Hitze unter Rühren 30 Sekunden garen. Beiseitestellen.

- Die geklärte Butter in einer Pfanne erhitzen. Den Kreuzkümmel und den abgetropften Reis hinzufügen und bei starker Hitze 30 Sekunden dünsten. Den pürierten Spinat dazugeben und mit Salz würzen. Alles aufkochen und mit geschlossenem Deckel bei schwacher Hitze köcheln lassen, bis der Reis halb gar ist.

- Die Milch, die Sahne und die grob gemahlene Gewürzmischung unterrühren. Bei schwacher Hitze zugedeckt weiterköcheln lassen, bis der Reis das Wasser aufgenommen hat und gar ist. Die gedünsteten Zwiebeln und die Tomatenwürfel extra dazu reichen oder vorsichtig untermischen. Den Pilaw sofort servieren.

> DIE GEWÜRZE DES FARBENFROHEN REISGERICHTS MIT SPINAT, TOMATEN UND ZWIEBELN SCHMEICHELN DEM GAUMEN.

- Den Spinat nach dem Waschen sehr gut abtropfen lassen.

Für 2–4 Personen

• Den Pilaw nach dem Kochen mit einem Pfannenspritzschutz abdecken, dann behält er seine grüne Farbe. Zum Aufwärmen sollten Sie ihn am besten in der Mikrowelle erhitzen.

SAFRAN-GEMÜSE-PILAW
Zafrani Tahari

ZUTATEN

Für den Pilaw:
1 Prise Safranfäden
2 TL heiße Milch
50 g abgetropfter Joghurt
(*chakka*, siehe S. 300)
½ TL grüne Chilipaste
(siehe S. 292)
½ TL Knoblauchpaste
(siehe S. 292)
Öl zum Frittieren
150 g Kartoffeln (gepellt, in Würfeln, in Wasser getaucht, trocken getupft)
175 g Blumenkohlröschen
10 grüne Bohnen
(in kleinen Stücken)
100 g Zwiebelstreifen
1 EL geklärte Butter
(*Ghee*, siehe S. 307)
fein zerstoßene Samen von 2 grünen Kardamomkapseln
(*choti elaichi*, siehe S. 296)
175 g Basmatireis (gewaschen, 30 Minuten eingeweicht)
Salz

Für die grob gemahlene Gewürzmischung (siehe S. 296):
½ Zimtstange
Samen von 1 schwarzen Kardamomkapsel
(*badi elaichi*, siehe S. 10)
4 Gewürznelken
8 schwarze Pfefferkörner

ZUBEREITUNG

- Für den Pilaw mithilfe von Mörser und Stößel den Safran gut mit der Milch mischen und beiseitestellen.

- Den abgetropften Joghurt mit der grob gemahlenen Gewürzmischung verrühren. Die Chili- und die Knoblauchpaste unterrühren und beiseitestellen.

- Reichlich Öl im Wok erhitzen und die Kartoffeln darin unter gelegentlichem Wenden braten, bis sie fast gar sind. Die Blumenkohlröschen dazugeben und unter Wenden leicht rösten. Die Bohnen dazugeben und 1 Minute dünsten. Das Gemüse herausnehmen und auf Küchenpapier abtropfen lassen.

- Im Bratfett die Zwiebelstreifen bei starker Hitze goldbraun braten, dabei regelmäßig umrühren. Herausnehmen und auf Küchenpapier abtropfen lassen.

- Die geklärte Butter in einer Pfanne erhitzen. Kardamom und den abgetropften Reis dazugeben, bei mittlerer Hitze 30 Sekunden unterrühren, 400 ml Wasser unterrühren und mit Salz würzen. Alles aufkochen lassen und mit geschlossenem Deckel bei schwacher Hitze dünsten, bis der Reis fast gar ist.

- Die gewürfelten Kartoffeln werden in Wasser getaucht, damit sie sich nicht verfärben.

- Halten Sie sich beim Braten des Gemüses an die hier vorgegebene Reihenfolge. Die Gemüsesorten benötigen unterschiedlich lange.

Für 2–4 Personen

- Die Safranmilch und die gewürzte Joghurtmischung unterrühren.
- Das Gemüse und die Zwiebelstreifen hinzufügen und gut mischen. Mit geschlossenem Deckel weiterköcheln lassen, bis der Reis das Wasser aufgenommen hat und gar ist.
- Heiß mit Chili-Knoblauch-Joghurt (siehe S. 222) oder Naturjoghurt servieren.

EIN WAHRES FEUERWERK AN AROMEN MACHT DIESEN PILAW ZU EINEM KULINARISCHEN HIGHLIGHT.

GEWÜRZREIS MIT KREUZKÜMMEL
Jeera Pulao

Für 2–4 Personen

ZUTATEN

175 g Basmatireis
1 EL geklärte Butter
(*Ghee*, siehe S. 307)
2 Lorbeerblätter
2 schwarze Kardamomkapseln
(*badi elaichi*, siehe S. 10)
4 Gewürznelken
1 Stück Zimtstange
(ca. 2½ cm)
1 TL Kreuzkümmel
Salz · 1 EL Koriander
(fein gehackt)

ZUBEREITUNG

- Den Reis waschen, in reichlich Wasser 30 Minuten einweichen und abgießen.
- Die geklärte Butter bei mittlerer Hitze in einer Pfanne erhitzen. Die Gewürze dazugeben und 30 Sekunden rösten.
- Den Reis unterheben und 400 ml Wasser dazugießen, mit Salz würzen. Zum Kochen bringen und die Hitze reduzieren. Zugedeckt garen, bis der Reis die Flüssigkeit vollständig aufgesogen hat und weich ist. Den Gewürzreis mit Koriander bestreuen und sofort servieren.

- Der Gewürzreis ist einfach zuzubereiten und passt zu allen Gerichten aus Hülsenfrüchten oder Speisen mit Saucen.
- Basmatireis hat einen besonders feinen Geschmack. Für indische Reisgerichte kann man aber auch jeden anderen Langkornreis verwenden.

GEMÜSEREIS MIT MUNGBOHNEN
Sabzion ki Kichadi

Für 2–4 Personen

ZUTATEN

Für den Gemüsereis:
90 g Langkornreis
75 g gespaltene Mungbohnen
(*chilka moong dal*, 2 Stunden eingeweicht)
75 g frische Erbsen
100 g Möhren (in Würfeln)
100 g Blumenkohlröschen
150 g Kartoffeln
(in Würfeln)
½ TL gemahlene Kurkuma
½ TL Salz

Für die Gewürzmischung:
1 EL geklärte Butter
(*Ghee*, siehe S. 307)
1 Prise gemahlener Asant
1 TL Kreuzkümmel
2 Gewürznelken
2 schwarze Kardamomkapseln
(*badi elaichi*, siehe S. 10)
1 Stück Zimtstange (ca. 1 cm)

Außerdem:
2 EL Koriander (fein gehackt)

ZUBEREITUNG

- Für den Gemüsereis den Reis waschen, in reichlich Wasser 30 Minuten einweichen und abgießen.

- Die Mungbohnen in einem Topf mit 200 ml Wasser 5 Minuten garen. Den Reis und die restlichen Zutaten für den Gemüsereis mit 300 ml Wasser dazugeben und mit geschlossenem Deckel 15 bis 20 Minuten garen. Nach Bedarf noch etwas Wasser dazugeben.

- Für die Gewürzmischung die geklärte Butter in einer Pfanne erhitzen und alle Gewürze einrühren.

- Den Koriander unter den Gemüsereis heben und die Gewürzmischung darauf verteilen. Sofort servieren.

- *Kichadi* wird immer mit Joghurt, Pickles und *papad* serviert und wird dadurch zu einer kompletten Mahlzeit.

- *Papad*, je nach Region auch *poppadom* oder *pappadam* genannt, sind hauchdünne Kräcker – sie werden aus Reis-, Getreide- oder Hülsenfrüchtemehl hergestellt (aus dem Asialaden).

AUBERGINEN-PILAW
Pulao Baingan Bahaar

ZUTATEN
Für den Pilaw:
175 g Basmatireis (gewaschen, 30 Minuten eingeweicht)
15 g Tamarinde
250 g kleine Auberginen
Öl zum Frittieren
2 TL geröstete Sesamsamen (siehe S. 295)
Salz
½ TL Garam Masala (siehe S. 294)
2 EL frische Erbsen (gegart, siehe S. 284)
2 EL Koriander (fein gehackt)

Für die Würze:
2 EL Öl
1 Prise gemahlener Asant
½ TL Senfsamen
1 TL Ingwerpaste (siehe S. 292)
1 TL grüne Chilipaste (siehe S. 292)
4 getrocknete rote Chilischoten (zerdrückt)
10 Curryblätter
¼ TL gemahlene Kurkuma
½ TL Chilipulver

ZUBEREITUNG

- Für den Pilaw in einem Topf 1½ l Wasser mit dem Reis aufkochen lassen. Den Reis mit geschlossenem Deckel bei schwacher Hitze quellen lassen, bis er gar ist. In ein Sieb abgießen und abtropfen lassen (siehe S. 303).

- Die Tamarinde 30 Minuten in 100 ml heißem Wasser einweichen. Dann zerdrücken und durch ein Sieb passieren. Kerne und andere Rückstände entfernen. Den Tamarindenextrakt beiseitestellen.

- Die Stielansätze der Auberginen kürzen. Die Hälfte der Auberginen längs zu drei Vierteln einschneiden (sie sollten noch zusammenhängen), die restlichen Auberginen längs halbieren.

- Reichlich Öl im Wok erhitzen. Die Auberginen im Öl braten, bis die Haut leicht schrumpelig wird und das Fruchtfleisch goldbraun ist. Herausnehmen und auf Küchenpapier abtropfen lassen.

- Für die Würze das Öl im Wok erhitzen. Asant und Senfsamen dazugeben. Sobald die Senfsamen aufplatzen, die Temperatur reduzieren. Ingwer- und Chilipaste, getrocknete Chilischoten, Curryblätter, Kurkuma und Chilipulver unterrühren. Den Tamarindenextrakt untermischen und alles bei schwacher Hitze dünsten, bis sich das Öl absetzt.

- Die Auberginen untermischen. Reis und Sesamsamen unterrühren, mit Salz und Garam Masala würzen.

- Die Erbsen und den Koriander dazugeben und bei starker Hitze weitere 2 Minuten köcheln lassen. Sofort servieren.

ZARTE AUBERGINEN, NUSSIGER SESAM, SÄUERLICHE TAMARINDE UND FEURIGES GARAM MASALA: DER PILAW EROBERT DIE GESCHMACKSNERVEN IM STURM.

- Übrig gebliebener Reis lässt sich hervorragend für diesen Pilaw verwerten.

- Die Auberginen erst kurz vor dem Braten schneiden, damit sie sich nicht verfärben und keinen bitteren Nachgeschmack entwickeln können.

Für 2–4 Personen

• Die Auberginen in sehr heißem Öl braten bzw. frittieren, damit sie nicht zu viel Öl aufsaugen.

WÜRZIGER REIS MIT TOOR-LINSEN
Dal Biryani

Für 2–4 Personen

ZUTATEN

Für den Reis:
175 g Basmatireis
Öl zum Frittieren
150 g Kartoffeln (in Würfeln)
150 g Zwiebelstreifen
40 g Toor-Linsen *(arhar dal)*
Salz

Für die erste Gewürzmischung:
1 EL geklärte Butter
(*Ghee*, siehe S. 307)
½ TL Kreuzkümmel
je ½ TL Ingwer-, Knoblauch- und grüne Chilipaste
(siehe S. 292)

Für die zweite Gewürzmischung:
1 Stück Zimtstange (ca. 1 cm)
2 schwarze Kardamomkapseln
(*badi elaichi*, siehe S. 10)
¼ TL gemahlene Kurkuma
2 Lorbeerblätter

Außerdem:
¼ TL Garam Masala
(siehe S. 294)
1 EL Koriander
(fein gehackt)

ZUBEREITUNG

- Den Reis waschen, in reichlich Wasser 30 Minuten einweichen und abgießen.

- Das Öl in einer großen Pfanne erhitzen und die Kartoffeln darin goldbraun frittieren. Herausnehmen. Dann die Zwiebeln im heißen Öl goldbraun frittieren.

- Die geklärte Butter in einer Pfanne erhitzen und die restlichen Zutaten der ersten Gewürzmischung einrühren. Die Zutaten der zweiten Gewürzmischung hinzufügen und gründlich mischen.

- Die Toor-Linsen und den Reis unter die Gewürzmischung rühren. 400 ml Wasser dazugießen, mit Salz würzen. Zum Kochen bringen, die Hitze reduzieren. Zugedeckt garen, bis der Reis die Flüssigkeit vollständig aufgesogen hat und weich ist. Garam Masala untermischen.

- Frittierte Kartoffeln und Zwiebeln unterheben. Den Reis mit Koriander bestreut sofort servieren.

- Für kurze Zwiebelstreifen viertelt man 1 mittelgroße Zwiebel der Länge nach und schneidet sie dann in feine Streifen.
- Zu *dal biryani* wird in Indien häufig Naturjoghurt als Beilage gereicht.

TOMATENREIS
Tamatar ke Chawal

Für 2–4 Personen

ZUTATEN

175 g Basmatireis
1 EL geklärte Butter
(*Ghee*, siehe S. 307)
je ¼ TL Senfsamen und
Kreuzkümmel
15 Curryblätter
2 TL geschälte, gespaltene
Kichererbsen (*chana dal*,
2 Stunden eingeweicht)
2 TL geschälte, gespaltene Urd-
bohnen (*dhuli urad dal*,
2 Stunden eingeweicht)
150 g Zwiebelwürfel
je ¼ TL gemahlene Kurkuma
und Chilipulver
400 g Tomatenpüree
(siehe S. 289)
Salz
2 EL Koriander (fein gehackt)
2 EL Erdnusskerne

ZUBEREITUNG

- Den Reis waschen, in reichlich Wasser 30 Minuten einweichen und abgießen. Den Reis anschließend in Wasser garen (siehe S. 303), abgießen und beiseitestellen.

- Die geklärte Butter bei mittlerer Hitze in einer Pfanne zerlassen. Senfsamen, Kreuzkümmel, Curryblätter, Kichererbsen und Urdbohnen dazugeben und unter Rühren erhitzen.

- Die Zwiebeln dazugeben und leicht braun braten. Kurkuma und Chilipulver untermischen. Das Tomatenpüree einrühren und weitergaren, bis die Flüssigkeit andickt. Die Hitze reduzieren und den Reis unterheben, mit Salz würzen. Den Koriander und die Erdnüsse unterheben und den Reis unter gelegentlichem Rühren weitere 5 Minuten garen.

- Falls Sie keine ungesalzenen Erdnusskerne bekommen, können Sie auch gesalzene kaufen und mit lauwarmem Wasser abwaschen.

HERZHAFTER JACKFRUCHT-REIS
Kacche Kathal Ki Biryani

ZUTATEN

Für den Reis:
100 g abgetropfter Joghurt
(*chakka*, siehe S. 300)
2 TL Minzpaste
(siehe S. 293)
Öl zum Frittieren
200 g rohe Jackfrucht
(geschält, in 1½ cm
großen Stücken, siehe S. 286)
1½ EL geklärte Butter
(*Ghee*, siehe S. 307)
1 Lorbeerblatt
150 g Zwiebelstreifen
2 TL Ingwerpaste
(siehe S. 292)
1 TL Knoblauchpaste
(siehe S. 292)
175 g Basmatireis (gewaschen,
30 Minuten eingeweicht)
Salz
2 EL Koriander (fein gehackt)

**Für die grob gemahlene
Gewürzmischung
(siehe S. 296):**
Samen von 4 grünen
Kardamomkapseln
(*choti elaichi*, siehe S. 11)
Samen von 1 schwarzer
Kardamomkapsel
(*badi elaichi*, siehe S. 10)
1 Zimtstange
15 schwarze Pfefferkörner

ZUBEREITUNG

- Für den Reis den Joghurt mit der grob gemahlenen Gewürzmischung und der Minzpaste verrühren und beiseitestellen.

- Reichlich Öl im Wok erhitzen und die Jackfruchtstücke darin bei mittlerer Hitze goldbraun braten. Herausnehmen und auf Küchenpapier abtropfen lassen.

- Die geklärte Butter in einer Pfanne erhitzen. Lorbeerblatt, Zwiebeln, Ingwer- und Knoblauchpaste dazugeben und bei mittlerer Hitze unter Rühren 1 Minute dünsten. Jackfrucht, abgetropften Reis, 400 ml Wasser und Salz hinzufügen. Alles zum Kochen bringen und mit geschlossenem Deckel bei schwacher Hitze köcheln lassen, bis der Reis fast gar ist.

- Vorsichtig den gewürzten Joghurt unter den Reis rühren. Bei schwacher Hitze weiterköcheln lassen, bis der Reis das Wasser aufgenommen hat und gar ist.

- Mit Koriander garnieren und sofort servieren. Dazu Naturjoghurt oder Chili-Knoblauch-Joghurt (siehe S. 222) reichen.

- Wählen Sie eine junge und zarte Jackfrucht aus, da die Kerne älterer Exemplare meist von einer harten Schale umgeben sind und daher für dieses Gericht nicht geeignet sind.

Für 2–4 Personen

DER EINZIGARTIGE GESCHMACK DER JACKFRUCHT HARMONIERT PERFEKT MIT DEM GEWÜRZTEN JOGHURT.

- Messen bzw. wiegen Sie die Zutaten genau ab. Nur so bekommt das Reisgericht die perfekte Konsistenz.

WASSERKASTANIEN-SPARGEL-PILAW
Singhada Shatwar Pulao

ZUTATEN

250 g zarter grüner Spargel
1 EL Butter
60 g Frühlingszwiebelgrün
(in feinen Ringen)
500 g rohe, geschälte Wasserkastanien
¼ TL grob zerstoßene schwarze Pfefferkörner
175 g Basmatireis (gewaschen, 30 Minuten eingeweicht)
Salz

ZUBEREITUNG

- Den Spargel waschen. Die Spargelköpfe abschneiden und beiseitestellen. Die Spargelstangen im unteren Drittel schälen und die holzigen Enden abschneiden. Die Stangen in dünne Scheiben schneiden.

- In einer Pfanne ½ TL Butter erhitzen und die Spargelköpfe darin bei mittlerer Hitze 30 Sekunden dünsten. Herausnehmen und beiseitestellen.

- In einer zweiten Pfanne die restliche Butter erhitzen. Frühlingszwiebeln, Spargelstücke und Wasserkastanien hinzufügen, mit Pfeffer würzen und unter Rühren bei mittlerer Hitze 30 Sekunden dünsten.

- Den abgetropften Reis und 400 ml Wasser einrühren, mit Salz würzen und aufkochen. Mit geschlossenem Deckel bei schwacher Hitze quellen lassen, bis der Reis das gesamte Wasser aufgenommen hat und gar ist.

- Den Pilaw mit den Spargelköpfen garnieren und sofort servieren.

DIE KOMBINATION AUS SPARGEL UND WASSERKASTANIEN VERLEIHT DIESEM UNGEWÖHNLICHEN, MILD GEWÜRZTEN PILAW EINE EXOTISCHE NOTE.

- Verwenden Sie für dieses Rezept keinen weißen oder purpurfarbenen Spargel. Der Pilaw schmeckt nur mit grünem Spargel perfekt.

Für 2–4 Personen

• Wenn Sie keine frischen Wasserkastanien bekommen, verwenden Sie Kastanien aus der Dose. Diese vorher gut abtropfen lassen.

KORIANDERREIS MIT PANEER
Methi Paneer Pulao

Für 2–4 Personen

ZUTATEN
175 g Basmatireis · 2 TL Öl
200 g Paneer
(Frischkäse, siehe S. 298)
1½ EL geklärte Butter
(*Ghee*, siehe S. 307)
150 g Zwiebelwürfel
50 g Bockshornkleeblätter
(fein gehackt)
5 EL Koriander (fein gehackt)
150 g Tomatenpüree
(siehe S. 289) · Salz

ZUBEREITUNG
- Den Reis waschen, in reichlich Wasser 30 Minuten einweichen und abgießen.
- Das Öl in einer beschichteten Pfanne erhitzen und den Paneer darin auf beiden Seiten goldbraun braten (siehe S. 299). Herausnehmen, in 2½ cm große Würfel schneiden und beiseitelegen.
- Die geklärte Butter bei mittlerer Hitze in einem großen Topf zerlassen. Die Zwiebelwürfel dazugeben und leicht bräunen.
- Den Bockshornklee und den Koriander hinzufügen und 1 Minute dünsten. Das Tomatenpüree untermischen und 1 Minute garen.
- Den Reis und ½ l Wasser unterrühren, mit Salz würzen. Zum Kochen bringen und die Hitze reduzieren. Den Reis zugedeckt köcheln lassen, bis er halb gar ist.
- Dann den Paneer vorsichtig unterheben und den Reis weitergaren, bis er die Flüssigkeit vollständig aufgesogen hat und weich ist. Sofort servieren.

- Bockshornklee ist eine pflegeleichte Gewürzpflanze, die im Garten oder auch im Blumentopf gut gedeiht.
- Für die Garprobe ein Reiskorn zwischen Daumen und Zeigefinger zerdrücken. Der Reis ist gar, wenn sich das Korn weich anfühlt und keinen festen Kern mehr hat.

GEMÜSEREIS MIT KARTOFFELN
Sabz Pulao

Für 2–4 Personen

ZUTATEN
175 g Basmatireis
1 EL geklärte Butter (*Ghee*, siehe S. 307)
1 TL Kreuzkümmel
½ TL gemahlene Kurkuma
150 g Kartoffeln (in Würfeln)
100 g frische Erbsen
100 g Blumenkohlröschen
1½ TL Salz
1 EL Koriander (fein gehackt)

ZUBEREITUNG
- Den Reis waschen, in reichlich Wasser 30 Minuten einweichen und abgießen.

- Die geklärte Butter bei mittlerer Hitze in einer Pfanne erhitzen. Kreuzkümmel und Kurkuma einrühren. Die Kartoffelwürfel, die Erbsen und den Blumenkohl hinzufügen und 1 Minute dünsten.

- Den Reis unterheben und 400 ml Wasser dazugießen. Mit Salz würzen. Zum Kochen bringen und die Hitze reduzieren. Zugedeckt garen, bis der Reis die Flüssigkeit vollständig aufgesogen hat und weich ist.

- Mit Koriander bestreuen und sofort servieren.

- Ihre gewünscht lockere Konsistenz erhalten die indischen Reisgerichte, wenn man sie in einer großen Pfanne oder einem weiten flachen Topf zubereitet.

- Für dieses Reisgericht verwendet man am besten festkochende Kartoffeln.

KLASSISCHE PARATHA
Sada Paratha

Für 12 Stück

ZUTATEN
250 g Vollkorn-Weizenmehl
½ TL Salz
Mehl zum Bestäuben
Öl zum Bestreichen
und Backen

ZUBEREITUNG
- Das Mehl mit dem Salz in eine Schüssel sieben. Mit 150 ml Wasser zu einem glatten, geschmeidigen Teig kneten (siehe S. 301) und zugedeckt 10 Minuten ruhen lassen.

- Zwölf Teigkugeln formen. Jede Kugel mit Mehl bestäubt zu einer dünnen Platte ausrollen. Mit ½ TL Öl bestreichen und mit Mehl bestäuben. Zu einem Halbkreis falten und nochmals zusammenlegen, wieder mit Mehl bestäuben und das Dreieck ausrollen (etwa 14 cm Seitenlänge). Jeden Fladen auf einer heißen *tawa* (siehe Tipp) mit 2 TL Öl auf beiden Seiten goldbraun backen.

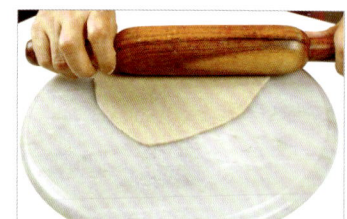

- *Paratha* ist ein Fladenbrot und wird in Indien auf einer *tawa* (indisches Backblech, siehe S. 307) gebacken. Man kann die Brote aber auch in einer Crêpespfanne zubereiten.
- *Parathas* kann man weich oder auch sehr knusprig backen.
- Außerdem lassen sie sich gut einfrieren. Dann aber nur kurz backen – so bleibt das Fladenbrot weich.

PARATHA-SANDWICHES
Tiranga Paratha

Für 7 Stück

ZUTATEN

Für den Teig:
250 g Vollkorn-Weizenmehl
½ TL Salz
½ EL zerlassene geklärte Butter (*Ghee*, siehe S. 307)
Mehl zum Bestäuben
Öl zum Backen

Für die Paneer-Füllung:
200 g Paneer (Frischkäse, in kleinen Würfeln, siehe S. 298)
½ TL fein zerstoßene schwarze Pfefferkörner
2 EL Koriander (fein gehackt)
1 Prise Salz

Für die Erbsenfüllung:
1 EL Öl
½ TL grüne Chilipaste (siehe S. 292)
200 g frische Erbsen (gegart und grob zerdrückt)
½ TL Mangopulver (*amchur*, siehe S. 11)
¼ TL Garam Masala (siehe S. 294)
¼ TL Salz
2 EL Koriander (fein gehackt)

ZUBEREITUNG

- Für den Teig das Mehl mit dem Salz in eine Schüssel sieben. Die geklärte Butter einarbeiten. Mit 150 ml Wasser zu einem glatten, geschmeidigen Teig kneten (siehe S. 301) und zugedeckt 15 Minuten ruhen lassen.

- Für die Paneer-Füllung alle Zutaten mischen.

- Für die Erbsenfüllung das Öl in einer Pfanne erhitzen. Chilipaste und Erbsen dazugeben, 1 Minute erhitzen. Restliche Zutaten hinzufügen und 2 Minuten erhitzen.

- Aus dem Teig 21 gleich große Kugeln formen. Jeweils 3 Teigkugeln leicht ausrollen. Auf eine Teigplatte Paneer-Füllung verteilen, den zweiten Teig darauflegen und Erbsenfüllung daraufgeben. Mit der dritten Teigplatte abschließen und die Ränder andrücken. Jedes Sandwich mit Mehl bestäuben und zu runden Fladen (etwa 14 cm Durchmesser) ausrollen.

- Die Fladen auf einer heißen *tawa* mit 2 EL Öl auf beiden Seiten goldbraun backen.

- Für einen geschmeidigen Teig reichen 150 ml Wasser, wobei die genaue Menge von der gewünschten Konsistenz des Teigs abhängt – dabei spielt auch das verwendete Mehl eine Rolle.

- Zu den Sandwiches passt Naturjoghurt oder auch ein gewürzter Joghurt (*raita*, siehe Kapitel »Beilagen«).

GEROLLTE PARATHA-FLADEN
Lachchedaar Tandoori Paratha

ZUTATEN
250 g Mehl (Type 1050)
Salz
1 TL Backpulver
50 ml Milch (Zimmertemperatur)
2–3 TL geklärte Butter (Ghee, siehe S. 307)
Mehl zum Bestäuben
2–3 TL Minzepulver (pudina, siehe S. 11)

ZUBEREITUNG
- Das Mehl und ½ TL Salz in eine Schüssel sieben. In die Mitte eine Vertiefung drücken, das Backpulver und die Milch hineingeben. 1 bis 2 Minuten warten, bis kleine Blasen entstehen, dann die Zutaten verrühren.

- So viel Wasser unterarbeiten, dass ein nicht zu fester, aber auch nicht zu weicher Teig entsteht. Mit einem feuchten Küchentuch bedecken und 1 Stunde ruhen lassen.

- Den Teig in 12 bis 15 gleich große Portionen teilen. Daraus Kugeln formen und zu Kreisen (etwa 12 cm Durchmesser) ausrollen. Mit geklärter Butter bestreichen und mit Mehl bestäuben.

- Den Teigkreis ziehharmonikaartig zusammenlegen, sodass viele kleine Falten entstehen (siehe Foto).

- Den gefalteten Teig etwas zusammendrücken und leicht auseinanderziehen. Ein Ende nach innen umlegen und fest andrücken.

- Jetzt wie eine Schnecke zusammenrollen. Erneut mit Mehl bestäuben und mit dem Nudelholz wieder flach zu einem Kreis ausrollen (paratha).

- Einen Tandoor oder Schnellkochtopf erhitzen. Wenn ein Spritzer Wasser zischend sofort verdampft, ist die Temperatur richtig. Die Handinnenflächen mit Wasser befeuchten und die paratha leicht klopfen. 3 bis 4 Parathas auf die Innenseite von Tandoor oder Schnellkochtopf legen und bei starker Hitze bräunen. Falls gewünscht, über einer offenen Flamme goldbraun rösten.

- Mit geklärter Butter bestreichen und mit Minzepulver bestäuben. Sofort servieren.

> DIESES FLADENBROT WIRD TRADITIONELL IM LEHMOFEN GEBACKEN, DER MIT KOHLE ODER HOLZ BEFEUERT WIRD. AM BESTEN SCHMECKT ES HEISS, MIT GEKLÄRTER BUTTER BETRÄUFELT.

- Gibt man Backpulver zum Teig, werden die Brote knuspriger.
- Bestreut man die Teigkreise vor dem Falten mit ½ TL Weizenmehl, trennen sich die Schichten während des Röstens besser.

Für 12–15 Stück

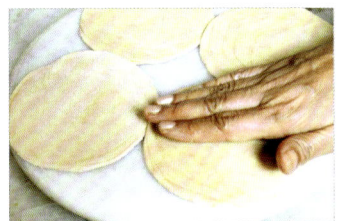

- Die Brote können im Voraus schon halb gebacken werden und dann 4 Tage im Kühlschrank aufbewahrt werden. Vor dem Servieren auf der *tawa* erhitzen und über offener Flamme rösten.

- Das feine Brot ist der ideale Begleiter zu indischen Vorspeisen.

MAISBROT MIT BOCKSHORNKLEE
Makka Methi Paratha

ZUTATEN
200 g Maismehl
60 g Mehl (Type 1050)
1 TL Salz
1 Prise gemahlener Asant
2 TL Chilipulver
2 Handvoll Bockshornkleeblätter (fein gehackt)
Maismehl zum Bestäuben
Öl

ZUBEREITUNG

- Maismehl, Mehl und Salz in eine Schüssel sieben. Asant, Chilipulver und Bockshornklee dazugeben.

- So viel Wasser unterarbeiten, dass ein glatter, elastischer Teig entsteht.

- Den Teig in 8 bis 10 gleich große Portionen teilen. Jede Portion zu einer Kugel formen.

- Die Kugeln mit der Hand flach drücken, mit Maismehl bestäuben und mit dem Nudelholz zu etwa 5 cm großen Kreisen ausrollen.

- Mit je ¼ TL Öl bestreichen und mit Maismehl bestäuben.

- Die Teigkreise zu Beuteln zusammendrücken, wieder flach drücken und erneut mit Maismehl bestäuben.

- Zu 8 bis 10 cm großen Kreisen ausrollen.

- Auf einer mäßig heißen *tawa* ½ TL Öl verstreichen. Einen Teigfladen vorsichtig darauflegen. Nach 1 Minute mit einem Pfannenheber wenden und 1 weitere Minute erhitzen. Jeden Fladen auf diese Weise auf beiden Seiten goldbraun backen. Zwischendurch die *tawa* mit Öl bestreichen.

- Maisbrote sofort servieren.

DER BOCKSHORNKLEE VERLEIHT DIESEM FLADENBROT DAS GEWISSE ETWAS. DAZU REICHT MAN BUTTER UND PICKLES.

- Mais als wärmendes Getreide wird in Nordindien vor allem in den kühleren Wintermonaten verwendet.

- Da Maismehl eher grob ist, müssen die einzelnen Portionen noch einmal geknetet werden. Dann lassen sie sich leichter ausrollen.

Für 8–10 Stück

• Zum Brot kann man Paneer auf Florentiner Art (siehe S. 128) und grünen Joghurt (siehe S. 220) servieren.

INDISCHE QUESADILLAS
Chatpatta Cheese Paratha

ZUTATEN

Für den Teig:

ca. 60 g Mehl (Type 1050)
ca. 60 g Mehl (Type 405)
Salz
3 TL Butter
(Zimmertemperatur)
Mehl zum Bestäuben
Öl zum Braten

Für die Füllung:

125 g Pilze (in Scheiben)
100 g Oliven (in Scheiben)
75 g Zucchini
(in feinen Würfeln)
100 g geriebener Käse
½ TL Chaat Masala
(siehe S. 294)
1 EL Koriander (fein gehackt)

ZUBEREITUNG

- Beide Mehlsorten und ¼ TL Salz in eine Rührschüssel sieben. Die Butter dazugeben und gut mit dem Mehl mischen.

- So viel Wasser unterarbeiten, dass ein weicher Teig entsteht. Den Teig in 8 gleich große Portionen teilen und jeweils zu einer Kugel rollen.

- Jede Teigkugel mit etwas Mehl bestäuben, mit der Hand flach drücken und mit dem Nudelholz zu 12 bis 14 cm großen Kreisen ausrollen.

- Die Teigscheiben nacheinander auf eine mittelheiße *tawa* legen und 10 Sekunden backen. Wenden und weitere 10 Sekunden erhitzen. Abnehmen und in ein Küchentuch wickeln. Die restlichen Teigscheiben auf die gleiche Weise zubereiten und in das Tuch wickeln.

- Kurz vor dem Servieren alle Zutaten für die Füllung mischen und in 8 gleich große Portionen teilen.

- Eine mittelheiße *tawa* mit etwas Öl bestreichen. Eine Teigscheibe darauflegen und gleichmäßig mit 1 Portion der Füllung bestreichen. Eine zweite Scheibe darauflegen und leicht andrücken.

- Die Quesadilla bei schwacher Hitze auf der Unterseite goldbraun backen. Die Oberfläche mit wenig Öl bestreichen und den Fladen vorsichtig wenden. Backen, bis auch diese Seite leicht gebräunt ist. Die restlichen 3 Quesadillas auf die gleiche Weise zubereiten.

- Abnehmen, jeweils in 4 Stücke schneiden und sofort servieren.

> BEI DEN ZUTATEN FÜR DIE FÜLLUNG KÖNNEN SIE EXPERIMENTIEREN. WICHTIG IST, ALLES FEIN ZU HACKEN UND GUT ZU MISCHEN.

Für 4 Stück

- Das Rezept ist eine raffinierte Variante der mexikanischen Quesadillas. Sie schmecken als Teil eines mehrgängigen Menüs, aber auch köstlich als Vorspeise.

GEFÜLLTES HIRSEBROT
Bajra Bathua Paratha

ZUTATEN

Für die Füllung:
2 Handvoll Gänsefußblätter (*bathua*, siehe Tipp S. 205)
450 g Kartoffeln (gegart, gepellt, gerieben, siehe S. 280)
2 TL geraspelter frischer Ingwer
2 TL grüne Chilischote (in feinen Würfeln)
Salz

Für den Teig:
200 g Hirsemehl
ca. 60 g Mehl (Type 1050)
Salz
Hirsemehl zum Bestäuben

Außerdem:
geklärte Butter (*Ghee*, siehe S. 307) zum Braten

ZUBEREITUNG

- Für die Füllung eine Pfanne 30 Sekunden erhitzen. Die Gänsefußblätter darin mit geschlossenem Deckel bei mittlerer Hitze 1 Minute dünsten.

- Die Pfanne vom Herd nehmen und die Blätter abkühlen lassen. Das überschüssige Wasser aus den Blättern drücken.

- Die Blätter mit einem Löffelrücken zerdrücken und mit Kartoffeln, Ingwer, Chiliwürfeln und Salz mischen. Beiseitestellen.

- Für den Teig beide Mehlsorten und ½ TL Salz in eine Schüssel sieben. Etwas Wasser unterarbeiten, bis ein weicher Teig entsteht. Den Teig kneten, bis er eine glatte Oberfläche ohne Risse aufweist.

- Den Teig in 10 bis 12 gleich große Portionen teilen. Jede Teigportion leicht kneten, zu einer Kugel formen und mit Hirsemehl bestäuben.

- Die Teigkugel auf ein rundes Küchenbrett legen und mit den Fingern zu einem 5 bis 6 cm großen Kreis flach drücken. In die Mitte 1 EL Füllung geben und mit dem Teig umschließen. Erneut mit Hirsemehl bestäuben und mit den Händen wieder flach drücken.

- Etwas Mehl auf das Küchenbrett streuen, einen gefüllten Teigfladen darauflegen, mit etwas Mehl bestäuben und mit den Händen unter Drehen des Bretts flach drücken (etwa 12 cm).

- Eine *tawa* mit ½ TL geklärter Butter bestreichen. Den Teigfladen auf das Nudelholz rollen, vorsichtig auf der *tawa* abrollen und 1 bis 2 Minuten bei starker Hitze backen. Mit einem Pfannenwender umdrehen und 1 weitere Minute backen. Den Teig mit 2 TL geklärter Butter beträufeln, wenden und wieder mit 2 TL Butter beträufeln. Auf beiden Seiten goldbraun backen. Gegebenenfalls mit mehr Butter beträufeln. Die restlichen Hirsebrote auf die gleiche Weise zubereiten und sofort servieren.

> DAS BROT IST VOR ALLEM IM WINTER BELIEBT. DAZU EINEN KLECKS BUTTER UND PALMZUCKER REICHEN, ALTERNATIV MIT JOGHURT UND PICKLES SERVIEREN.

  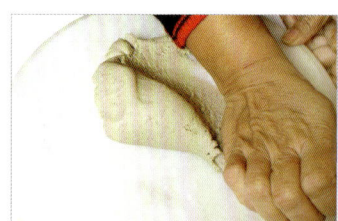

- Klebt der Teig an der Arbeitsfläche fest, lockern Sie ihn mithilfe eines Pfannenwenders.
- Wenn Sie die gefüllten Teigkreise statt mit den Händen lieber mit dem Nudelholz flach rollen, legen Sie den Teig am besten zwischen zwei Lagen Frischhaltefolie.

Für 10–12 Stück

 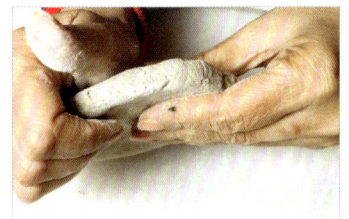 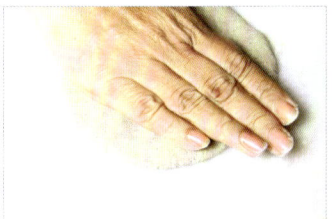 

- Wenn Sie keinen Gänsefuß (auch unter dem Namen »Melde« im Handel) erhalten, nehmen Sie 2 EL frisch gehackten Koriander. Das vorherige Dünsten entfällt dann.

KLASSISCHE ROTI
Sada Roti

Für 12–16 Stück

ZUTATEN
250 g Vollkorn-Weizenmehl
½ TL Salz
Mehl zum Bestäuben

ZUBEREITUNG
- Für den Teig das Mehl mit dem Salz in eine Schüssel sieben. Mit 150 ml Wasser zu einem glatten, geschmeidigen Teig kneten (siehe S. 301) und zugedeckt 15 Minuten ruhen lassen.

- Aus dem Teig 12 bis 16 gleich große Kugeln formen. Jede Teigkugel mit Mehl bestäuben und zu einem Fladen (etwa 9 cm Durchmesser) ausrollen.

- Die Fladen auf einer heißen *tawa* auf beiden Seiten hellgelb backen. Anschließend mit einer Grillzange über eine offene Flamme halten und goldbraun rösten.

- *Roti* ist ein in ganz Indien überaus beliebtes Brot. Das dünne, knusprige Fladenbrot wird in zahlreichen Varianten hergestellt.

- Wer mag, kann die *Roti* zum Servieren mit zerlassener geklärter Butter bestreichen.

KNUSPRIGE AJOWAN-ROTI
Khasta Roti

Für 5 Stück

ZUTATEN
Für den Teig:
250 g Vollkorn-Weizenmehl
1 TL Salz
1 EL zerlassene geklärte Butter
(*Ghee*, siehe S. 307)
Mehl zum Bestäuben

Außerdem:
7½ TL geklärte Butter (*Ghee*)
1¼ TL Ajowan
(*ajwain*, siehe S. 10)
1¼ TL Vollkorn-Weizenmehl
zerlassene geklärte Butter
(*Ghee*) zum Bestreichen

ZUBEREITUNG

- Für den Teig das Mehl mit dem Salz in eine Schüssel sieben. Die geklärte Butter einarbeiten. Mit 150 ml Wasser zu einem halbfesten Teig kneten. Zugedeckt 10 Minuten ruhen lassen.

- Aus dem Teig 5 gleich große Kugeln formen und jede mit Mehl bestäubt dünn ausrollen. Auf jede Teigplatte 1½ TL geklärte Butter, ¼ TL Ajowan und ¼ TL Vollkorn-Weizenmehl geben.

- Jede Teigplatte eng zusammenrollen, flach drücken und zu einer Schnecke aufrollen. Mit Mehl bestäubt zu einem Fladen (etwa 15 cm Durchmesser) ausrollen und mehrmals einstechen.

- Auf einer heißen *tawa* auf jeder Seite 30 Sekunden backen. Dann über einer offenen Flamme goldbraun rösten. Zum Servieren die heißen Fladen mit geklärter Butter bestreichen.

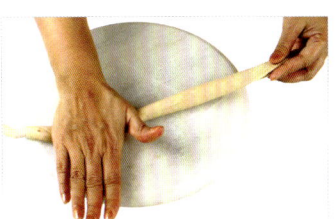

- Diese knusprige *Roti*-Variante schmeckt vor allem als Beilage zu Gerichten aus Hülsenfrüchten.

TASCHENTUCH-ROLLEN
Makhmali Roomali Roti

ZUTATEN
250 g Mehl (Type 405)
1 EL Mehl (Type 1050)
¼ TL Natronpulver
Salz
2 EL Naturjoghurt
2 EL Sahne
Mehl zum Bestäuben

ZUBEREITUNG
- Beide Mehlsorten, Natronpulver und ½ TL Salz in eine Schüssel sieben. Den Joghurt und die Sahne dazugeben.
- Alles mischen und so viel Wasser einarbeiten, dass ein sehr weicher Teig entsteht. Den Teig mit einem feuchten Küchentuch bedecken und 30 Minuten ruhen lassen.
- Einen flachen Wok umgedreht auf die Kochplatte legen und bei mittlerer Hitze erhitzen.
- Inzwischen den Teig in 10 gleich große Portionen teilen und diese zu Kugeln formen. Mit Mehl bestäuben, mit den Händen flach drücken und mit dem Nudelholz dünn auf der Arbeitsfläche ausrollen. Zwischendurch öfter mit Mehl bestäuben, damit der Teig nicht anklebt.
- Den Teig vorsichtig mit einer Hand abziehen und auf die andere Hand legen. Drei- bis viermal wiederholen, bis das *roomali roti* hauchdünn ist.
- Den Teig auf den heißen Wok legen und nach 20 Sekunden wenden.
- Alle 20 Sekunden den Teig vorsichtig umdrehen, bis auf beiden Seiten hellbraune Flecken erscheinen.
- Das *Roti* abnehmen und falten oder rollen. Auf diese Weise 9 weitere Fladen zubereiten. Dabei auf die Hitze achten, damit nichts anbrennt. Sofort servieren.

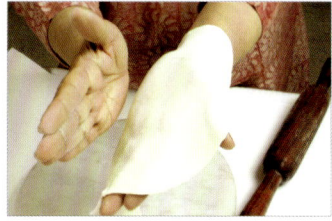   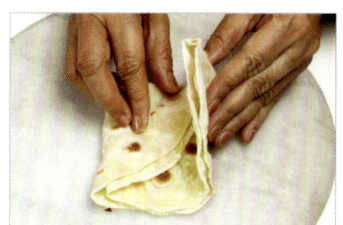

- Der Teig für dieses indische Brot sollte weich sein und frisch zubereitet werden.
- Durch die Zugabe des Weizenmehls mit der Type 1050 lässt sich der Teig leichter ausrollen.

Für 10 Stück

»ROOMALI« LEITET SICH VOM HINDU-WORT »ROOMAL« AB, DAS TASCHENTUCH BEDEUTET. IN INDISCHEN RESTAURANTS WERDEN ROOMALI NUR VON AUSGEWIESENEN SPEZIALISTEN GEBACKEN, DA DIE ZUBEREITUNG SEHR VIEL GESCHICK ERFORDERT.

- Das Brot wird traditionell auf einem großen, flachen Wok geröstet.
- Taschentuch-Rollen schmecken zu Tikka- und Kebab-Gerichten, aber auch zum Bohnen-Dal für besondere Anlässe (siehe S. 122).

FENCHEL-FLADENBROT
Hari Saunfili Roti

Für 10–12 Stück

DIE UNGEWÖHNLICHE KOMBINATION VON ZWIEBEL, FENCHEL UND KICHERERBSENMEHL WÜRZT DIESES BROT, DAS EINFACH IMMER SCHMECKT.

ZUTATEN
125 g Mehl (Type 1050)
125 g Kichererbsenmehl
Salz
1 Prise gemahlener Asant
½ TL Chilipulver
2 TL gemahlene Fenchelsamen
2 EL Naturjoghurt
2 Handvoll Frühlingszwiebelgrün (in feinen Ringen)
Mehl zum Bestäuben
1–2 EL geklärte Butter (Ghee, siehe S. 307)

ZUBEREITUNG
- Das Mehl und das Kichererbsenmehl sowie ½ TL Salz in eine Schüssel sieben. Asant, Chilipulver, Fenchelsamen, Joghurt und Frühlingszwiebeln dazugeben und gut mischen. So viel Wasser unterarbeiten, bis ein halbfester Teig entsteht. Den Teig mit einem feuchten Küchentuch bedeckt 30 Minuten ruhen lassen.
- Den Teig in 10 bis 12 gleich große Portionen teilen. Jede Portion zu einer Kugel formen. Mit Mehl bestäuben, mit der Hand etwas flach drücken und zu etwa 8 cm großen Kreisen ausrollen.
- Jeden Teigfladen auf eine mittelheiße *tawa* legen und 30 Sekunden erhitzen. Wenden und mehrmals mit einer Gabel einstechen.
- Die Teigfladen mit einer Zange nehmen und nach Belieben über offener Flamme auf beiden Seiten goldbraun rösten.
- Mit geklärter Butter bestreichen und sofort servieren.

- Wer das Brot im Voraus zubereiten möchte, kann dies bis zum Einstechen mit der Gabel tun. Dann in Folie wickeln und kurz vor dem Servieren auf einer *tawa* erhitzen, nach Belieben über offener Flamme rösten.

MASALA-MAISPUFFER
Makke Ki Kachori

Für 20 Stück

ZUTATEN
125 g geschälte, gespaltene Urdbohnen (*dhuli urad dal*, 3 Stunden eingeweicht)
250 g Maismehl
Salz
1 Prise gemahlener Asant
½ TL Chilipulver
Maismehl zum Bestäuben
Öl zum Frittieren

ZUBEREITUNG
- Die Urdbohnen mit 200 ml Wasser im Küchenmixer zu einer glatten Paste verarbeiten.
- Das Maismehl und 1 TL Salz in eine Schüssel sieben. Urdbohnenpaste, Asant und Chilipulver untermischen.
- Daraus einen glatten Teig kneten. Die Oberfläche sollte keine Risse zeigen. Gegebenenfalls während des Knetens etwas Wasser dazugeben. Den Teig in 20 gleich große Portionen teilen und zu Kugeln formen. Die Teigkugeln etwas flach drücken und jeweils mit Maismehl bestäuben. Mit dem Nudelholz zu 7 bis 8 cm großen Kreisen ausrollen.
- Reichlich Öl im Wok erhitzen. Je 1 Teigfladen hineinlegen und mit einem Pfannenwender 20 Sekunden leicht andrücken.
- Den Teig wenden und wieder in das Fett drücken, bis sich der Puffer aufbläht. Auf beiden Seiten goldbraun braten. Herausnehmen, auf Küchenpapier abtropfen lassen und sofort servieren. Die restlichen Puffer auf die gleiche Weise zubereiten.

DIE LOCKEREN PUFFER SIND EINE HERZHAFTE ERGÄNZUNG ZU VIELEN GERICHTEN, VOR ALLEM IN DEN WINTERMONATEN.

- Die Puffer spätestens 2 bis 3 Stunden nach der Teigzubereitung braten. Danach beginnen die Urdbohnen zu gären.
- Servieren Sie das Brot zum Klassischen Curry-Trio (siehe S. 154), zu grünem Joghurt (siehe S. 220) oder zu schnellen Chili-Pickles (siehe S. 242).

KACHORI MIT URDBOHNENFÜLLUNG
Urad Dal Kachori

Für 20 Stück

ZUTATEN

Für die Füllung:
150 g geschälte, gespaltene Urdbohnen (*dhuli urad dal*, zu feinem Pulver zerstoßen oder gemahlen)
¼ TL gemahlener Asant
½ TL Salz
1 TL Chilipulver
2 TL gemahlene Fenchelsamen
75 g Kartoffeln (gegart, gepellt und zerdrückt)

Für den Teig:
250 g Vollkorn-Weizenmehl
½ TL Salz
Mehl zum Bestäuben
Öl zum Frittieren

ZUBEREITUNG

- Für die Füllung alle Zutaten – bis auf die Kartoffeln – mit etwas Wasser zu einem halbfesten Teig verarbeiten. Zugedeckt 30 Minuten stehen lassen. Die Kartoffeln hinzufügen und alles gut durchkneten.

- Für den Teig das Mehl mit dem Salz in eine Schüssel sieben und mit 150 ml Wasser zu einem glatten, geschmeidigen Teig kneten. Zugedeckt 15 Minuten ruhen lassen.

- Aus dem Teig 20 gleich große Kugeln formen. Jede Teigkugel mit Mehl bestäubt leicht ausrollen. In die Mitte jeder Teigplatte 1 TL Füllung setzen und mit Teig umhüllen. Mit Mehl bestäubt zu Fladen (etwa 9 cm Durchmesser) ausrollen. Reichlich Öl in einer großen Pfanne erhitzen und die Fladen frittieren, bis sie sich aufblähen und goldbraun sind. Sofort servieren.

- *Kachori* passen gut zu den würzigen Kräuterkartoffeln (siehe S. 132) oder zum Zucchini-Mungbohnen-Dal (siehe S. 148).

- Wer möchte, kann die *kachori* vor dem Servieren auf Küchenpapier abtropfen lassen.

BHATURA
Bhatura

Für 15 Stück

ZUTATEN
250 g Weizenmehl
50 g Grieß
¼ TL Natronpulver
½ TL Backpulver
Salz
2 EL Naturjoghurt
1 TL Zucker
Mehl zum Bestäuben
Öl zum Frittieren

ZUBEREITUNG
- Das Mehl mit dem Grieß, dem Natron- und dem Backpulver sowie ½ TL Salz in eine Schüssel sieben.
- Den Joghurt mit dem Zucker verrühren und in die Mehlmischung einarbeiten. So viel Wasser unterkneten, bis ein weicher Teig entsteht. Mit einem feuchten Tuch bedeckt 3 Stunden ruhen lassen.
- Aus dem Teig 15 gleich große Kugeln formen und mit Mehl bestäubt zu länglichen Fladen (12 bis 15 cm Durchmesser) ausrollen.
- Reichlich Öl in einer großen Pfanne erhitzen und die Fladen frittieren, bis sie sich aufblähen und goldbraun sind. Sofort servieren.

 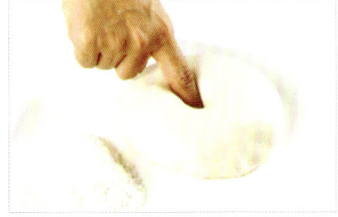  

- *Bhatura* ist ein Fladenbrot, dass sich beim Frittieren stark aufbläht.
- *Bhatura* passt gut zum Kichererbsen-Curry (siehe S. 149), man kann es aber auch mit Dipsaucen und Pickles servieren.
- Das Frittieröl sollte sehr heiß sein (aber höchstens 180 °C), sonst saugt das Fladenbrot zu viel Öl auf.

AJOWAN-PURI
Namak Ajwain ki Puri

Für 18 Stück

ZUTATEN

250 g Vollkorn-Weizenmehl
¾ TL Salz
1 TL Ajowan
(*ajwain*, siehe S. 10)
2 TL zerlassene geklärte Butter
(*Ghee*, siehe S. 307)
Mehl zum Bestäuben
Öl zum Frittieren

ZUBEREITUNG

- Das Mehl mit dem Salz in eine Schüssel sieben, Ajowan und die geklärte Butter einarbeiten. So viel Wasser unterkneten, bis ein fester Teig entsteht. Zugedeckt 15 Minuten ruhen lassen.

- Aus dem Teig 18 gleich große Kugeln formen. Jede Kugel mit Mehl bestäubt zu einem Fladen (9 cm Durchmesser) ausrollen.

- Reichlich Öl in einer großen Pfanne erhitzen und die Fladen darin frittieren, bis sie sich aufblähen und goldbraun sind.

- *Puri* passen gut zu den Kartoffeln mit Kreuzkümmel (siehe S. 134). Dazu dann z. B. das Mango-Chutney (siehe S. 239) reichen.

- Zum Frittieren eignet sich am besten ein geschmacksneutrales Öl wie z. B. Sonnenblumenöl.

SCHARF GEWÜRZTE KULCHA
Aloo Kulcha

Für 12 Stück

ZUTATEN

Für den Teig:
250 g Mehl (Type 405)
Salz
¼ TL Natronpulver
½ TL Backpulver
2 EL Naturjoghurt
2 EL Milch
½ TL Zucker
2 EL Öl
Mehl zum Bestäuben

Für die Füllung:
150 g Kartoffeln (gegart, gepellt und zerdrückt)
½ TL Chilipulver
¼ TL Mangopulver (*amchur*, siehe S. 11)
¾ TL gemahlene Fenchelsamen
¼ TL Salz
2 EL Koriander (fein gehackt)

Außerdem:
2 EL Zwiebelsamen
2 EL Koriander (fein gehackt)
zerlassene geklärte Butter (*Ghee*, siehe S. 307) zum Bestreichen

ZUBEREITUNG

- Für den Teig das Mehl mit ½ TL Salz, Natron- und Backpulver in eine Schüssel sieben.

- Joghurt mit Milch und Zucker mischen und zum Mehl geben. Das Öl hinzufügen und so viel Wasser unterkneten, dass ein sehr weicher Teig entsteht. Zugedeckt 2 Stunden ruhen lassen.

- Alle Zutaten für die Füllung in einer Schüssel mischen.

- Aus dem Teig 12 gleich große Kugeln formen und jede mit Mehl bestäubt leicht ausrollen. In die Mitte jeder Teigplatte 1 TL Füllung setzen und mit Teig umhüllen.

- Zwiebelsamen und Koriander auf die Arbeitsfläche streuen und die Teigballen hineindrücken. Mit Mehl bestäubt zu Fladen (etwa 10 cm Durchmesser) ausrollen.

- Die Fladen mit Wasser an die Wand eines Tandoors kleben und goldbraun backen. Über einer offenen Flamme goldbraun rösten und mit geklärter Butter bestreichen.

- *Kulcha* kann man auch ohne Weiteres im Backofen bei 200 °C 4 bis 6 Minuten goldbraun backen. Die mit Zwiebelsamen und Korianderblättern bedeckte Oberseite sollte nicht mit Wasser in Berührung kommen. Deshalb die Fladen beim Backen im *Tandoor* immer mit der Unterseite an die mit Wasser angefeuchtete Tandoor-Wand heften.

BEILAGEN

KARTOFFELJOGHURT
Aloo Raita

Für 4 Personen

ZUTATEN

Für den Joghurt:
400 g Joghurt für Raita (gut gekühl, siehe S. 300)
50 ml Milch (gut gekühlt)
je ¼ TL Ingwer- und grüne Chilipaste (siehe S. 292)
¼ TL fein zerriebene Korianderblätter
¼ TL Kala Namak (schwarzes Salz, siehe S. 10)
Salz
100 g Kartoffeln (gegart, gepellt und in Würfeln)

Außerdem:
½ TL gerösteter, zerstoßener Kreuzkümmel (siehe S. 294)
¼ TL Chilipulver
1 EL Koriander (fein gehackt)

ZUBEREITUNG

- Für den Joghurt den Joghurt und die Milch in eine Schüssel geben und gut verrühren. Ingwer- und Chilipaste, Korianderblätter und Kala Namak unterrühren. Mit Salz würzen. Die Kartoffeln unterheben.

- Den Kartoffeljoghurt mit Kreuzkümmel, Chilipulver und Koriander bestreuen. Nach Belieben gegarte, halbierte Kartoffelbällchen in gehacktem Koriander wenden und den Joghurt damit garnieren.

- *Raita* sind Joghurtgerichte – Basis ist stets der pure Joghurt, der mit Obst, Gemüse, verschiedenen Gewürzen und Kräutern gemischt wird.

FRUCHTJOGHURT
Anar aur Ananas Raita

Für 4 Personen

ZUTATEN
Für den Joghurt:
400 g Joghurt für Raita
(gut gekühlt, siehe S. 300)
50 ml Milch (gut gekühlt)
¼ TL feinster Zucker
¼ TL Minzepulver
(*pudina*, siehe S. 11)
¼ TL Pfeffer aus der Mühle
Salz
5 EL frische Granatapfelkerne
5 EL Ananasstücke
(frisch oder aus der Dose)
Außerdem:
½ TL gerösteter Kreuzkümmel (siehe S. 294)
1 EL Koriander (fein gehackt)

ZUBEREITUNG
- Für den Joghurt den Joghurt und die Milch in eine Schüssel geben und gut verrühren. Zucker, Minzepulver und Pfeffer unterrühren. Mit Salz abschmecken.
- Grantapfelkerne und Ananasstücke unterheben.
- Zum Servieren den Fruchtjoghurt mit Kreuzkümmel und Koriander bestreuen.

- *Raita* immer gut gekühlt servieren.
- Die Milch mildert den säuerlichen Geschmack des Joghurts.
- *Raita* hat einen kühlenden Effekt und wird meist zu sehr pikant gewürzten Speisen gereicht, um die Schärfe abzumildern.

GRÜNER JOGHURT
Bathua Raita

Für 4–6 Personen

ZUTATEN

Für den Joghurt:
60 g Gänsefußblätter
(*bathua*, siehe Tipp S. 205)
400 g Joghurt für Raita
(siehe S. 300)
50 ml kalte Milch
Salz
¼ TL Chilipulver

Für die Einlage:
½ TL geklärte Butter
(*Ghee*, siehe S. 307)
1 Prise gemahlener Asant
½ TL Kreuzkümmel

ZUBEREITUNG

- Für den Joghurt die Gänsefußblätter in kochendem Wasser blanchieren. In ein Sieb abgießen und abtropfen lassen. Das überschüssige Wasser herausdrücken.

- Die Gänsefußblätter auf einer Gemüsereibe reiben und kühl stellen.

- Den Joghurt mit der kalten Milch glatt rühren und kühl stellen. Kurz vor dem Servieren den Gänsefuß unterrühren und mit Salz würzen. Alles in ein Schälchen füllen.

- Für die Einlage die geklärte Butter in einer kleinen Pfanne erhitzen. Asant und Kreuzkümmel unterrühren und dann über den Joghurt träufeln. Mit Chilipulver bestreuen.

DER GRÜNE JOGHURT MIT SEINEM ERDIGEN GESCHMACK NACH GÄNSEFUSS PASST BESONDERS ZU WINTERBROTEN.

- Sie können die Gänsefußblätter alternativ auch im Küchenmixer zerkleinern.

- Der Joghurt passt sehr gut zum Maisbrot mit Bockshornklee (siehe S. 200) oder zu den Masala-Maispuffern (siehe S. 211).

MAIS-CHILI-JOGHURT
Lazeez Makai Raita

Für 4–6 Personen

ZUTATEN

Für den Joghurt:
1 TL Öl
115 g Maiskörner (aus der Dose)
400 g Joghurt für Raita (siehe S. 300)
50 ml kalte Milch
1 TL Honig
Salz

Für die Einlage:
1 TL Öl
1 Prise Chiliflocken
2 TL Frühlingszwiebelgrün (in feinen Ringen)

ZUBEREITUNG

- Für den Joghurt das Öl in einer Pfanne erhitzen. Mais dazugeben und bei mittlerer Hitze 1 Minute dünsten. Herausnehmen, abkühlen lassen.

- Den Joghurt mit der kalten Milch glatt rühren. Den gedünsteten Mais und den Honig unterrühren, mit Salz würzen und kühl stellen.

- Für die Einlage das Öl in einer kleinen Pfanne erhitzen. Chiliflocken und Frühlingszwiebeln unterrühren. Zum Servieren die Gewürzmischung auf dem Joghurt verteilen und sofort servieren.

EIN UNGEWÖHNLICHER JOGHURT: HONIG UND CHILI SORGEN FÜR EINEN SCHARF-SÜSSEN GESCHMACK.

- Für diesen Joghurt können Sie Mais aus der Dose oder Tiefkühl-Mais verwenden.

CHILI-KNOBLAUCH-JOGHURT
Tikha-Lehsuni Raita

Für 4–6 Personen

DER FEURIGE CHILI-KNOBLAUCH-GESCHMACK VON DIESEM RAITA PASST AM BESTEN ZU PILAWS UND BIRYANIS.

ZUTATEN

Für den Joghurt:
1 TL Öl
6 Knoblauchzehen
1 TL grüne Chilischote (in feinen Würfeln)
400 g Joghurt für Raita (siehe S. 300)
50 ml kalte Milch
¼ TL Chilipulver
Salz

Für die Einlage:
2 TL Öl
1 TL Knoblauchwürfel
1 Prise Chiliflocken
2 TL Koriander (fein gehackt)

Außerdem:
¼ TL gerösteter, zerstoßener Kreuzkümmel (siehe S. 294)
2 TL Koriander (fein gehackt)

ZUBEREITUNG

- Für den Joghurt das Öl in einer Pfanne erhitzen. Den Knoblauch schälen und darin bei mittlerer Hitze leicht rösten. Die Chiliwürfel dazugeben und unterrühren.

- Beides herausnehmen und abkühlen lassen. Anschließend im Mörser zu einer groben Paste verarbeiten. Knoblauch-Chili-Paste beiseitestellen.

- Den Joghurt mit der Milch glatt rühren. Chilipulver und Knoblauch-Chili-Paste unterrühren, mit Salz würzen und kühl stellen. Kurz vor dem Servieren in ein Schälchen füllen.

- Für die Einlage das Öl in einer kleinen Pfanne erhitzen. Den gehackten Knoblauch darin bei mittlerer Hitze leicht rösten. Chiliflocken und Koriander unterrühren. Die Gewürzmischung auf dem Joghurt verteilen und mit Kreuzkümmel und Koriander garnieren.

- Wer es nicht ganz so scharf mag, lässt die gehackten grünen Chilischoten weg.

- Servieren Sie diesen Joghurt zu Safran-Gemüse-Pilaw (siehe S. 182) und zu dem herzhaften Jackfrucht-Reis (siehe S. 190).

OKRA-JOGHURT
Tadkedaar Bhindi Raita

Für 4–6 Personen

EIN HERZHAFTER BEGLEITER, DER KNUSPRIG GEBRATENE OKRASCHOTEN MIT DEM SCHARFEN AROMA VON SENF KOMBINIERT.

ZUTATEN

Für den Joghurt:
Öl zum Frittieren
100 g Okraschoten (ohne Stielansätze, in dünnen Scheiben)
400 g Joghurt für Raita (siehe S. 300)
50 ml kalte Milch
1 TL Korianderpaste (siehe S. 293)
¼ TL grüne Chilipaste (siehe S. 292)
¼ TL Ingwerpaste (siehe S. 292)
½ TL Senfpulver
Salz

Für die Einlage:
2 TL Öl
¼ TL Senfsamen
1 grüne Chilischote (längs eingeschnitten)
8 Curryblätter

ZUBEREITUNG

- Für den Joghurt reichlich Öl zum Frittieren erhitzen. Die Okrascheiben bei mittlerer Hitze goldbraun braten. Herausnehmen, abtropfen lassen.

- Den Joghurt mit der kalten Milch glatt rühren und kühl stellen. Vor dem Servieren Koriander-, Chili- und Ingwerpaste unterrühren. Okrascheiben und Senfpulver unterrühren und mit Salz würzen. Alles in ein Schälchen füllen.

- Für die Einlage das Öl in einer kleinen Pfanne erhitzen. Die Senfsamen einrühren. Sobald sie aufplatzen, Chilischote und Curryblätter unterrühren. Die Gewürzmischung auf dem Joghurt verteilen und sofort servieren.

- Verwenden Sie nur frische grüne Okraschoten. Verfärbte oder welke Schoten verändern Textur und Geschmack des Joghurts.

- Die gebratenen Okraschoten erst kurz vor dem Servieren unter den Joghurt rühren. So bleiben sie schön knusprig.

GEMÜSEJOGHURT
Kachumar Raita

Für 4 Personen

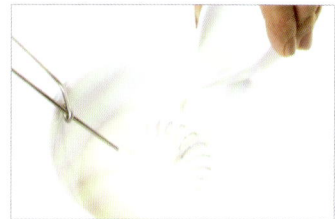 

ZUTATEN

Für den Joghurt:
400 g Joghurt für Raita
(gut gekühlt, siehe S. 300)
50 ml kalte Milch
½ TL grüne Chilipaste
(siehe S. 292)
Salz · 75 g Salatgurke
(in kleinen Würfeln)
je 50 g rote Zwiebel-
und Tomatenwürfel

Außerdem:
½ TL gerösteter Kreuz-
kümmel (siehe S. 294)
¼ TL Chilipulver
1 EL Koriander
(fein gehackt)

ZUBEREITUNG

- Für den Joghurt den Joghurt und die Milch in eine Schüssel geben und gut verrühren. Die Chilipaste unterrühren und den Joghurt mit Salz würzen.

- Die Gurken-, Zwiebel- und Tomatenwürfel unterheben.

- Zum Servieren den Gemüsejoghurt mit Kreuzkümmel, Chilipulver und Koriander bestreuen.

- Der Gemüsejoghurt passt besonders gut zu dem würzigen Reis mit Toor-Linsen (siehe S. 188).

- Die roten Zwiebeln können Sie auch durch herkömmliche braunschalige Speisezwiebeln ersetzen.

SCHARF GEWÜRZTER JOGHURT
Tarka Mattha

Für 4–6 Personen

ZUTATEN

Für den Joghurt:
500 g Joghurt für Raita
(gut gekühlt, siehe S. 300)
je ¼ TL Ingwer- und grüne
Chilipaste (siehe S. 292)
1 TL Korianderpaste
(siehe S. 293) · Salz

Für die Gewürzmischung:
2 TL Öl
1 Prise gemahlener Asant
¼ TL Senfsamen
2 getrocknete rote Chilischoten
6 Curryblätter

ZUBEREITUNG

- Für den Joghurt den Joghurt mit 150 ml Wasser in eine Schüssel geben und verrühren. Die Ingwer-, Chili- und Korianderpaste hinzufügen und gut unterrühren. Mit Salz abschmecken.

- Für die Gewürzmischung das Öl in einer kleinen Pfanne erhitzen und die restlichen Zutaten darin 30 Sekunden unter Rühren erhitzen.

- Die Gewürzmischung auf dem Joghurt verteilen.

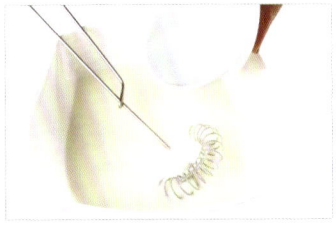  

- Wer besonders gern scharf isst, kann auch mehrere Chilischoten unter den Joghurt rühren.

- Dieser pikante Joghurt sorgt vor allem bei milden Gerichten für einen spannenden Kontrast.

JOGHURT-SENF-DIP
Dahi-Rai Chutney

Für 150 ml

ZUTATEN
150 g Naturjoghurt
1 TL Senfpulver
¼ TL Chiliflocken
Salz

ZUBEREITUNG
- Den Joghurt in ein Sieb geben und 20 Minuten abtropfen lassen. Die Molke entfernen. Den Joghurt gut umrühren und kühl stellen.
- Mit Senfpulver, Chiliflocken und Salz würzen.
- Kühl servieren und übrig gebliebenen Dip in den Kühlschrank stellen. Innerhalb von 2 Tagen verzehren.

- Dieser Dip schmeckt zu Paneer-Tikka mit Minze (siehe S. 88).

DATTEL-JOGHURT-DIP
Khajoori Dahi Chutney

Für 100 ml

ZUTATEN
100 g Naturjoghurt
1 EL weiche Datteln
(fein gehackt)
1 Prise Chiliflocken
2 Minzeblätter
(im Mörser zerdrückt)
Salz

ZUBEREITUNG
- Den Joghurt in ein Sieb geben und 30 Minuten abtropfen lassen. Die Molke entfernen. Den Joghurt gut umrühren und kühl stellen.
- Kurz vor dem Servieren Datteln, Chiliflocken und Minze unterrühren, mit Salz würzen.
- Übrig gebliebenen Dip kühl stellen und innerhalb von 2 Tagen verzehren.
- Der Dip schmeckt hervorragend zu frittiertem Brokkoli im Sesammantel (siehe S. 96).

SCHARF-SÜSSE SAUCE
Tikhi-Meethi Chutney

Für etwa 50 ml

ZUTATEN
3 EL Weißweinessig
2 EL Zucker
Salz
1 Prise Chiliflocken

ZUBEREITUNG
- Essig, Zucker und ¼ TL Salz in einem Topf zum Kochen bringen und bei schwacher Hitze rühren, bis sich der Zucker vollständig aufgelöst hat.
- 1 Minute weiterköcheln lassen und zum Abkühlen beiseitestellen.
- Chiliflocken unterrühren und servieren. Übrig gebliebene Sauce in den Kühlschrank stellen.

- Die Sauce passt sehr gut zum Nudelsalat mit Lotos (siehe S. 60), zu den Brokkoli-Käse-Kebabs (siehe S. 94) und zu den Lotoswurzel-Kartoffel-Fritten (siehe S. 100).

SÜSSSAURES CHUTNEY
Khatti-Meethi Chutney

Für etwa 70 ml

ZUTATEN
2 EL Zucker
2 TL Mangopulver
(*amchur*, siehe S. 11)
Salz
¼ TL Chilipulver
¼ TL Garam Masala
(siehe S. 294)

ZUBEREITUNG
- Den Zucker, das Mangopulver, 100 ml Wasser und ¼ TL Salz in einen Topf geben und verrühren.
- Alles bei schwacher Hitze aufkochen lassen und gelegentlich umrühren. 10 Minuten köcheln lassen, dann vom Herd nehmen und abkühlen lassen.
- Mit Chilipulver und Garam Masala würzen und servieren. Übrig gebliebenes Chutney im Kühlschrank aufbewahren.

- Das Chutney passt zum würzigen Salat-Wrap (siehe S. 56), zum Nudel-Kartoffel-Salat (siehe S. 70) und zum Burger auf indische Art (siehe S. 84).

BEILAGEN • 229

CHILI-KNOBLAUCH-CHUTNEY
Lal Lehsuni Chutney

Für 175 ml

ZUTATEN
30 getrocknete rote Chilischoten
4 Knoblauchzehen
1½ TL Zucker
2 gestr. TL Salz
ca. 70 ml Weißweinessig
2 TL Sojasauce

ZUBEREITUNG
- Chilischoten, geschälten Knoblauch, Zucker und Salz mit der Hälfte des Essigs im Küchenmixer zu einer glatten Masse pürieren und in ein Schälchen füllen.
- Den restlichen Essig und die Sojasauce unterrühren.
- Das Chutney zugedeckt 8 Stunden ziehen lassen, damit es den richtigen Biss und die entsprechende Schärfe bekommt. Ist es zu dick, etwas mehr Essig unterrühren. Kein Wasser verwenden, das verdirbt den Geschmack. Bei Zimmertemperatur aufbewahren.

- Verwenden Sie möglichst getrocknete rote Kashmiri-Chilischoten mit schrumpeliger Haut. Sie haben die perfekte Schärfe.
- Das Chutney wird zum Bohnen-Nudel-Salat (siehe S. 64), zum Nudel-Kartoffel-Salat (siehe S. 70) und zu den gefüllten Champignons (siehe S. 106) gereicht.

PIKANTES TOMATEN-CHUTNEY
Tikhi Tamatar Chutney

Für 175 ml

ZUTATEN
1 EL Öl
½ TL Knoblauchwürfel
½ TL geraspelter frischer Ingwer
½ TL grüne Chilischote (in feinen Würfeln)
1 Prise Chilipulver
150 g Tomaten (geröstet, gehäutet, siehe S. 288, in Würfeln)
¼ TL Zucker
¼ TL Minzpaste (siehe S. 293)
fein zerstoßene Samen von 1 grünen Kardamomkapsel (siehe S. 296)
Salz

ZUBEREITUNG
- Das Öl in einer Pfanne erhitzen. Knoblauch, Ingwer, Chiliwürfel und Chilipulver hineinrühren.
- Bei schwacher Hitze Tomaten, Zucker, Minzpaste und Kardamom unterrühren, mit Salz würzen. 50 ml Wasser dazugeben und bei mittlerer Hitze zum Kochen bringen.
- Alles vorsichtig zerdrücken und 2 Minuten köcheln lassen. Ab und zu umrühren. Abkühlen lassen und servieren. Übrig gebliebenes Chutney in den Kühlschrank stellen und innerhalb von 2 Tagen verzehren.

- Das Chutney schmeckt hervorragend zu den Lotos-Sago-Kebabs (siehe S. 102).

GRÜNES KNOBLAUCH-CHUTNEY
Lehsuni Hari Chutney

Für 100 ml

ZUTATEN
1 Handvoll Koriander
1 Handvoll Minze
3 TL grüne Chilischote
(in feinen Würfeln)
1 TL Knoblauchwürfel
½ TL Naturjoghurt
Salz
1–2 TL Zitronensaft

ZUBEREITUNG
- Koriander und Minze, Chilis, Knoblauch, Joghurt und etwas Salz im Küchenmixer zu einer glatten Masse verarbeiten. Nur wenig Wasser untermixen. Kühl stellen.
- Kurz vor dem Servieren in ein Schälchen füllen.
- Den Zitronensaft unterrühren. Übrig gebliebenes Chutney kühl stellen und innerhalb von 2 Tagen verzehren.

- Damit das Chutney seine grüne Farbe behält, sollte der Zitronensaft erst kurz vor dem Servieren eingerührt werden.

GRÜNES KOKOS-CHUTNEY
Hari Nariyal Chutney

Für 100 ml

ZUTATEN
1 Handvoll Koriander
½ Handvoll Minze
1 EL Kokosnuss-Fruchtfleisch
(frisch geraspelt, siehe S. 284)
2 geh. TL Erdnüsse
1 TL Naturjoghurt
2 TL grüne Chilischote
(in feinen Würfeln)
Salz
1–2 TL Zitronensaft

ZUBEREITUNG
- Koriander und Minze, Kokosnuss, Erdnüsse, Joghurt, Chiliwürfel und etwas Salz im Küchenmixer zu einer feinen Paste verarbeiten. Nur wenig Wasser untermixen. Kühl stellen.
- Alles kurz vor dem Servieren in ein Schälchen füllen.
- Den Zitronensaft unterrühren. Übrig gebliebenes Chutney kühl stellen und am nächsten Tag verzehren.

- Das Chutney passt zu den scharf-süßen Maisbällchen (siehe S. 77) und zu den würzigen Kichererbsenrollen (siehe S. 82).

MINZ-JOGHURT-CHUTNEY
Pudina Dahi Chutney

Für 200 ml

ZUTATEN

150 g Naturjoghurt
1 Handvoll Minze
1 TL grüne Chilischote
(in feinen Würfeln)
1 TL geraspelter frischer Ingwer
1 EL Koriander (fein gehackt)
Salz
1 TL Zitronensaft

ZUBEREITUNG

- Den Joghurt in ein Sieb geben und 20 Minuten abtropfen lassen. Die Molke entfernen. Den Joghurt gut umrühren und kühl stellen.
- Minze, Chiliwürfel, Ingwer und Koriander mit Salz im Küchenmixer zu einer glatten Masse verarbeiten. Nur wenig Wasser untermixen. Alles in ein Schälchen füllen und kühl stellen.
- Das Minz-Chutney mit Joghurt und Zitronensaft verrühren und mit Salz abschmecken. Sofort servieren. Übrig gebliebenes Chutney kühl stellen und am nächsten Tag verzehren.

- Das Chutney reicht man zu Käse-Safran-Tikka (siehe S. 90) und Kichererbsen-Kebabs (siehe S. 80).

EINGELEGTE ZWIEBELN
Pyaz Sirkewale

Für 175 g

ZUTATEN
150 g Zwiebelstreifen
2 EL Weißweinessig
½ TL Chaat Masala
(siehe S. 294)
1 TL Koriander (fein gehackt)
Salz

ZUBEREITUNG
- Die Zwiebelstreifen mit Essig, Chaat Masala, Koriander und Salz mischen.
- In ein Schälchen füllen und servieren.
- Übrig gebliebene Zwiebeln kühl stellen und am nächsten Tag verzehren.

- Die eingelegten Zwiebeln sind ein idealer Begleiter zu Kichererbsen-Kebabs (siehe S. 80) und Käse-Safran-Tikka (siehe S. 90).

KOKOS-CHUTNEY
Nariyal Chutney

Für 225 ml

ZUTATEN

Für das Chutney:
50 g Kokosnuss-Fruchtfleisch (frisch geraspelt, siehe S. 284)
35 g Erdnüsse
2 getrocknete rote Chilischoten
1 EL Koriander (fein gehackt)
1 TL geraspelter frischer Ingwer
Salz

Für die Einlage:
2 TL Öl
¼ TL Senfsamen
8 Curryblätter

ZUBEREITUNG

- Für das Chutney Kokosnuss, Erdnüsse, Chilischoten, Koriander, Ingwer, etwas Salz und 100 bis 150 ml Wasser im Küchenmixer zu einer glatten Masse pürieren und in ein Schälchen füllen.

- Für die Einlage das Öl in einer kleinen Pfanne erhitzen. Die Senfsamen dazugeben. Sobald sie aufplatzen, die Curryblätter unterrühren. Sofort über das Chutney geben und servieren. Übrig gebliebenes Chutney im Kühlschrank aufbewahren und am nächsten Tag verzehren.

- Das Chutney schmeckt sehr gut zu den gefüllten Bohnen-Pfannkuchen (siehe S. 78).

ERDNUSS-CHUTNEY
Moongphalli Chutney

Für 175 ml

ZUTATEN
6 EL Öl
2 EL Erdnüsse
¼ TL Chilipulver
1½ TL Zucker
Salz
¼ TL Speisestärke
2 EL Weißweinessig

ZUBEREITUNG
- In einer kleinen Pfanne 4 EL Öl erhitzen. Die Erdnüsse darin bei schwacher Hitze gleichmäßig goldbraun rösten. Darauf achten, dass sie nicht anbrennen. Herausnehmen und abkühlen lassen.
- Die Erdnüsse mit Chilipulver, Zucker, ¼ TL Salz und dem restlichen Öl im Küchenmixer zu einer feinen Paste verarbeiten.
- Die Speisestärke mit 100 ml Wasser glatt rühren.
- Erdnusspaste, Essig und die angerührte Speisestärke in einen Topf geben und bei mittlerer Hitze unter Rühren aufkochen lassen. Das Chutney abkühlen lassen und servieren. Übrig gebliebenes Chutney im Kühlschrank aufbewahren und innerhalb von 1 Woche verzehren.

- Das Chutney schmeckt zum würzigen Salat-Wrap (siehe S. 56), zu Paneer mit Erdnuss-Chutney (siehe S. 87) und zu Brokkoli-Käse-Kebabs (siehe S. 94).

KIRSCHTOMATEN-CHUTNEY
Chhote Tamatar ki Chutney

Für 4–6 Personen

ZUTATEN

300 g Kirschtomaten
2 TL Öl
1 Prise gemahlener Asant
2 TL fein geraspelter
frischer Ingwer
1 grüne Chilischote
(längs aufgeschnitten)
1 EL Rosinen
1½ TL Zucker · Salz
¼ TL fein zerstoßene
schwarze Pfefferkörner
½ TL gerösteter, zerstoßener
Kreuzkümmel (siehe S. 294)
1 EL Minze (fein gehackt)

ZUBEREITUNG

- In einem Topf 1 l Wasser zum Kochen bringen. Kirschtomaten kreuzweise einritzen und im kochenden Wasser 2 Minuten blanchieren. Abgießen, abkühlen lassen und häuten.

- Das Öl bei mittlerer Hitze in einer Pfanne heiß werden lassen. Asant, Ingwer, Chilischote und Rosinen gründlich einrühren.

- Die Tomaten, den Zucker und 50 ml Wasser hinzufügen, mit Salz abschmecken. Zum Kochen bringen und 5 Minuten köcheln lassen.

- Pfeffer, Kreuzkümmel und Minze unterrühren. Kirschtomaten-Chutney sofort servieren.

- Wenn man die Kirschtomaten vor dem Garen kreuzweise einritzt, lässt sich die Haut leichter abziehen.

MANGO-CHUTNEY MIT JAGGERY
Aam ki Launji

Für 4–6 Personen

ZUTATEN
500 g Mangofruchtfleisch
1 EL Öl
1/8 TL gemahlener Asant
1/4 TL Bockshornkleesamen
1/4 TL Kreuzkümmelsamen
1/4 TL Fenchelsamen
1 TL gemahlene Kurkuma
1 TL gemahlener Fenchelsamen
1/2 TL Salz
2 EL fein zerstoßener Jaggery oder Palmzucker

ZUBEREITUNG
- Das Mangofruchtfleisch in 2 1/2 cm große Würfel schneiden.

- Das Öl bei mittlerer Hitze in einer Pfanne heiß werden lassen. Asant, Bockshornklee-, Kreuzkümmel- und Fenchelsamen einrühren. Gemahlene Kurkuma und gemahlene Fenchelsamen sowie die Mangowürfel hinzufügen. Gut verrühren.

- Das Salz und 50 ml Wasser unterrühren und die Mango-Gewürz-Mischung bei schwacher Hitze etwa 2 Minuten garen, bis die Mangowürfel weich sind.

- Den Jaggery unterrühren und weitere 2 Minuten garen. Das Chutney warm servieren oder bis zur Verwendung im Kühlschrank aufbewahren.

- Das Mango-Chutney kann man im Kühlschrank in einem gut verschließbaren Glas bis zu 2 Wochen aufbewahren.

- Das Chutney passt zu allen Paratha-Varianten (verschiedene Fladenbrote; siehe S. 196 bis 205).

KOKOSNUSS-CHUTNEY
Nariyal ki Chutney

Für 4–6 Personen

ZUTATEN

Für das Chutney:
50 g Kokosnuss-Fruchtfleisch (frisch geraspelt, siehe S. 284)
50 g gespaltene, geröstete Kichererbsen
2 TL grüne Chilischote (in feinen Würfeln)
½ TL Salz
2 EL Koriander (fein gehackt)

Für die Gewürzmischung:
1 EL Öl
je ½ TL geschälte, gespaltene Kichererbsen und Urdbohnen (2 Stunden eingeweicht)
¼ TL Senfsamen
2 getrocknete rote Chilischoten
8 Curryblätter

ZUBEREITUNG

- Für das Chutney Kokosflocken, Kichererbsen, Chiliwürfel und Salz mit 150 ml Wasser im Küchenmixer zu einer sämigen Creme verarbeiten. Falls nötig, bis zu 50 ml Wasser untermixen. Koriander hinzufügen und 10 Sekunden untermixen.

- Das Chutney in eine Servierschüssel füllen.

- Für die Gewürzmischung das Öl in einer kleinen Pfanne erhitzen. Die Kichererbsen und Urdbohnen dazugeben und leicht bräunen. Die restlichen Zutaten unterrühren. Gewürz-mischung auf das Chutney geben. Sofort servieren.

- Dieses Chutney wird in Indien zu frittiertem Gemüse gereicht.
- Gespaltene, geröstete Kichererbsen sind im Asialaden erhältlich.
- Das Kokos-Chutney schmeckt frisch zubereitet am besten. Falls etwas übrig bleiben sollte, kann man es aber auch einfrieren.

GRÜNES CHUTNEY
Hari Chutney

Für 4–6 Personen

ZUTATEN
100 g Korianderblätter
2 TL grüne Chilischote
(in feinen Würfeln)
½ TL Kreuzkümmel
1 Prise gemahlener Asant
½ TL gemahlene
Koriandersamen
1 TL Salz
Zitronensaft

ZUBEREITUNG
- Die Korianderblätter waschen und abtropfen lassen.
- Mit den Chiliwürfeln, den Kreuzkümmelsamen, dem Asant, dem Koriander und dem Salz sowie 2 EL Wasser in den Küchenmixer geben und zu einer sämigen Creme verarbeiten. Falls nötig, löffelweise Wasser untermixen.
- Das grüne Chutney in einer Schüssel anrichten und kurz vor dem Servieren mit Zitronensaft abschmecken.

- Der Zitronensaft verleiht dem Chutney eine feinsäuerliche Note und bewahrt die frische Farbe. Steht das Chutney jedoch länger, lässt die Zitronensäure das Koriandergrün verblassen.
- Das Chutney bekommt die gewünschte cremige Konsistenz, wenn man nur so viel Wasser wie unbedingt nötig hinzufügt.

SCHNELLE CHILI-PICKLES
Chatpat Achaari Mirch

Für 1 Schälchen

ZUTATEN
Für die Würze:
- 1 EL Senföl
- 1 Prise gemahlener Asant
- ¼ TL Bockshornkleesamen
- ¼ TL Kreuzkümmel
- 1 Prise gemahlene Kurkuma
- 2 TL Kichererbsenmehl

Außerdem:
- 100 g pralle grüne Chilischoten (in 2–3 cm langen Stücken)
- 1 TL gemahlene Korianderkörner
- 2 TL gemahlene Fenchelsamen
- ½ TL Mangopulver (*amchur*, siehe S. 11)
- 1 Prise Chilipulver
- 1 TL Chaat Masala (siehe S. 294)
- Salz

ZUBEREITUNG

- Für die Würze das Senföl im Wok erhitzen. Asant, Bockshornkleesamen, Kreuzkümmel, Kurkuma und Kichererbsenmehl dazugeben und bei schwacher Hitze unter ständigem Rühren 10 Sekunden erhitzen.

- Die Chilischotenstücke unterrühren und mit gemahlenen Korianderkörnern, Fenchelsamen, Mango- und Chilipulver, Chaat Masala und Salz würzen.

- Die Zutaten unter Rühren bei starker Hitze 1 Minute erhitzen. In ein Schälchen umfüllen und servieren.

> DIE SCHARFEN CHILISCHOTEN SIND SCHNELL GEMACHT UND EINE RAFFINIERTE BEILAGE.

- Senföl ist für dieses Rezept ideal. Die Schoten bekommen damit ein rauchig-scharfes Aroma und profitieren von den gesunden Inhaltsstoffen. Sie erhalten das Öl in gut sortierten Supermärkten.
- Sie benötigen unbedingt pralle, dicke Chilischoten.
- Die Chilischoten schmecken zu Masala-Maispuffern (siehe S. 211).

RÜBCHEN-RELISH
Achaari Kandmool

ZUTATEN

500 g weiße Rüben
(in 2–3 cm langen und ca. 1 cm
breiten Stücken)
500 g Rettich (geschält,
in 1 cm dicken Scheiben)
1 TL Chilipulver
1 EL Salz
1 gestr. EL Senfpulver
¼ TL gemahlener Asant
1 TL gemahlene Kurkuma
50 ml Senföl

ZUBEREITUNG

- Die Rüben- und Rettichstücke in einem breiten Topf mit 750 ml kochendem Wasser kurz blanchieren. In ein Sieb abgießen und mit Küchenpapier trocken tupfen.

- Die Gemüsestücke 2 Stunden an der Sonne oder im Ofen bei 50 °C Umluft trocknen lassen.

- Das getrocknete Gemüse auf einen großen Teller geben und mit Chilipulver, Salz, Senfpulver, Asant, Kurkuma und Senföl mischen.

- Alles in eine Schüssel legen und zugedeckt 2 Tage ruhen lassen. Ab und zu umrühren. Die Rübchen in einem Glas im Kühlschrank aufbewahren.

DIE PIKANTEN AROMEN VON RÜBCHEN UND RETTICH SCHMECKEN VOR ALLEM IM WINTER UND PASSEN ZU NAHEZU JEDEM INDISCHEN GERICHT.

- In Senföl Eingelegtes muss im Kühlschrank aufbewahrt werden, damit es nicht zu sehr säuert.

- In Nordindien wird dazu gern Maisbrot mit Bockshornklee (siehe S. 200) und gefülltes Hirsebrot (siehe S. 204) gegessen.

DESSERTS & GEBÄCK

FEINER FRUCHT-NUSS-PUDDING
Angoori Rabadi

ZUTATEN
1 ½ l Milch
45 g Zucker
fein zerstoßene Samen von
2 grünen Kardamomkapseln
(siehe S. 296)
1 TL Rosenwasser
75 g kernlose grüne Trauben
75 g Granatapfelkerne
1 EL geschälte Mandeln
(siehe S. 306)
1 EL geschälte Pistazien
(siehe S. 306)

ZUBEREITUNG
- Die Milch im Wok unter regelmäßigem Rühren bei starker Hitze aufkochen lassen. Die Temperatur reduzieren und die Milch köcheln lassen, bis sie auf ein Viertel (375 ml) der ursprünglichen Menge eingekocht ist. Regelmäßig rühren.
- Den Zucker unterrühren und kurz aufkochen, 2 Minuten köcheln lassen, dann den Wok vom Herd nehmen. Den Kardamom unterrühren und die Milch abkühlen lassen.
- Das Rosenwasser einrühren und den Pudding kühl stellen.
- Einige Trauben, Granatapfelkerne, Mandeln und Pistazien zum Garnieren beiseitelegen. Den Rest mit dem abgekühlten Pudding mischen und in kleine Dessertschalen füllen.
- Mit den beiseitegelegten Trauben, Granatapfelkernen, Mandeln und Pistazien garnieren.

> DER PUDDING BESITZT EINE KÖRNIGE KONSISTENZ, DIE HERVORRAGEND MIT DER NATÜRLICHEN SÜSSE VON OBST HARMONIERT.

- Die traditionelle Version dieses Puddings wird meist mit Mango zubereitet. Geben Sie das jeweilige Obst immer erst kurz vor dem Servieren hinzu, damit der Pudding nicht wässrig wird.
- Der Pudding schmeckt auch fein, wenn er nur mit verschiedenen Nüssen zubereitet wird.

Für 4–6 Personen

• Rosenwasser entsteht durch die Destillation frischer Rosenblätter. Sein feines Aroma bereichert eine Vielzahl indischer Gerichte.

SAFRAN-NUSS-PUDDING
Kesari Makhana Kheer

ZUTATEN
Für den Pudding:
50 g Makhana-Nüsse
(Fox nuts, siehe Tipp)
¼ TL Safranfäden
Samen von 4 grünen
Kardamomkapseln
(*choti elaichi*, siehe S. 11)
1 l Milch
1½–2 EL Zucker

Außerdem:
2 EL geschälte Mandeln
(siehe S. 306)
1 EL geschälte Pistazien
(siehe S. 306)

ZUBEREITUNG
- Für den Pudding die harten, schwarzen äußeren Schalen der Nüsse entfernen. Die Nüsse vierteln und beiseitelegen.
- Den Safran und den Kardamom im Mörser zu einem feinen Pulver zerstoßen (siehe S. 296).
- Die Milch im Wok bei starker Hitze unter häufigem Rühren aufkochen lassen.
- Die Nüsse in reichlich Wasser waschen, überschüssiges Wasser herausdrücken und die Nüsse in den Wok zur Milch geben.
- Alles erneut aufkochen und bei schwacher Hitze köcheln lassen, bis die Milch auf ein Drittel der ursprünglichen Menge (330 ml) eingekocht ist. Dabei hin und wieder umrühren. Den Zucker unterrühren, erneut aufkochen und bei schwacher Hitze weitere 10 Minuten köcheln lassen.
- Kardamom und Safran unterrühren. Den Wok vom Herd nehmen und alles abkühlen lassen.
- Den Pudding kühl stellen. Mit Mandeln und Pistazien garnieren und kalt servieren. Innerhalb von 2 Tagen verzehren.

- Bei Makhana-Nüssen handelt es sich nicht, wie oft geglaubt, um Lotoskerne, sondern um die Früchte der Stachelseerose. In indischen Läden gibt es sie abgepackt zu kaufen.

Für 4–6 Personen

SAFRAN-NUSS-PUDDING WIRD IN NORDINDIEN GERN ZU FASTENRITUALEN SERVIERT.

• Alle Makhana-Nüsse, die nicht aufgepufft sind, sollten Sie wegwerfen, da sie nicht weich werden.

DESSERTS & GEBÄCK

DATTEL-ANANAS-DESSERT
Lajawaab Khajoori Ananas

ZUTATEN
2 EL geklärte Butter
(*Ghee*, siehe S. 307)
2 EL Mandeln
2 EL Cashewkerne
275 g Ananas
(in Stücken)
50 g Zucker
¼ TL abgeriebene Bio-Zitronenschale (siehe Tipp)
50 g Khoya
(siehe S. 301, gerieben)
2 EL weiche Datteln
(in Streifen)
1 Prise Zimtpulver
1 Prise Chiliflocken

ZUBEREITUNG

- In einem kleinen Topf oder im Wok 1 EL geklärte Butter erhitzen. Die Mandeln darin bei schwacher Hitze goldgelb rösten. Herausnehmen und beiseitelegen. In derselben Pfanne die Cashewkerne goldgelb rösten und beiseitelegen.

- In einer flachen Pfanne ½ EL geklärte Butter erhitzen. Die Hälfte der Ananasstücke darin bei mittlerer Hitze rundum leicht karamellisieren. Herausnehmen und abkühlen lassen. Die restliche Butter in die Pfanne geben und die übrige Ananas karamellisieren.

- Die Ananas abkühlen lassen, in kleine Stücke schneiden und beiseitestellen.

- In einer Pfanne den Zucker und 1 EL Wasser bei mittlerer Hitze unter Rühren erhitzen, bis der Zucker vollständig geschmolzen ist.

- Die Zitronenschale und die Ananas dazugeben und unter Rühren 1 Minute erhitzen.

- Das Khoya dazugeben und unter Rühren 1 weitere Minute erhitzen.

- Die Datteln unterrühren, mit Zimt und Chiliflocken würzen.

- Die Mandeln und Cashewkerne unterrühren und das Dessert sofort servieren.

- Für die abgeriebene Zitronenschale 1 ganze Bio-Zitrone heiß abwaschen und abtrocknen. Dann mit einer feinen Reibe nur die gelbe Schale dünn abreiben.

- *Khoya*, auch *khawa* oder *mawa* genannt, ist eine cremige Masse aus Milch, die unter Hitze auf ein Achtel ihres ursprünglichen Volumens eingedickt wurde.

Für 4–6 Personen

DIE VERBINDUNG AUS FRÜCHTEN, NÜSSEN UND KHOYA, GEPAART MIT EINEM HAUCH CHILI, ERGIBT EIN ERLESENES DESSERT.

• Das warme Dessert schmeckt am besten frisch zubereitet und sollte besser nicht lange vor dem Servieren gemacht werden.

DESSERTS & GEBÄCK • 251

ERDBEER-REISPUDDING
Strawberry Phirni

ZUTATEN

Für den Pudding:
50 g Basmatireis
(2 Stunden eingeweicht)
1 l Milch (Zimmertemperatur)
1 TL Erdbeerpuddingpulver
1 TL Erdbeeressenz
(ersatzweise Erdbeersirup)
100 g Zucker
einige Tropfen rote Lebensmittelfarbe

Außerdem:
10 Erdbeeren (in Scheiben)
einige Minzeblätter

ZUBEREITUNG

- Für den Pudding den abgetropften Reis mit etwas Wasser im Küchenmixer zu einer glatten Paste zerkleinern. Durch ein Sieb streichen und beiseitestellen.
- 2 EL Milch mit dem Erdbeerpuddingpulver glatt anrühren.
- Den Reis unter die restliche Milch rühren, dann das Puddingpulver unterrühren. Darauf achten, dass keine Klümpchen entstehen.
- Die Milch im Wok unter Rühren zum Kochen bringen. Vom Herd nehmen, Erdbeeressenz, Zucker und Lebensmittelfarbe unterrühren. Wieder auf den Herd stellen.
- Bei mittlerer Hitze unter Rühren köcheln lassen, bis sich an der Oberfläche Blasen bilden.
- 200 ml lauwarmes Wasser in eine Schüssel geben und ¼ TL von der Reismischung dazugeben. Bildet sich eine Kugel, ist der Pudding fertig.
- Den Wok sofort vom Herd nehmen und den Pudding in kleine Schalen füllen. Etwas abkühlen lassen, dann mit Frischhaltefolie bedeckt 8 Stunden kühl stellen.
- Mit Erdbeerscheiben und Minzeblättern garniert servieren.

TRADITIONELL WIRD DER SÄMIGE PUDDING, DER DURCH DIE ERDBEEREN FRISCHE UND BISS BEKOMMT, IN KLEINEN TÖPFEN AUS TON SERVIERT.

- Die Reispaste sollten Sie stets mit zimmerwarmer Milch verrühren. So bilden sich keine Klümpchen.
- Die Servierschalen vorbereiten und den Pudding noch heiß hineingeben. Der Pudding wird schnell fest, deshalb muss er direkt aus dem Topf in die Schalen gegossen werden.

Für 8–10 Personen

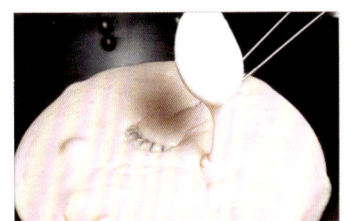   

• Wer möchte, kann die Lebensmittelfarbe auch weglassen.

BOONDI MIT SAHNE
Boondi Bake

Für 6–8 Personen

ZUTATEN
200 g Kichererbsenmehl
250–300 g geklärte Butter (*Ghee*, siehe S. 307) zum Frittieren
150 g Zucker
½ TL fein zerstoßener grüner Kardamom (*choti elaichi*, siehe S. 11)
¼ TL zerstoßene Safranfäden
6 Scheiben Weißbrot (ohne Rinde)
300 ml Milch · 250 g Sahne
2 EL Mandelstifte (siehe S. 306)
2 EL gehackte Pistazien (siehe S. 306)

ZUBEREITUNG

- Das Kichererbsenmehl mit 150 ml Wasser zu einem dickflüssigen Teig verrühren. Die geklärte Butter bei mittlerer Hitze in einer Pfanne erhitzen. Den Teig durch die Boondi-Kelle (siehe Tipp) in die Butter tropfen lassen und goldbraun frittieren.

- Den Zucker mit 50 ml Wasser zu Sirup kochen (siehe S. 304). Kardamom und Safran gründlich unterrühren.

- Die Boondi hinzufügen und rühren, bis alle Kügelchen mit dem Sirup überzogen sind. Auskühlen lassen und anschließend wieder in die einzelnen Boondi zerstoßen.

- Das Weißbrot im Toaster hell toasten. Den Backofen auf 140 °C vorheizen.

- Die Brotscheiben in eine ofenfeste flache Form (20 x 20 cm) legen. Mit den Boondi bedecken und die Milch darübergießen. Im Ofen auf der mittleren Schiene 10 bis 15 Minuten goldbraun backen und abkühlen lassen.

- Zum Servieren die Sahne cremig schlagen und über die Boondi verteilen. Mit Mandeln und Pistazien garnieren und sofort servieren.

- Die Boondi-Kelle (siehe S. 21 und S. 307) ist im Asialaden erhältlich. Ersatzweise kann man auch einen Schaumlöffel verwenden.

- In Indien werden Süßspeisen und Gebäck immer mit geklärter Butter (*Ghee*) zubereitet. Man kann stattdessen Butterschmalz verwenden – allerdings hat *Ghee* ein charakteristisches Aroma.

VANILLEPUDDING MIT FRÜCHTEN
Thanda Phalon ka Custard

Für 6–8 Personen

ZUTATEN
1 Packung Fruchtaspik (Orange Jelly Crystal, siehe S. 305) oder orangefarbener Wackelpudding
2 TL geklärte Butter (*Ghee*, siehe S. 307)
6 Marie-Biscuits-Brösel (siehe S. 304)
4 EL Custard Powder (Tipp S. 305) oder Vanillepuddingpulver
1 l Milch
4 EL Zucker
4 Handvoll Fruchtwürfel (z.B. Äpfel, Bananen, Orangen)

ZUBEREITUNG
- Den Fruchtaspik nach Packungsanleitung zubereiten, in eine flache Schale füllen und kühl stellen.
- Die geklärte Butter in einer Pfanne zerlassen und die Keksbrösel untermischen. Die Keksmischung in eine Servierschüssel drücken und 45 Minuten in den Kühlschrank stellen.
- Das Puddingpulver mit 50 ml Milch verrühren.
- Die restliche Milch mit dem Zucker in einem Topf zum Kochen bringen. Das angerührte Puddingpulver hinzufügen und unter Rühren kurz aufkochen lassen.
- Die Vanillecreme abkühlen lassen und zum Auskühlen in den Kühlschrank stellen.
- Zum Servieren die Vanillecreme auf das Kekskrümel-Bett gießen. Die Früchtewürfel darauf verteilen. Den Fruchtaspik in kleine Würfel schneiden und darüberstreuen. Den Pudding mit Früchten gekühlt servieren.

- Die Milch zum Anrühren des Puddingspulvers sollte Zimmertemperatur haben, sonst bilden sich Klümpchen.
- Die Fruchtwürfel können Sie wie einen Obstsalat mit Zitronensaft und Chaat Masala anmachen.

EXOTISCHER BOHNENPUDDING
Jashan-e-Moong Halwa

ZUTATEN

125 g geschälte, gespaltene Mungbohnen (*dhuli moong dal*, 2 Stunden eingeweicht)
Samen von 10 grünen Kardamomkapseln (*choti elaichi*, siehe S. 11)
¼ TL Safranfäden
150 g Zucker
125 g geklärte Butter (*Ghee*, siehe S. 307)
¼ TL Mehl
75 g Khoya (siehe S. 301, gerieben)
2 EL Mandelstifte (siehe S. 306)
2 EL gehackte Pistazien (siehe S. 306)

ZUBEREITUNG

- Die Mungbohnen im Küchenmixer grob zerkleinern und gegebenenfalls etwas Wasser unterrühren.
- Kardamom und Safran im Mörser zu einem feinen Pulver zermahlen (siehe S. 296).
- Für den Zuckersirup den Zucker mit 300 ml Wasser in einen Topf geben und langsam zum Kochen bringen. So lange rühren, bis der Zucker sich aufgelöst hat.
- Im Wok 100 g geklärte Butter zerlassen. Das Mehl einrühren.
- Die Mungbohnenpaste dazugeben und bei schwacher Hitze einrühren.
- Enstehende Klümpchen mit einem Löffelrücken zerdrücken. Unter Rühren weiter köcheln lassen, bis die Mischung gleichmäßig gekörnt und goldbraun ist.
- Das Khoya unterrühren und unter Rühren bei schwacher Hitze 2 Minuten köcheln lassen.
- Den Zuckersirup unterrühren und alles unter Rühren etwas eindicken lassen.
- Mit 1 EL Wasser besprenkeln und unter Rühren 2 Minuten weiterköcheln lassen. Nochmal 1 EL Wasser dazugeben und unter Rühren 2 Minuten weiterköcheln lassen.
- Das Kardamom-Safran-Pulver unterrühren. Die restliche geklärte Butter dazugeben, gut umrühren und sofort servieren. Mit Mandeln und Pistazien garnieren.

- Sprenkelt man 2 EL Wasser auf den köchelnden Pudding, bekommt er eine lockere und körnige Textur.
- Sie benötigen schon etwas Geduld, um dieses Dessert zuzubereiten. Aber die Mühe lohnt sich.

Für 6–8 Personen

DIESES KÖSTLICHE INDISCHE DESSERT IST WEGEN SEINES FEINEN AROMAS EIN BELIEBTER NACHTISCH BEI FESTTAGSMENÜS.

• Im Kühlschrank hält sich der Pudding bis zu 2 Wochen.

REISPUDDING MIT KARDAMOM
Chawal ki Kheer

Für 4–6 Personen

ZUTATEN
2 EL Basmatireis (gewaschen und in reichlich Wasser 10 Minuten eingeweicht)
¼ TL Safranfäden
Samen von 4 grünen Kardamomkapseln (*choti elaichi*, siehe S. 11)
¼ TL geklärte Butter (*Ghee*, siehe S. 307)
1½ l Milch
4 EL Zucker
2 EL Mandelstifte (siehe S. 306)
2 EL gehackte Pistazien (siehe S. 306)

ZUBEREITUNG
- Den Reis abgießen. Safran und Kardamom im Mörser zu einem feinen Pulver zerstoßen.

- Die geklärte Butter im Wok bei mittlerer Hitze erhitzen. Reis dazugeben und 1 Minute dünsten. Milch dazugießen und aufkochen lassen. Die Hitze reduzieren und die Reis-Milch-Mischung unter Rühren garen, bis sie auf ein Drittel cremig eingekocht ist.

- Den Zucker unterrühren und die Creme 10 Minuten leicht köcheln lassen. Die Safran-Kardamom-Mischung unterrühren. Abkühlen lassen und zum Auskühlen in den Kühlschrank stellen.

- Den Pudding mit Mandeln und Pistazien bestreuen.

- Reispudding ist in Indien ein sehr beliebter Nachtisch, den man warm oder kalt servieren kann.

- Sie können den Reispudding bereits 1 Tag im Voraus zubereiten und im Kühlschrank aufbewahren.

VERMICELLI-PUDDING
Sewai ki Kheer

Für 4–6 Personen

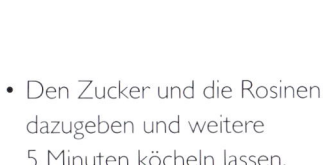

ZUTATEN
¼ TL Safranfäden
Samen von 3 grünen Kardamomkapseln
(*choti elaichi*, siehe S. 11)
½ TL geklärte Butter
(*Ghee*, siehe S. 307)
50 g Vermicelli
(dünne Reisnudeln)
1 ¼ l Milch
2–3 EL Zucker
2 EL Rosinen
2 EL gehackte Pistazien
(siehe S. 306)

ZUBEREITUNG
- Safran und Kardamom im Mörser zu einem feinen Pulver zerstoßen.

- Die geklärte Butter bei mittlerer Hitze im Wok erhitzen. Die Vermicelli hinzufügen und unter ständigem Rühren goldbraun rösten.

- Die Milch dazugießen und aufkochen lassen. Die Hitze reduzieren und die Vermicelli-Milch-Mischung 30 Minuten köcheln lassen.

- Den Zucker und die Rosinen dazugeben und weitere 5 Minuten köcheln lassen.

- Dann die Safran-Kardamom-Mischung unterrühren.

- Den kochend heißen Vermicelli-Pudding in eine Servierschüssel füllen und mit Pistazien bestreut sofort servieren.

- Die dünnen Vermicelli sind für dieses Dessert besonders geeignet. Man bekommt sie im Asialaden oder im gut sortierten Supermarkt.

- Statt mit gehackten Pistazien kann man den Vermicelli-Pudding auch mit Mandelstiften oder gehackten Cashewkernen bestreuen.

DESSERTS & GEBÄCK

NUSSIGES KÜRBISDESSERT
Lazeez Lauki Lachche

ZUTATEN
½ Flaschenkürbis *(lauki)*
2 TL Zitronensaft
200 g Khoya (siehe S. 301)
100 g Zucker
fein zerstoßene Samen von
8 grünen Kardamomkapseln
(siehe S. 296)
2 EL feiner Kandiszucker
1 TL Rosenwasser
3 EL Chironji-Nüsse (siehe Tipp
S. 261, ersatzweise Cashewkerne)
2 EL Mandelstifte (siehe S. 306)
1 EL Pistazien

ZUBEREITUNG
- Den Flaschenkürbis schälen und auf der Gemüsereibe raspeln. Sofort in 1 l Zitronenwasser legen und 5 Minuten ziehen lassen.
- Die Kürbisraspel in ein Sieb abgießen und auf Küchenpapier abtropfen lassen.
- Das Khoya im Wok unter Rühren bei mittlerer Hitze garen, bis sich die Butter von der Milchmasse trennt. Beiseitestellen und abkühlen lassen. Das feste Khoya in kleine Stücke brechen.
- Im Wok Kürbisraspel und Zucker mischen und bei mittlerer Hitze unter Rühren erhitzen, bis die Kürbisraspel vollständig mit einer dünnen Zuckerschicht überzogen sind.
- Khoya, Kardamom, Kandiszucker und Rosenwasser unterrühren.
- 2 EL Chironji-Nüsse dazugeben und 1 Minute einrühren. Abkühlen lassen.
- Das Kürbisdessert bei Zimmertemperatur mit Mandeln, Pistazien und restlichen Chironji-Nüssen garniert servieren.

DIESES DESSERT BESTICHT DURCH SEINE KNUSPRIGE TEXTUR, DIE DURCH KANDISZUCKER UND NÜSSE ENTSTEHT. ROSENWASSER SORGT FÜR EIN LIEBLICHES AROMA.

- Legt man das geraspelte Kürbisfleisch in Zitronenwasser, verfärbt es sich nicht und bekommt außerdem eine glänzende Oberfläche.
- Kandiszucker hat eine grobe Struktur. Die Körner sind mindestens drei- bis viermal größer als die des Haushaltszuckers.

Für 6–8 Personen

• Chironji-Nüsse (siehe S. 19) werden in Indien gern für Desserts verwendet. Man kennt sie auch unter den Namen *charoli* oder Cuddapah-Mandel.

DESSERTS & GEBÄCK • 261

SÜSSER SAFRANREIS
Meetha Kesari Chawal

Für 4–6 Personen

ZUTATEN

125 g Basmatireis (gewaschen und 30 Minuten eingeweicht)
¼ TL Safranfäden
Samen von 1 grünen Kardamomkapsel
(*choti elaichi*, siehe S. 11)
125 g Zucker
70 g Mandelstifte (siehe S. 306)
2 EL gehackte Pistazien (siehe S. 306)
3 EL geklärte Butter
(*Ghee*, siehe S. 307)
2 Gewürznelken

ZUBEREITUNG

- Den Reis abgießen, in einen Topf mit reichlich kochendem Wasser geben, weich garen (siehe S. 303) und abgießen.

- Die Safranfäden und den Kardamom im Mörser zu einem feinen Pulver zerstoßen.

- Den Zucker mit 50 ml Wasser bei schwacher Hitze zu Sirup kochen (siehe S. 304). Den Herd ausschalten. Drei Viertel der Mandeln und Pistazien, die Gewürzmischung und den Reis gründlich unter den Sirup rühren. Zugedeckt 2 Stunden stehen lassen, dabei gelegentlich umrühren.

- Die geklärte Butter in einer Pfanne erhitzen und die Gewürznelken darin anrösten. Nelken und Butter unter den süßen Reis heben. Zum Servieren den Reis mit den restlichen Mandeln und Pistazien bestreuen.

- Nachdem man den gegarten Reis unter den Zuckersirup gerührt hat, gibt dieser noch etwas Feuchtigkeit ab. Während der Reis durchzieht, wird die Feuchtigkeit wieder aufgesogen.

- Statt Safranfäden können Sie auch Safranpulver verwenden.
- Noch raffinierter wird der süße Reis, wenn Sie in schwarzen Tee eingeweichte Rosinen untermischen.

MÖHRENPUDDING
Gajar ka Halwa

Für 4–6 Personen

ZUTATEN
1 kg Möhren
(geschält und geraspelt)
1 l Milch
250 g Zucker
125 g Khoya (siehe S. 301)
4 EL geklärte Butter
(*Ghee*, siehe S. 307)
1 TL fein zerstoßener grüner
Kardamom (siehe S. 296)
4 EL gehackte Cashewkerne
70 g Mandelstifte
(siehe S. 306)
4 EL gehackte Pistazien
(siehe S. 306)

ZUBEREITUNG
- Möhren und Milch in einen großen Wok geben und bei mittlerer Hitze köcheln, bis die Milch eingekocht ist. Dabei gelegentlich umrühren.

- Die Hitze reduzieren. Den Zucker hinzufügen und die Möhren wenden, bis der Zucker geschmolzen ist. Khoya darüberraspeln und die Möhren unter ständigem Wenden weitere 10 Minuten garen.

- Die geklärte Butter unterheben und die Möhren unter Wenden 15 Minuten weitergaren. Vom Herd nehmen, Kardamom und Cashewkerne untermischen. Den Pudding mit Mandeln und Pistazien bestreuen.

- Sehr große Möhren sollten Sie vor dem Raspeln halbieren und das harte Innere entfernen.
- Der Möhrenpudding hält sich etwa 1 Woche im Kühlschrank.

SÜSSER GRIESSPUDDING
Suji Halwa

Für 4–6 Personen

ZUTATEN
¼ TL Safranfäden
Samen von 6 grünen
Kardamomkapseln
(*choti elaichi*, siehe S. 11)
150 g Zucker
5 EL geklärte Butter
(*Ghee*, siehe S. 307)
125 g Grieß
2 EL Kichererbsenmehl
2 EL Mandelstifte (siehe S. 306)
2 EL gehackte Pistazien
(siehe S. 306)

ZUBEREITUNG
- Safranfäden und Kardamom im Mörser zu einem feinen Pulver zerstoßen.
- Den Zucker mit 370 ml Wasser zu Sirup kochen (siehe S. 304).
- In einer Pfanne 4 EL geklärte Butter bei mittlerer Hitze erhitzen. Den Grieß und das Kichererbsenmehl hinzufügen und unter Rühren leicht bräunen. Die Hitze reduzieren.
- Den Zuckersirup dazugeben und rühren, bis die Masse andickt.
- Die restliche geklärte Butter und die Safran-Kardamom-Mischung untermischen.
- Den Grießpudding mit Mandeln und Pistazien bestreuen und sofort servieren.

- Wenn der Grießpudding nicht gleich serviert wird, sollte man zum Aufwärmen etwas kochendes Wasser untermischen, da er beim Abkühlen eindickt.
- Die restliche geklärte Butter immer erst zum Schluss unterrühren, um den Grieß aufzulockern.

SAFRAN-PISTAZIEN-EIS
Kesar Pista Kulfi

Für 8 Personen

ZUTATEN
¼ TL Safranfäden
Samen von 8 grünen Kardamomkapseln
(*choti elaichi*, siehe S. 11)
2 l Milch
5 EL Zucker
2 EL gehackte Pistazien
(siehe S. 306)

ZUBEREITUNG
- Safran und Kardamom im Mörser zu einem feinen Pulver zerstoßen.
- Die Milch bei mittlerer Hitze in einer Pfanne köcheln lassen, bis sie auf ein Viertel eingekocht ist. Dabei ab und zu umrühren.
- Den Zucker unterrühren und weitere 2 Minuten köcheln lassen. Die Safran-Kardamom-Mischung gründlich untermischen und die Milch abkühlen lassen.
- Die gewürzte Milch-Zucker-Mischung und 1½ EL Pistazien in den Küchenmixer geben und 10 Sekunden mixen. Die Mischung in 8 Kulfi-Becher (siehe Tipp) füllen und 12 Stunden im Tiefkühlfach gefrieren lassen.
- Das Safran-Pistazien-Eis mithilfe eines kleinen Messer aus den Kulfi-Bechern lösen. In dicke Scheiben schneiden und auf Desserttellern anrichten. Mit den restlichen Pistazien bestreuen.

- Kulfi-Becher bekommt man im Asialaden.
- Das Eis schmeckt am besten mit Vollmilch zubereitet, gelingt aber auch mit fettarmer oder entrahmter Milch.
- Das Eis lässt sich leichter aus den Kulfi-Bechern lösen, wenn man diese zuvor kurz unter fließendes warmes Wasser hält.

SESAM-PRALINEN
Til Khoya Bahaar

ZUTATEN
250 g Sesamsamen
500 g Khoya (siehe S. 301)
250 g Puderzucker
fein zerstoßene Samen von
8 grünen Kardamomkapseln
(siehe S. 296)
1½ EL gehackte Pistazien
(siehe S. 306)

ZUBEREITUNG
- Die Sesamsamen im Wok bei schwacher Hitze gleichmäßig rösten. Ab und zu umrühren. Die noch heißen Sesamsamen im Küchenmixer grob mahlen.
- Das Khoya im Wok bei mittlerer Hitze unter Rühren garen, bis sich die Butter von der Milchmasse trennt.
- Sofort mit den noch warmen, gerösteten Sesamsamen verrühren. Den Puderzucker und den Kardamom unterrühren. Alles gut mischen und mit der Hand verkneten.
- Aus der noch heißen Masse kleine Bällchen formen. Ist die Masse bereits erkaltet, mit etwas Milch beträufeln und Bällchen formen.
- Jeweils eine kleine Vertiefung in die Bällchen drücken und mit einigen Pistaziensplittern füllen.
- Abkühlen lassen und servieren. Sesam-Pralinen innerhalb von 1 Woche verzehren.

- Röstet man die Sesamsamen, verstärkt sich ihr Aroma.
- Die Masse noch heiß zu Bällchen formen, da sie während des Abkühlens schnell hart wird.

Für 25–30 Stück

> DAS KNUSPRIGE SESAMDESSERT IST AUCH UNTER DEM NAMEN TIL LADOO BEKANNT. MAN ISST ES ZU DEN FEIERLICHKEITEN VON SANKRANTI UND LOHRI.

- *Khoya* ist in gut sortierten Asialäden und indischen Supermärkten erhältlich. Am besten schmeckt es natürlich selbst gemacht.

SÜSSE MONDSICHELN
Shahi Gunjia

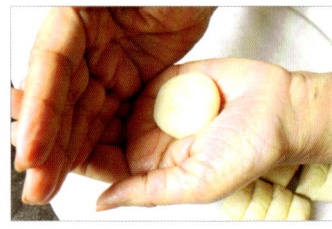
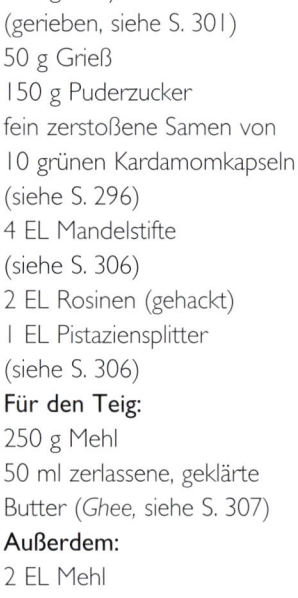

ZUTATEN

Für die Füllung:
250 g Khoya
(gerieben, siehe S. 301)
50 g Grieß
150 g Puderzucker
fein zerstoßene Samen von
10 grünen Kardamomkapseln
(siehe S. 296)
4 EL Mandelstifte
(siehe S. 306)
2 EL Rosinen (gehackt)
1 EL Pistaziensplitter
(siehe S. 306)

Für den Teig:
250 g Mehl
50 ml zerlassene, geklärte
Butter (*Ghee*, siehe S. 307)

Außerdem:
2 EL Mehl
400 g geklärte Butter zum
Frittieren

ZUBEREITUNG

- Für die Füllung das Khoya im Wok unter Rühren bei mittlerer Hitze garen, bis sich die Butter von der Milchmasse trennt. Herausnehmen und beiseitestellen.

- In einen zweiten Wok den Grieß bei schwacher Hitze unter Rühren gleichmäßig rösten. Herausnehmen und abkühlen lassen.

- Grieß mit Khoya, Puderzucker, Kardamom, Mandeln und Rosinen mischen und beiseitestellen.

- Für den Teig das Mehl sieben. Die zerlassene Butter dazugeben und mit etwas lauwarmem Wasser zu einem elastischen Teig verarbeiten. Mit einem feuchten Küchentuch abdecken und 15 Minuten ruhen lassen.

- Das Mehl mit etwas Wasser zu einer Paste verrühren.

- Aus dem Teig gleich große Kugeln formen und diese zu Kreisen ausrollen. Den Rand jedes Kreises mit Mehlpaste bestreichen und in die Mitte jeweils 1½ TL Füllung geben.

- Die Kreise zu Halbkreisen zusammenklappen. Die Ränder leicht zusammendrücken und mit den Fingern oder mithilfe einer Gabel rundum manschettenartig festdrücken.

- Die geklärte Butter im Wok erhitzen und darin portionsweise jeweils 6 bis 8 Mondsicheln goldgelb frittieren.

- Mit dem Schaumlöffel herausnehmen und in ein Sieb legen. Abkühlen lassen und mit Pistaziensplittern garniert servieren.

- Grieß und *Khoya* erst abkühlen lassen, bevor beides mit dem Puderzucker verrührt wird. So entstehen keine Klümpchen.

- Die Mondsicheln werden traditionell mit den Händen geformt. Es gibt aber im Handel auch entsprechende Formen.

Für 30 Stück

> GUNJIAS WERDEN WÄHREND DER FESTE HOLI UND DIWALI GEGESSEN, SPIELEN ABER AUCH EINE WICHTIGE ROLLE WÄHREND DER NAIVEDYA-FEIERLICHKEITEN. IN GROSSFAMILIEN SETZEN SICH DIE FRAUEN ZUSAMMEN UND BEREITEN DIESE KÖSTLICHKEIT ZU.

- Legt man die Mondsicheln nach dem Frittieren in ein Sieb, weichen sie nicht auf.
- Die Reste der Füllung kann man als Füllung für indisches Brot verwenden, zum Beispiel für *parathas*.

DESSERTS & GEBÄCK

SÜSSE KÄSEKUGELN IN SIRUP
Gulab Jamun

ZUTATEN
450 g Zucker
250 g Khoya (siehe S. 301)
60 g Paneer
(Frischkäse, siehe S. 298)
30 g Mehl
500 g geklärte Butter (*Ghee*, siehe S. 307) zum Frittieren

ZUBEREITUNG
- Für den Sirup den Zucker mit 450 ml Wasser in einem Topf erhitzen. Leicht köcheln lassen, bis der Zucker geschmolzen ist und Fäden zieht (siehe S. 304).

- Khoya und Paneer getrennt voneinander jeweils zu einem geschmeidigen Teig kneten. Die beiden Teige mit dem Mehl zu einem weichen Teig kneten und daraus 20 bis 24 gleich große Kugeln formen.

- Die geklärte Butter bei schwacher Hitze in einer Pfanne erhitzen. Die Teigkugeln dazugeben. Sobald sie an der Oberfläche schwimmen, die Hitze stark erhöhen. Die Kugeln goldbraun frittieren, dabei zwischendurch mehrmals mithilfe eines Schaumlöffels wenden.

- Die frittierten Käsekugeln in den Zuckersirup geben und 1 Stunde ziehen lassen.

- Zum Servieren die süßen Käsekugeln in dem Sirup erhitzen und sofort servieren.

- Die Käsekugeln halten sich 10 bis 15 Tage im Kühlschrank.
- Für eine raffinierte Variante kann man die Käsekugeln mit Mandeln oder Pistazien füllen.

Für 8–10 Personen

DESSERTS & GEBÄCK

CHEESECAKE MIT ZITRONE
Khushnuma Cheesecake

 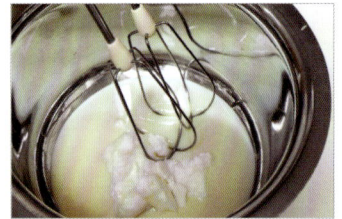  

ZUTATEN
Butter für die Form
100 g Mehl
1¼ TL Backpulver
¾ TL Natronpulver
1 Prise Salz
¼ TL abgeriebene Bio-Zitronenschale
200 ml Kondensmilch
4 EL kalte Butter
150 ml Milch
1 TL Zitronensaft
60 g milder Schmelzkäse (gerieben)

ZUBEREITUNG
- Den Backofen auf 180 °C vorheizen. Den Boden einer Springform (ca. 18 cm Durchmesser) mit Backpapier auslegen und den Rand mit 1 TL Butter einfetten.
- Das Mehl, das Backpulver und das Natronpulver mit Salz in eine Schüssel sieben. Die Zitronenschale (siehe Tipp) untermischen.
- Die Kondensmilch in eine große Schüssel geben. Die kalte Butter in Würfel schneiden und hinzufügen. Alles mit den Quirlen des Handrührgeräts schaumig aufschlagen.
- Die Milch per Hand unterarbeiten. Den Zitronensaft, den geriebenen Käse und die Mehlmischung dazugeben und untermischen.
- Dann alle Zutaten mit den Quirlen des Handrührgeräts 10 Sekunden gut verrühren.
- Den Teig in die vorbereitete Form geben, glatt streichen und im Ofen 25 bis 35 Minuten backen. Wenn an einem Holzstäbchen, das in die Mitte des Kuchens gesteckt wird, kein Teig mehr klebt, ist der Kuchen gar.
- Den Kuchen aus dem Ofen nehmen und 10 bis 15 Minuten abkühlen lassen. Mit einem scharfen Messer innen am Rand entlangfahren, um den Kuchen von der Form zu lösen. Den Kuchen vorsichtig auf ein Kuchengitter stürzen (das verhindert, dass der Boden feucht wird) und das Backpapier abziehen.
- Auf einen großen Teller setzen und servieren.

> DER LOCKERE KÄSEKUCHEN MIT FEINEM ZITRONENAROMA KANN MIT FRISCH GESCHLAGENER SAHNE, VANILLEEIS ODER VANILLESAUCE MIT ORANGENSTÜCKCHEN SERVIERT WERDEN.

- Die Zitronenschale können Sie abreiben oder alternativ mit einem Zestenreißer oder einem scharfen Sparschäler abziehen.
- Die Kondensmilch ist bereits sehr süß, deshalb ist die Zugabe von Zucker nicht erforderlich.

Für 12 Stücke

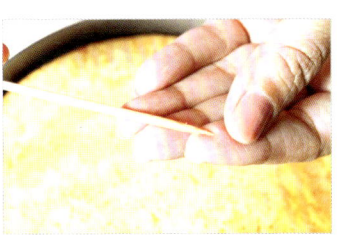

SCHOKOLADENKUCHEN
Chai-Time Choco Cake

ZUTATEN
Für den Kuchen:
Butter für die Form
200 g Mehl
1¼ TL Backpulver
1 TL Natronpulver
3 EL Kakaopulver
Salz
200 g Kondensmilch
100 g kalte Butter
150 ml Milch
150 g Puderzucker
100 g Naturjoghurt
1 EL dunkler Rum
1 TL Vanilleessenz (ersatzweise Mark von 1 Vanilleschote)

Für den Schokoguss:
45 g Butter
2 EL Kakaopulver
45 g Puderzucker
200 g Walnusskerne (halbiert)

ZUBEREITUNG

- Den Backofen auf 180 °C vorheizen. Den Boden einer Springform (etwa 23 cm Durchmesser) mit Backpapier auslegen und den Rand mit 1 TL Butter einfetten.

- Mehl, Back-, Natron- und Kakaopulver und ¼ TL Salz in eine Schüssel sieben. Beiseitestellen.

- Die Kondensmilch in eine große Schüssel gießen. Die kalte Butter in Würfel schneiden und hinzufügen. Mit den Quirlen des Handrührgeräts schaumig aufschlagen.

- Die Milch dazugeben und mit der Hand untermischen. Puderzucker, Joghurt, Rum, Vanilleessenz, 2 EL Wasser und die Mehlmischung hinzufügen und vorsichtig unterarbeiten.

- Dann alle Zutaten mit den Quirlen des Handrührgeräts 10 Sekunden gut verrühren.

- Den Teig in die vorbereitete Form geben, glatt streichen und im Ofen 40 bis 60 Minuten backen. Wenn an einem Holzstäbchen, das in die Mitte des Kuchens gesteckt wird, kein Teig mehr klebt, ist der Kuchen gar.

- Den Kuchen aus dem Ofen nehmen und 10 bis 15 Minuten abkühlen lassen. Mit einem scharfen Messer innen am Rand entlangfahren, um den Kuchen von der Form zu lösen. Den Kuchen vorsichtig auf ein Kuchengitter stürzen (das verhindert, dass der Boden feucht wird) und das Backpapier abziehen. Den abgekühlten Kuchen wenden und auf einen großen Teller legen.

- Für den Guss die Butter, das Kakaopulver, den Puderzucker und 1 EL Wasser in einen Topf geben und unter Rühren langsam zum Kochen bringen. Vom Herd nehmen.

- Den Kuchen sofort gleichmäßig mit dem Guss überziehen. Mit Walnüssen garnieren und nach 1 Stunde servieren.

DER KÖSTLICHE KUCHEN MIT SCHOKOGLASUR UND KNUSPRIGEN WALNÜSSEN IST FÜR ALLE SCHOKOFREUNDE DER HIMMEL AUF ERDEN.

- Den Kuchen erst mit der Schokoglasur überziehen, wenn er vollständig abgekühlt ist. So weicht er nicht durch.

Für 16 Stücke

- Ist der Kuchen in der Mitte zu hoch aufgegangen, schneiden Sie den Überschuss mit einem Messer ab. Den Kuchen wenden und mit dem Guss überziehen.

DESSERTS & GEBÄCK • 275

APFEL-VANILLE-KUCHEN
Sunhera Apple Cake

ZUTATEN

Für den Teig:
Butter für die Form
125 g Mehl
1¼ TL Backpulver
½ TL Natronpulver
1 Prise Salz
200 g Kondensmilch
60 g kalte Butter
150 ml Milch
1 TL Vanilleessenz (ersatzweise Mark von 1 Vanilleschote)
2 EL Sahne

Für den Belag:
250 g Äpfel
2 TL Zitronensaft
2 EL Walnusskerne (gehackt)
2 EL Rosinen (gehackt)
1 TL Zimtpulver

ZUBEREITUNG

- Den Backofen auf 180 °C vorheizen. Für den Teig den Boden einer Springform (ca. 18 cm Durchmesser) mit Backpapier auslegen und den Rand mit 1 TL Butter einfetten.

- Für den Belag die Äpfel schälen, vierteln, entkernen und längs in Scheiben schneiden. Die Äpfel sofort mit Zitronensaft beträufeln, damit sie sich nicht verfärben.

- Das Mehl, das Back- und das Natronpulver mit Salz in eine Schüssel sieben. Beiseitestellen.

- Die Kondensmilch in eine große Schüssel gießen. Die Butter in Würfel schneiden und hinzufügen. Mit den Quirlen des Handrührgeräts schaumig aufschlagen. Die Milch dazugeben und mit der Hand untermischen.

- Die Vanilleessenz, die Sahne und die Mehlmischung hinzufügen und vorsichtig unterarbeiten. Dann alles mit den Quirlen des Handrührgeräts 10 Sekunden gut verrühren.

- Den Teig in die vorbereitete Form geben und glatt streichen.

- Die Apfelscheiben kreisförmig überlappend darauflegen und gleichmäßig mit Walnüssen, Rosinen und Zimt bestreuen.

- Den Kuchen im Ofen 30 bis 40 Minuten backen. Wenn an einem Holzstäbchen, das in die Mitte des Kuchens gesteckt wird, kein Teig mehr klebt, ist der Kuchen gar. Den Kuchen aus dem Ofen nehmen und 10 bis 15 Minuten abkühlen lassen.

- Mit einem scharfen Messer innen am Rand entlangfahren, um den Kuchen von der Form zu lösen. Den Kuchen vorsichtig auf ein Kuchengitter stürzen (das verhindert, dass der Boden feucht wird) und das Backpapier abziehen.

- Den Kuchen auf einen großen Teller legen und warm servieren.

DIESER EIFREIE KUCHEN, DER DURCH DAS DUO APFEL UND ZIMT BESTICHT, SCHMECKT AM BESTEN WARM MIT VANILLEEIS ODER ZU EINER TASSE KAFFEE.

- Diesen Kuchen sollten Sie unbedingt in den vorgeheizten Backofen geben, denn dann wird er beim Backen besonders locker.

Für 12 Stücke

- Für einen schnellen eifreien Vanillekuchen lassen Sie den Belag einfach weg.

ZUBEREITUNGSTIPPS

(SÜSS-)KARTOFFELN BACKEN

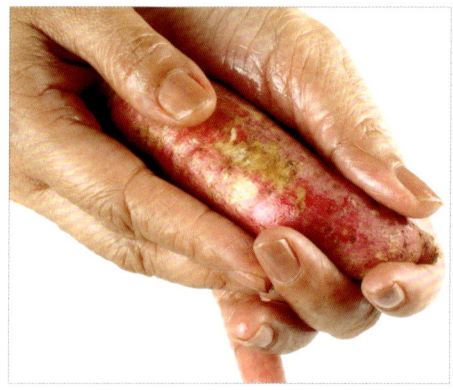

1. Die Süßkartoffeln waschen und mit Öl einreiben.

1. Kartoffeln waschen und mit Öl einreiben.

2. Backofen auf 200 °C vorheizen. Die Süßkartoffeln im Ofen auf der mittleren Schiene 20 bis 30 Minuten backen.

2. Backofen auf 200 °C vorheizen. Die Kartoffeln im Ofen auf der mittleren Schiene 20 bis 30 Minuten backen.

TIPP FÜR (SÜSS-)KARTOFFELN

- Das Einreiben der Süßkartoffeln und Kartoffeln mit Öl erleichtert das Pellen nach dem Backen.

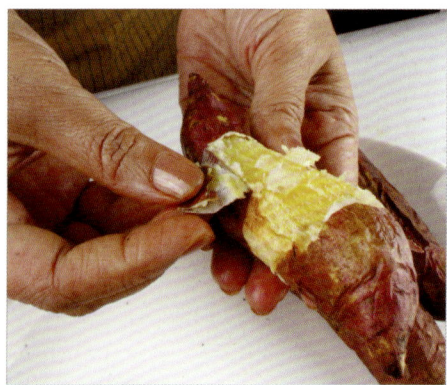

3. Die Süßkartoffeln etwas abkühlen lassen und pellen.

3. Die Kartoffeln etwas abkühlen lassen und pellen.

4. Die Kartoffeln reiben und nach Rezept verwenden.

VORGAREN IM SCHNELLKOCHTOPF

Kartoffeln

1. Die Kartoffeln (möglichst alle gleich groß) in den Schnellkochtopf geben und mit Wasser bedecken. Den Topf verschließen und erhitzen.

2. Nach Erreichen des Dampfdrucks die Kartoffeln noch 4 Minuten garen. Dann abgießen und abkühlen lassen.

Kochbananen

1. Die Kochbananen in den Schnellkochtopf geben und mit Wasser bedecken. Den Topf verschließen und erhitzen.

2. Nach Erreichen des Dampfdrucks die Bananen noch 4 Minuten garen. Dann herausheben und abkühlen lassen.

3. Die Bananen halbieren, das Fruchtfleisch herauslösen und nach Rezept verwenden.

Mangos

1. Die Mangos in den Schnellkochtopf geben und mit Wasser bedecken. Den Topf verschließen und erhitzen.

2. Nach Erreichen des Dampfdrucks die Mangos noch 4 Minuten garen. Herausheben, abkühlen lassen und schälen.

3. Das Fruchtfleisch vom Stein lösen und nach Rezept verwenden.

HÜLSENFRÜCHTE IM SCHNELLKOCHTOPF GAREN

Gelbe Toor-Linsen *(arhar dal)*

1. 125 g Toor-Linsen in ¾ l Wasser etwa 30 Minuten einweichen. Abgießen und in den Schnellkochtopf geben.

2. 360 ml Wasser dazugießen.

3. ¼ TL Salz und ½ TL gemahlene Kurkuma hinzufügen. Den Topf verschließen, erhitzen und die Linsen nach Erreichen des Dampfdrucks noch 4 Minuten garen.

Braune Kichererbsen *(kala chana)*

1. 125 g braune Kichererbsen in 1,2 l Wasser 8 Stunden einweichen. Abgießen und in den Schnellkochtopf geben.

2. 360 ml Wasser und ¼ TL Salz hinzufügen. Topf verschließen, erhitzen und die Kichererbsen nach Erreichen des Dampfdrucks noch 20 Minuten garen.

TIPPS ZU HÜLSENFRÜCHTEN

- Braune Kichererbsen sind eine Variante der herkömmlichen Kichererbsen, die zur Unterscheidung auch weiße Kichererbsen genannt werden.
- Je nach Schnellkochtopf-Fabrikat kann die Garzeit variieren. Genauere Angaben zu den Garzeiten finden sich in der Gebrauchsanleitung des Herstellers – die auch aus Sicherheitsgründen unbedingt beachtet werden muss.

| Weiße Kichererbsen *(kabuli chana)* | Kidneybohnen *(rajmah)* | Schwarzaugenbohnen *(lobhia)* |

1. 125 g weiße Kichererbsen in 1,2 l Wasser 8 Stunden einweichen. Abgießen und in den Schnellkochtopf geben.

1. 125 g Kidneybohnen in 1 l Wasser 4 Stunden einweichen. Abgießen und in den Schnellkochtopf geben.

1. 125 g Schwarzaugenbohnen in 1 l Wasser 4 Stunden einweichen. Abgießen und in den Schnellkochtopf geben.

2. 600 ml Wasser dazugießen.

2. ½ l Wasser dazugießen.

2. ½ l Wasser dazugießen.

3. ¼ TL Salz dazugeben. Den Topf verschließen, erhitzen und die Kichererbsen nach Erreichen des Dampfdrucks noch 30 Minuten garen.

3. Je ¼ TL Salz und gemahlene Kurkuma hinzufügen. Den Topf verschließen, erhitzen und die Bohnen nach Erreichen des Dampfdrucks noch 30 Minuten garen.

3. Je ¼ TL Salz und gemahlene Kurkuma hinzufügen. Den Topf verschließen, erhitzen und die Bohnen nach Erreichen des Dampfdrucks noch 5 Minuten garen.

GEMÜSE VORBEREITEN

Kokosnuss

1. Die Kokosnuss aufbrechen und das Fruchtfleisch mit einem robusten, scharfen Messer herauslösen.

Frische Maiskörner

1. In einer Pfanne 2 EL Öl erhitzen. 500 g Maiskörner darin bei starker Hitze unter Rühren 2 Minuten garen.

Frische grüne Erbsen

1. ½ EL Öl in einer Pfanne erhitzen. 300 g Erbsen mit ¼ TL Salz darin zugedeckt bei schwacher Hitze weich dünsten.

2. Die braune Haut abschälen.

2. Die Maiskörner aus der Pfanne nehmen und nach Rezept verwenden.

2. Die Erbsen aus der Pfanne nehmen und nach Rezept verwenden.

3. Das weiße Fruchtfleisch reiben und nach Rezept verwenden.

TIPPS FÜR DIE GEMÜSEVORBEREITUNG

- Das Kokosnussfleisch sollten Sie im Kühlschrank aufbewahren und innerhalb von zwei Tagen verzehren bzw. weiterverwenden.
- Wenn Sie ¼ TL Zucker zu den Erbsen hinzufügen, bleibt die grüne Farbe erhalten.
- Sollten Sie keine frischen Maiskörner bekommen, können Sie auch Mais aus der Dose nehmen. Diesen dann nicht wie frischen Mais vorgaren, sondern einfach auf einem Sieb abtropfen lassen und nach Rezept verwenden.

Spargel

1. Mit dem Sparschäler oder einem scharfen Messer die Spargelschale entfernen.

Sellerie

1. Mit einem scharfen Messer die Fasern der Selleriestange entfernen.

2. Vom oberen Ende nach etwa 2 cm die Spargelköpfe abschneiden.

2. Die Stängel der Länge nach auf die gewünschte Dicke schneiden.

TIPPS ZU SPARGEL UND SELLERIE

- Die Spargelköpfe eignen sich gut zum Garnieren.
- Sellerie kann dicke und dünne Stiele haben, das hat jedoch keinen Einfluss auf den Geschmack.
- Sellerie lässt sich im Kühlschrank 4 bis 5 Tage aufbewahren.

3. Den weichen Mittelteil je nach Rezept schneiden. Das härtere Endstück je nach Rezept verwenden, holzige Enden wegwerfen.

3. Die Streifen in etwa 2 cm große Stücke schneiden und nach Rezept verwenden.

4. Die Selleriestücke in Würfel schneiden und nach Rezept verwenden.

GEMÜSE VORBEREITEN

Lotoswurzel garen

1. Die Lotoswurzel schälen und in schräge Scheiben schneiden.

2. Im Schnellkochtopf vollständig mit Wasser bedecken. Bei mittlerer Hitze bis zum ersten Pfeifen kochen, dann weitere 2 Minuten köcheln lassen.

3. Etwas abkühlen lassen und in ein Sieb abgießen.

Jackfrucht schneiden und garen

1. Die Handflächen und ein Messer mit Öl bestreichen (siehe Tipp).

2. Die Jackfrucht schälen und in 3 1/2 cm große Stücke schneiden.

3. Die Jackfrucht in den Schnellkochtopf geben und mit Wasser auffüllen, bis alle Stücke bedeckt sind. Bei mittlerer Hitze bis zum ersten Pfeifen kochen lassen.

4. Etwas abkühlen lassen und in ein Sieb abgießen.

TIPP FÜR DIE LOTOSWURZEL
- Beim Einkauf keine angeschnittenen Lotoswurzeln wählen, denn diese können innen matschig sein.

TIPP FÜR DIE JACKFRUCHT
- Rohe Jackfrucht ist sehr klebrig. Bestreicht man Hände und Messer mit Öl, wird das Schälen und Schneiden einfacher.

Spinat vorbereiten

1. Eine beschichtete Pfanne erhitzen. 500 g fein geschnittenen frischen Spinat und ¼ TL Zucker hineingeben.

2. Den Spinat mit geschlossenem Deckel 2 Minuten andünsten.

3. Aus der Pfanne nehmen und nach Rezept verwenden.

Bockshornkleeblätter vorbereiten

1. Eine beschichtete Pfanne erhitzen. 250 g fein geschnittene Kleeblätter und ¼ TL Zucker hineingeben.

2. Mit geschlossenem Deckel 1 Minute dünsten, aus der Pfanne nehmen und nach Rezept verwenden.

TIPP ZUR GEMÜSEVORBEREITUNG

- Fügt man ¼ TL Zucker hinzu, bleibt die grüne Farbe der Spinat- und Bockshornkleeblätter besser erhalten.

KOCHEN MIT TOMATEN

Tomaten entkernen

1. Die Tomaten waschen, vierteln und mit einem spitzen Messer die Kerne entfernen.

Tomaten rösten

1. Die Tomaten jeweils auf eine Gabel stecken und über der Gasflamme drehen, bis die Haut zu schrumpfen beginnt.

Tomaten reiben

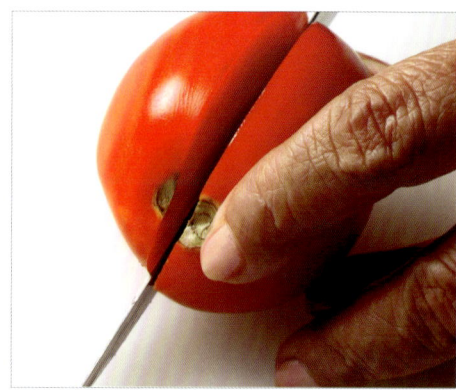

1. Die Tomaten der Länge nach halbieren. Jede Hälfte mit der Schnittfläche nach unten auf eine Gemüsereibe setzen.

2. Je nach Rezept das Fruchtfleisch in Streifen oder Würfel schneiden.

2. Die geröstete Tomate abkühlen lassen und die Haut abziehen.

2. Die Tomatenhälften – bis auf die Haut – reiben.

Grundrezepte:

TOMATENSAUCE
(Schritt 1 bis 3)

TOMATEN-JOGHURT-SAUCE
(Schritt 1 bis 5)

TIPP ZUM KOCHEN MIT TOMATEN

- Verwenden Sie immer feste, pralle und kräftigrote Tomaten. Die Menge der Zutaten richtet sich nach dem jeweiligen Rezept.

1. Öl erhitzen. Gemahlenen Asant und Kreuzkümmel dazugeben.

2. Kurkuma und Chilipulver gründlich unterrühren. Tomatenpüree hinzufügen.

Tomatenpüree herstellen

Zwiebel-Tomaten-Sauce

1. Die Tomaten waschen, achteln und in den Küchenmixer geben.

1. Öl in einer Pfanne erhitzen. Lorbeerblatt, Zimtstange und Gewürznelken dazugeben.

3. Chilipulver und gemahlene Kurkuma gut untermischen.

2. Die Tomatenstücke glatt pürieren. Das Püree z. B. für Saucen verwenden.

2. Zwiebelwürfel, Ingwer- und Knoblauch-Paste (siehe S. 292) hinzufügen und goldbraun braten.

4. Tomatenpüree unterrühren. Die Sauce köcheln lassen, bis sich das Öl trennt.

3. Mit Ingwer- und grüner Chilipaste würzen. Köcheln lassen, bis sich das Öl trennt.

4. Unter die fertige Tomatensauce glatt gerührten Naturjoghurt mischen.

5. Köcheln lassen, bis sich das Öl trennt. Die Sauce mit etwas Wasser verdünnen.

GEMÜSE BLANCHIEREN

Grüne Bohnen und Möhren blanchieren

1. 1,2 l Wasser zum Kochen bringen. Je 120 g in Stücke geschnittene grüne Bohnen und Möhren hinzufügen.

2. Das Gemüse 2 Minuten blanchieren, d.h. bei offenem Topf in sprudelndem Wasser kochen lassen.

3. Das Gemüse in ein Sieb abgießen, kalt abschrecken und nach Rezept verwenden.

Mungbohnensprossen blanchieren

1. 1,2 l Wasser zum Kochen bringen und 200 g Mungbohnensprossen hinzufügen.

2. Die Sprossen 2 Minuten blanchieren, d.h. bei offenem Topf in sprudelndem Wasser kochen lassen.

3. Die Mungbohnensprossen in ein Sieb abgießen und nach Rezept verwenden.

TIPP ZUM BLANCHIEREN

- Die Blanchierzeit hängt von der Konsistenz des Gemüses ab.

GEWÜRZE ZUM AROMATISIEREN VON CURRYS

Variation mit Curryblättern

Variation mit Kreuzkümmel

1. Geklärte Butter (*Ghee*, siehe S. 307) in einer Pfanne erhitzen.

1. Geklärte Butter (*Ghee*, siehe S. 307) in einer Pfanne erhitzen.

2. Senfsamen und Curryblätter dazugeben und kurz dünsten.

2. Gemahlenen Asant einrühren.

TIPPS ZU DEN GEWÜRZEN

- Wenn Chilipulver im Öl verbrennt, wird der Geschmack des ganzen Gerichts beeinträchtigt. Daher zum Unterrühren dieses Gewürzes die Pfanne kurz vom Herd nehmen.
- Die Menge der Würzzutaten hängt vom jeweiligen Rezept ab.

3. Chilipulver unterrühren.

3. Kreuzkümmel hinzufügen und dünsten, bis die Samen zu duften beginnen.

4. Vom Herd nehmen und je nach Rezept weitere Gewürze untermischen.

FRISCHE WÜRZPASTEN ZUBEREITEN

Ingwerpaste	Grüne Chilipaste	Knoblauchpaste

1. 2 TL frischen geschälten und gewürfelten Ingwer in den Mörser geben.	1. 2 TL gewürfelte grüne Chilischote in den Mörser geben.	1. 8 Knoblauchzehen schälen und in den Mörser geben.

2. Die Ingwerwürfel mit dem Stößel rasch zu einer groben Paste zerstoßen.	2. Die Chiliwürfel mit dem Stößel rasch zu einer groben Paste zerstoßen.	2. Den Knoblauch mit dem Stößel rasch zu einer groben Paste zerstoßen.

3. Die Ingwerpaste immer frisch zubereitet nach Rezept verwenden.	3. Die Chilipaste immer frisch zubereitet nach Rezept verwenden.	3. Die Knoblauchpaste immer frisch zubereitet nach Rezept verwenden.

Selleriepaste	Petersilien-/Minz-/Korianderpaste

1. 2 TL gewürfelten Sellerie in den Mörser geben.	1. 2 EL gehackte Petersilie, Minze oder Koriander in den Mörser geben.

2. Den Sellerie mit dem Stößel zu einer feinen Paste zerstoßen.	2. Petersilie, Minze oder Koriander mit dem Stößel zu einer feinen Paste zerstoßen.

3. Die Selleriepaste immer frisch zubereitet nach Rezept verwenden.	3. Die Paste immer frisch zubereitet nach Rezept verwenden (im Bild Petersilie).

TIPP FÜR DIE WÜRZPASTEN

- Es gibt auch Fertigpasten, jedoch sind frisch zubereitete Pasten diesen geschmacklich überlegen.

GEWÜRZE MISCHEN UND RÖSTEN

Kreuzkümmel rösten

1. 2 EL Kreuzkümmel in einer beschichteten Pfanne ohne Fett bei schwacher Hitze goldbraun rösten.

2. Den Kreuzkümmel abkühlen lassen und grob mahlen.

Garam Masala herstellen

1. Zutaten: 2 EL schwarze Pfefferkörner, Samen von 8 schwarzen Kardamomkapseln, 2 TL Gewürznelken

2. Die Gewürzmischung fein mahlen.

Chaat Masala herstellen

1. 1 EL Kreuzkümmel und ¾ EL Fenchelsamen in einer Pfanne unter ständigem Rühren bei schwacher Hitze goldbraun rösten.

2. Abkühlen lassen und zu feinem Pulver zermahlen. Mit 1 EL Mangopulver, 1 EL schwarzem Salz, 1 TL Chilipulver, ½ TL Minz- und ¼ TL Ingwerpulver mischen.

3. Die Gewürzmischung in einem luftdicht verschließbaren Glas aufbewahren.

TIPP ZU GEWÜRZEN
- Obwohl diese Gewürze und Gewürzmischungen als Fertigprodukte in Supermärkten erhältlich sind, sind die Aromen und der Geschmack am besten, wenn sie frisch hergestellt werden. Sie können dann 2 bis 4 Wochen ohne erkennbaren Aromaverlust aufbewahrt werden.

Chana Masala herstellen

1. Zutaten: 2 EL Korianderkörner, 1 TL Kreuzkümmel und ½ TL schwarze Kardamomsamen, 5 Gewürznelken, 1 Zimtstange, 4 Chilischoten, 8 schwarze Pfefferkörner

Sesam rösten

1. 2 TL Sesamsamen in eine Pfanne geben.

Bulgur rösten

1. Im Wok 1 TL geklärte Butter (*Ghee*, siehe S. 307) 30 Sekunden erhitzen und 125 bis 170 g Bulgur hinzufügen.

2. Alle Gewürze in einer beschichteten Pfanne ohne Fett anrösten. Abkühlen lassen und grob mahlen.

2. Den Sesam ohne Fett bei schwacher Hitze unter ständigem Rühren gleichmäßig goldbraun rösten.

2. Den Bulgur bei schwacher Hitze unter ständigem Rühren gleichmäßig goldbraun rösten.

3. Die Gewürzmischung in einem luftdicht verschließbaren Glas aufbewahren.

WÜRZZUTATEN HERSTELLEN

Safran-Kardamom-Gewürz herstellen

1. Die Samen von 8 grünen Kardamomkapseln in den Mörser geben.

2. ¼ TL Safranfäden hinzufügen. Kardamomsamen und Safranfäden zu einem feinen Pulver zerstoßen.

3. Die Menge wie im Rezept angegeben verwenden.

Grob gemahlene Gewürzmischung

1. Geben Sie die Zutaten wie im Rezept angegeben in einen Küchenmixer.

2. Die Gewürze grob mahlen und nach Rezept weiterverwenden.

Mohnpaste

1. 2 TL Mohn in 100 ml Wasser 2 Stunden einweichen. In ein Sieb abgießen und das Wasser entfernen.

2. Den Mohn auf einer glatten, harten Oberfläche mit dem Nudelholz zu einer gleichmäßigen Paste zermahlen.

TIPPS ZUM SAFRAN-KARDAMOM-GEWÜRZ

- Kardamomsamen und Safran kann man auch getrennt voneinander fein zerstoßen und dann gründlich mischen.
- Die Gewürzmischung bzw. die zerstoßenen Gewürze halten sich im Kühlschrank bis zu 2 Wochen.

TIPPS ZU DEN MOHNSAMEN

- Mohnsamen kann man auch bei schwacher Hitze rösten, abkühlen lassen und im Mixer zu Pulver zermahlen.
- Für eine Mohnpaste mit 1 bis 2 EL Wasser mischen.

KLASSISCHE VINAIGRETTE
Salad-ras-Francisi

Für 3 Esslöffel

ZUTATEN
2 EL Olivenöl
1 EL Balsamessig/Weißweinessig
2 TL Puderzucker
½ TL Senfpulver
¼ TL schwarze Pfefferkörner
(frisch gemahlen)
½ TL Salz

Mit Balsamessig

1. Olivenöl, Balsamessig, Puderzucker, Senfpulver, Pfeffer und Salz in eine Rührschüssel geben.

Mit Weißweinessig

1. Olivenöl, Weißweinessig, Puderzucker, frisch gemahlenen Pfeffer und Salz in eine Rührschüssel geben und gut verrühren.

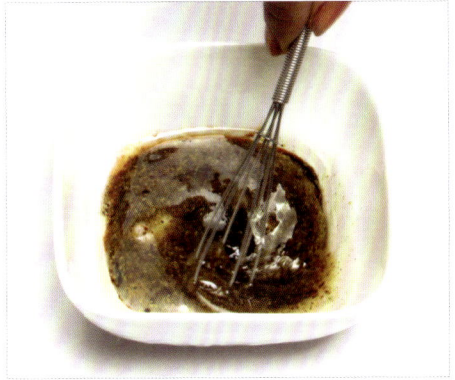

2. Mit dem Schneebesen gut verrühren.

TIPPS ZUR VINAIGRETTE
- Dressing vor Gebrauch gut verrühren. Übriges Dressing im Kühlschrank aufbewahren und innerhalb von 4 Tagen verzehren.
- Die Vinaigrette kann mit Balsamico oder Weißweinessig zubereitet werden.

KOCHEN MIT PANEER (FRISCHKÄSE)

Zubereitung von Paneer (Frischkäse)

1. 1,2 l Milch bei mittlerer Hitze zum Kochen bringen. Vom Herd nehmen, sofort 1 bis 2 EL Zitronensaft einrühren.

4. Die Flüssigkeit (Molke) 5 Minuten bzw. für geriebenen Käse 10 Minuten abtropfen lassen.

7. Die Ränder des Käseblocks gerade schneiden. Im Kühlschrank aufbewahren.

2. Rühren, bis die Milch bröckelig gerinnt. Anschließend 2 Minuten ruhen lassen.

5. Für geformten Paneer nach 5 Minuten den Frischkäse in das Tuch wickeln und zu einem Quadrat formen.

8. Für geriebenen Paneer nach 10 Minuten Frischkäse auswickeln und per Hand reiben.

3. Ein Sieb mit einem Musselintuch auslegen, die geronnene Milch hineingeben.

6. Die Käsemasse mindestens 20 Minuten mit einem Teller beschweren, bis ein fester Block entsteht.

9. Geriebenen Käse auf der Arbeitsfläche mit dem Nudelholz zu einer glatten Paste wälzen. Wie im Rezept angegeben verwenden.

Masala-Paneer – gewürzter Frischkäse

1. 1,2 l Milch bei mittlerer Hitze zum Kochen bringen. Kurz bevor sie aufkocht, ¼ TL Salz, 1 TL Kreuzkümmel, 1 TL fein gewürfelte grüne Chilischote und 2 EL fein gehackten Koriander unterrühren. Vom Herd nehmen und sofort 1 bis 2 EL Zitronensaft einrühren.

TIPPS ZUM FRISCHKÄSE

- Um weichen Frischkäse zu bekommen, die Hitze sofort nach dem Aufkochen der Milch runterschalten.
- Den Käse im Musselintuch nicht pressen. 5 Minuten stehen lassen bzw. bis die Molke abgetropft ist.
- Für das jeweilige Rezept verwenden oder kühl stellen.
- Abgepackten Paneer gibt es in indischen Supermärkten.
- 1,2 l Milch ergeben 125 g Paneer. Die Molke so lange abtropfen lassen, bis der Frischkäse nur leicht feucht ist.
- Am einfachsten zum Block pressen lässt sich der Frischkäse in einer Käsepresse, die im Asialaden erhältlich ist.

2. Rühren, bis die Milch bröckelig gerinnt. 2 Minuten ruhen lassen, in die Käsepresse oder ein Musselintuch geben und gut abtropfen lassen.

3. Anschließend den Frischkäse in das Tuch wickeln, zu einem Quadrat formen und die Masse 20 Minuten mit einem Teller beschweren.

4. Den Paneer auswickeln und wie im Rezept beschrieben weiterverwenden.

Paneer anbraten

1. In einer beschichteten Pfanne 2 TL Öl erhitzen. Den Paneer bei mittlerer Hitze auf beiden Seiten goldgelb anbraten.

2. Zum Servieren den Paneer mit einem scharfen Messer in mundgerechte Würfel schneiden.

NATURJOGHURT HERSTELLEN

Naturjoghurt ansetzen

1. 1,2 l Milch lauwarm erhitzen. (40 bis 45 °C).

3. Die Milch dazugießen. Gründlich rühren, damit sich die Joghurtkultur gut verteilt.

5. **Für stichfesten Naturjoghurt** (chakka) den Joghurtansatz über Nacht auf einem feinen Sieb abtropfen lassen, bis er nur noch sehr wenig Flüssigkeit enthält.

2. ½ TL Joghurtkultur (siehe Tipps) in eine Schüssel geben.

4. An einem warmen Ort 3 bis 6 Stunden stocken lassen, dann kühl aufbewahren.

6. **Joghurt für Raita:** Den Joghurtansatz (Menge nach Rezept) 30 Minuten auf einem feinen Sieb abtropfen lassen.

TIPPS FÜR DIE JOGHURTHERSTELLUNG

- Für den Joghurtansatz nur lauwarme Milch (40 bis 45 °C) verwenden. Wenn man die Joghurtkultur in heiße Milch gibt, leiden die Konsistenz und der Geschmack des Joghurts.
- Joghurtkultur gibt es in Bioläden und Reformhäusern zu kaufen.
- Gewöhnlich wird Joghurt im Sommer schneller fest als im Winter. Nach dem Stocken den Joghurt – auch zum Abtropfen – immer in den Kühlschrank stellen, damit er nicht sauer wird.
- Joghurt wird in der indischen Küche aus Vollmilch hergestellt und ist dick und mehr oder weniger stichfest.
- Je nach Rezept wird der feste Joghurt leicht aufgeschlagen oder mit etwas Milch verflüssigt.

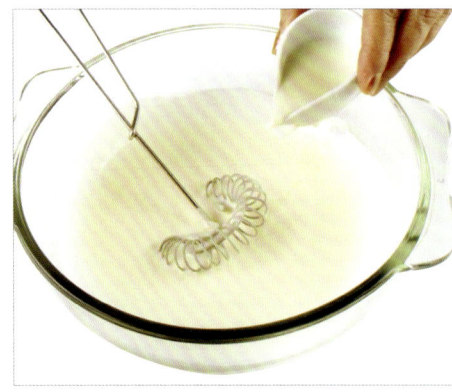

7. **Für cremigen bis flüssigen Joghurt** zusätzlich 60 bis 120 ml warme Milch unterrühren.

KHOYA HERSTELLEN

1. 1 Liter Milch in eine tiefe Pfanne geben.

2. Die Milch bei mittlerer Hitze auf ein Viertel einköcheln lassen, gelegentlich umrühren.

3. Bei schwacher Hitze weiterrühren (um ein Zusammenkleben zu verhindern), bis die Masse halbfest wird. Abkühlen lassen und zugedeckt in den Kühlschrank stellen.

TIPPS FÜR DAS KHOYA
- 1 Liter Milch ergibt 175 g Khoya.
- Nach dem Abkühlen innerhalb von 3 bis 4 Tagen verzehren.
- Abgepacktes Khoya ist in manchen indischen Supermärkten erhältlich.

TIPPS FÜR DEN TEIG
- Der hier beschriebene Teig eignet sich zum Ausrollen, z.B. für *parathas* (kleine Fladenbrote). Er kann mit der Hand oder in der Küchenmaschine geknetet werden.
- Für 250 g Mehl benötigt man im Durchschnitt 150 ml Wasser.

TEIG ZUBEREITEN

1. Das Mehl stets sieben. Die im Rezept angegebenen Zutaten – außer Wasser – dazugeben und gründlich mischen.

2. Das Wasser immer in kleinen Portionen einarbeiten. Je nach Wassermenge wird der Teig weicher oder fester.

3. Den Teig zu einer geschmeidigen Kugel formen und ruhen lassen.

TYPISCHE ZUTATEN VORBEREITEN

Magoris frittieren

1. Die Magoris in nicht zu heißem Öl (etwa 150 °C) goldgelb bis goldbraun frittieren.

Erdnusspulver herstellen

1. 2 EL Öl erhitzen. 60 g frische Erdnusskerne darin bei mittlerer Hitze goldgelb rösten und herausheben.

Grieß und Vermicelli rösten

1. Den Grieß in einer beschichteten Pfanne ohne Fett bei schwacher Hitze hell rösten.

2. Die Magoris zerdrücken (das verstärkt den Geschmack) oder ganz lassen.

2. Die Erdnusskerne abkühlen lassen, dann mit den Fingern die Häutchen abreiben.

2. Geklärte Butter (*Ghee*, siehe S. 307) in einer beschichteten Pfanne erhitzen und die Vermicelli dazugeben (Menge nach Rezept).

TIPPS FÜR ERDNÜSSE & MAGORIS

- Magoris sind ein traditioneller indischer Knabber-Snack. Für ihre Herstellung werden sonnengetrocknete, gespaltene Mungbohnen eingeweicht, fein zerstoßen und zu Kügelchen gespritzt, die wiederum in der Sonne getrocknet werden.
- Alternativ können Sie die Erdnüsse in der Mikrowelle auf hoher Stufe 1 bis 2 Minuten erhitzen. Abkühlen lassen und häuten.

3. Die Erdnusskerne im Mörser je nach Rezept grob oder fein zerstoßen.

3. Die Vermicelli bei schwacher Hitze unter Rühren goldbraun rösten.

Toastbrot einweichen

1. Eine Schüssel mit Wasser füllen und 2 bis 4 Scheiben Toastbrot kurz darin eintauchen.

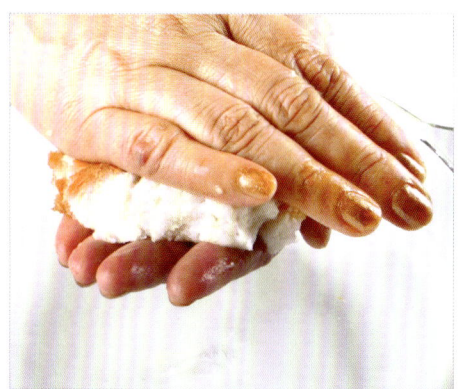

2. Das eingeweichte Brot zwischen den Handflächen auspressen.

Reis garen

1. Reis in der vierfachen Menge Wasser (z.B. 1 Tasse Reis in 4 Tassen Wasser) 30 Minuten einweichen. Abgießen.

2. Den Reis in der 6 1/2-fachen Menge Wasser zugedeckt bei schwacher Hitze körnigweich garen.

3. Den Reis abgießen, kurz abtropfen lassen und je nach Rezept verwenden.

TIPPS ZUM REISGAREN

- Die Garzeit hängt von der Reissorte ab.
- Garprobe: Ein Reiskorn zwischen Daumen und Zeigefinger zerdrücken. Der Reis ist gar, wenn sich das Korn weich anfühlt und keinen festen Kern mehr hat.
- 1 Tasse roher Reis ergibt etwa 3 Tassen gekochten Reis.

GRUNDZUBEREITUNGEN FÜR DESSERTS

Zuckersirup

1. 180 g Zucker und 60 ml Wasser in eine Pfanne geben. Den Zucker bei schwacher Hitze schmelzen lassen, dabei ab und zu umrühren.

2. Um die Konsistenz zu prüfen, 1 Tropfen Sirup auf einen Teller geben.

3. Zieht der Sirup zwischen den Fingern Fäden, hat er die richtige Konsistenz (Vorsicht, heiß!).

Kekskrümel-Bett

1. 6 Marie Biscuits (englisches Teegebäck) in eine saubere Plastiktüte oder einen Gefrierbeutel geben.

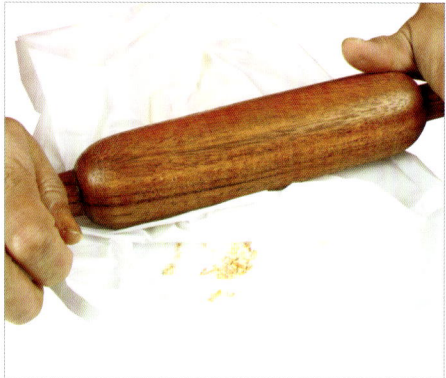

2. Die Kekse mit dem Nudelholz zerkrümeln und die Krümel auf einen Teller geben.

3. Die Krümel mit 2 TL flüssiger Butter mischen, in eine Dessertschale geben und festdrücken. 45 Minuten kühl stellen.

Aromatisierte Sahnecreme

1. 300 g Sahne und 60 ml Milch (beides direkt aus dem Kühlschrank) in einen Rührbecher geben.

2. 2 EL Puderzucker und 2 TL Rosenwasser hinzufügen. Mit den Quirlen des Handrührgeräts cremig rühren.

3. Die Sahnecreme kühl stellen und innerhalb von 24 Stunden verbrauchen.

Vanillecreme

1. 1,2 l Milch in einen Topf geben. 120 ml abnehmen und mit 4 EL Custard Powder (siehe Tipp) verrühren.

2. Zur restlichen Milch 4 EL Zucker geben und die Milch zum Kochen bringen.

3. Das angerührte Custard Powder in die Milch einrühren.

4. Die Creme kurz aufkochen lassen. Vom Herd nehmen und auskühlen lassen.

TIPPS ZUR SAHNECREME

- Schlagsahne und Milch müssen gut gekühlt sein, sonst gerinnt die Creme.
- Statt mit Rosenwasser kann man die Sahnecreme auch mit ½ TL Vanille-essenz aromatisieren.
- Die Creme nicht zu lange rühren, sonst wird sie buttrig.

TIPP ZUR VANILLECREME

- Custard Powder ist ein englisches Produkt (in manchen Asialäden erhältlich), für das man ersatzweise Vanillepud-dingpulver nehmen kann.

TIPP ZUM FRUCHTASPIK

- Orange Jelly Crystals, ebenfalls ein englisches Produkt, kann leicht durch orangefarbenen oder gelben Wackel-pudding oder durch selbst gemachten Fruchtaspik ersetzt werden.

Fruchtaspik

1. 1 Packung Orange Jelly Crystals (siehe Tipp) mit 240 ml heißem Wasser mischen.

2. 240 ml kaltes Wasser unterrühren.

3. Die Masse in eine flache Schale füllen und im Kühlschrank fest werden lassen.

NÜSSE VORBEREITEN

Mandeln und Pistazien zerkleinern

Ungeschälte Mandeln mit einem scharfen Messer in feine Splitter schneiden. Zugedeckt kühl stellen und innerhalb von 7 Tagen verbrauchen.

Mandeln schälen

1. Die Mandeln in eine Schüssel geben und mit Wasser bedecken. Zugedeckt 8 Stunden stehen lassen.

Pistazien schälen

1. Die Pistazien in eine Schüssel geben und mit Wasser bedecken. Zugedeckt 8 Stunden stehen lassen.

Ungeschälte Pistazien mit einem scharfen Messer in feine Splitter schneiden. Zugedeckt kühl stellen und innerhalb von 7 Tagen verbrauchen.

2. Anschließend die braune Samenhaut abziehen.

2. Anschließend die helle Samenhaut abziehen.

TIPPS ZU MANDELN & PISTAZIEN

- Geschälte Mandeln und Pistazien verleihen indischen Desserts im Vergleich zu ungeschälten Exemplaren einen besseren Geschmack und feinere Konsistenz.
- Ein Aufwand, der sich lohnt: Die mehrere Stunden eingeweichten und selbst geschälten Kerne schmecken besser als die fertig gekauften und bereits geschälten Mandeln und Pistazien.

3. Mandeln in Stifte schneiden. Sofort verwenden oder im Kühlschrank aufbewahren und innerhalb von 2 Tagen aufbrauchen.

3. Die Pistazien grob hacken. Sofort verwenden oder im Kühlschrank aufbewahren und innerhalb von 2 Tagen aufbrauchen.

GLOSSAR

BOONDI-KELLE:
Die Kelle ähnelt einem Schaum- oder Sieblöffel mit runden Löchern. Durch die Löcher wird Boondi-Teig (siehe S. 254) in heißes Fett geträufelt; so entstehen kleine Teigkugeln (ähnlich wie Backerbsen).

FRITTIEREN:
Gemüse, Gebäck oder andere Speisen (mit oder ohne Teighülle) in einem Tauchbad aus höchstens 180 °C heißem Frittierfett (z.B. geklärter Butter) oder Öl ausbacken. Idealerweise verwendet man dazu eine Fritteuse oder gibt die Lebensmittel auf einem Siebeinsatz ins heiße Fett oder Öl.

GEKLÄRTE BUTTER:
Geklärte Butter *(Ghee)* wird in Indien in einem Siedeverfahren hergestellt: Dabei wird die Butter bei mittlerer Hitze zerlassen und flüssig gehalten, bis sich das geronnene Eiweiß abgesetzt hat. Anschließend wird die Butter gefiltert. Um das bei uns übliche Butterschmalz herzustellen, trennt man hingegen das Eiweiß unter Hitzeeinwirkung ab und lässt das restliche Wasser bei starker Hitze verdampfen. Indisches *Ghee* hat einen angenehmen, leicht nussigen Geschmack. Man kann es entweder im Asialaden kaufen oder selbst zubereiten. Es ist im Kühlschrank monatelang haltbar.

KADHAI:
Die typisch indische Pfanne wird auch *karahi* genannt. Sie ist wokähnlich geformt, mit zwei Griffen und einem Deckel. Sie wird zum Frittieren, Braten und Dünsten benutzt. In der traditionellen Form ist die Pfanne gewölbt, sodass sie nur auf Gasherden verwendet werden kann. Moderne *kadhais* besitzen – wie herkömmliche Bratpfannen – einen ebenen Boden und eignen sich für alle Herdtypen.

RÖSTEN:
Lebensmittel (z.B. Fladenbrot) und Gewürze ohne Zugabe von Fett oder Flüssigkeiten durch starkes Erhitzen in der Pfanne, im Ofen oder über offener Flamme bräunen.

SCHNELLKOCHTOPF:
Ein spezieller luft- und wasserdicht verschließbarer Kochtopf, in dem beim Erhitzen ein hoher Dampfdruck aufgebaut wird. Dadurch werden höhere Temperaturen (bis zu 120 °C) erreicht als beim herkömmlichen Kochen, wodurch die Speisen schneller garen. Vor Gebrauch die Bedienungsanleitung des Herstellers beachten.

TANDOOR:
Der große, fassförmige Lehmofen (auch *tandur*) wird traditionell mit Holz beheizt. Heute gibt es auch kleine, transportable Öfen, die mit Gasbrennern betrieben werden. Der fassförmige Innenraum wird so heiß, dass Fladenbrote, die man mithilfe von Wasser an die innere Ofenwand klebt, in wenigen Minuten gebacken sind.

TAWA:
Das indische Backblech, auch *tava*, auf dem in Indien die Fladenbrote gebacken werden. Es besteht aus Gusseisen oder dickem, antihaftbeschichtetem Aluminiumblech und hat einen Stiel, der bei modernen *tawas* hitzebeständig ist. Zum Brotbacken wird das Blech auf den Herd gestellt und erhitzt. Ersatzweise kann man eine Crêpespfanne verwenden.

WASSERBAD:
In einem zum Teil mit erhitztem Wasser gefüllten größeren Topf wird ein kleineres (Metall-)Gefäß gehängt. Darin wird bei schwacher Hitze z.B. Schokolade geschmolzen oder bei starker Hitze eine dünne Teigschicht gebacken.

REGISTER

A
Ajowan-Puri 214
Ajowan-Roti, knusprige 207
Ananas-Kartoffel-Salat 68
Ananas-Kiwi-Cooler 30
Apfel-Vanille-Kuchen 276
Auberginen-Pilaw 186
Auberginentaler, gebratene 168

B
Baby-Maiskolben mit Paprika 163
Bhatura 213
Birnen-Drink 31
Birnen-Wasserkastanien-Salat 53
Blumenkohl mit Kartoffeln 135
Blumenkohl-Gratin, indisches 160
Blumenkohlröschen, goldene 130
Bockshornklee-Kartoffeln 158
Bohnen mit Baby-Maiskolben 162
Bohnen-Dal für besondere Anlässe 122
Bohnen-Nudel-Salat 64
Bohnen-Pfannkuchen, gefüllte 78
Bohnenbällchen in pikanter Sauce 146
Bohnenpudding, exotischer 256
Boondi mit Sahne 254
Brise, grüne 33
Brokkoli-Käse-Kebabs 94
Brokkoli, frittierter, im Sesammantel 96
Brotteigkörbchen, gefüllte 112
Buntes Gemüse mit Tomaten-Masala 173
Burger auf indische Art 84

C
Champignons, gefüllte 106
Cheesecake mit Zitrone 272
Chili-Knoblauch-Chutney 230
Chili-Knoblauch-Joghurt 222
Chili-Pickles, schnelle 242
Chutney, grünes 241
Chutney, süßsaures 229

Curry mit dreierlei Hülsenfrüchten 138
Curry-Bällchen, goldene 118
Curry-Köfte, zarte 124
Curry-Trio, klassisches 154

D
Dattel-Ananas-Dessert 250
Dattel-Joghurt-Dip 227
Dreierlei-Zwiebel-Pilaw 176

E
Eingelegte Zwiebeln 235
Eistee, süßer 27
Erbsen-Käse-Auflauf 164
Erbsencremesuppe 47
Erdbeer-Kokos-Erfrischungsdrink 24
Erdbeer-Reispudding 252
Erdnuss-Bohnen, grüne 142
Erdnuss-Chutney 237
Erdnuss-Sago 76
Exotischer Bohnenpudding 256
Exotisches Gemüse-Trio 159

F
Feiner Frucht-Nuss-Pudding 246
Feines Pilzsüppchen 40
Fenchel-Fladenbrot 210
Frittierte Baby-Maiskolben 99
Frittierte gefüllte Chilischoten 105
Frittierte Kartoffeltaler 104
Frittierter Brokkoli im Sesammantel 96
Frucht-Nuss-Pudding, feiner 246
Fruchtjoghurt 219

G
Gartenerbsen, grüne 155
Gebratene Auberginentaler 168
Gefüllte Bohnen-Pfannkuchen 78
Gefüllte Brotteigkörbchen 112

Gefüllte Champignons 106
Gefüllte Chilischoten, frittierte 105
Gefülltes Hirsebrot 204
Gelber Zitronenreis 179
Gemüse-Sandwiches 111
Gemüse-Trio, exotisches 159
Gemüse-Vermicelli 98
Gemüse, buntes, mit Tomaten-Masala 173
Gemüsejoghurt 224
Gemüsereis mit Kartoffeln 195
Gemüsereis mit Mungbohnen 185
Gemüsesuppe 50
Gemüsesuppe, grüne 39
Gerollte Paratha-Fladen 198
Gesundheits-Dal, herzhafter 75
Gewürzreis mit Kreuzkümmel 184
Goldene Blumenkohlröschen 130
Goldene Curry-Bällchen 118
Granatapfel-Punsch 32
Grießpudding, süßer 264
Grüne Brise 33
Grüne Erdnuss-Bohnen 142
Grüne Gartenerbsen 155
Grüne Gemüsesuppe 39
Grüne Jackfrucht, pikant gewürzte 143
Grüner Joghurt 220
Grüner Zucchinisalat 54
Grünes Chutney 241
Grünes Knoblauch-Chutney 232
Grünes Kokos-Chutney 233

H/I
Herzhafte Kartoffeltaschen 108
Herzhafter Gesundheits-Dal 75
Herzhafter Jackfrucht-Reis 190
Hirsebrot, gefülltes 204
Indische Quesadillas 202
Indisches Blumenkohlgratin 160

J

Jackfrucht-Curry, tropisches 144
Jackfrucht-Reis, herzhafter 190
Joghurt-Drink, würziger 26
Joghurt-Milchreis, pikanter 178
Joghurt-Senf-Dip 226
Joghurt, grüner 220
Joghurt, scharf gewürzter 225

K

Kachori mit Urdbohnenfüllung 212
Kartoffel-Blumenkohl-Eintopf 44
Kartoffeljoghurt 218
Kartoffeln mit Kreuzkümmel 134
Kartoffelplätzchen, pikante 115
Kartoffelsalat mit Zwiebel-Pickles 52
Kartoffeltaler, frittierte 104
Kartoffeltaschen, herzhafte 108
Käse-Safran-Tikka 90
Käsekugeln, süße, in Sirup 270
Kichererbsen-Curry mit Spinat 149
Kichererbsen-Kebabs 80
Kichererbsen-Nugget-Curry 150
Kichererbsenrollen, würzige 82
Kichererbsensalat 58
Kichererbsensuppe 51
Kichererbsenwürfel 92
Kirschtomaten-Chutney 238
Klassische Paratha 196
Klassische Roti 206
Klassisches Curry-Trio 154
Klößchen, würzige 37
Knoblauch-Chutney, grünes 232
Knusprige Ajowan-Roti 207
Kochbananen in Joghurtsauce 139
Kokos-Chutney 236
Kokos-Chutney, grünes 233
Kokos-Drink 28
Kokosnuss-Chutney 240
Korianderreis mit Paneer 194
Kräuterkartoffeln, würzige 132
Kürbisdessert, nussiges 260
Kulcha, scharf gewürzte 215

L

Linsensuppe mit Pilzen und Kürbis 38
Lotos-Sago-Kebabs 102
Lotoswurzel-Kartoffel-Fritten 100
Lotoswurzel-Pilaw 177

M

Mais-Chili-Joghurt 221
Mais-Spinat-Auflauf 166
Maisbällchen, scharf-süße 77
Maisbrot mit Bockshornklee 200
Maiscurry mit Koriander 152
Mango-Chutney mit Jaggery 239
Masala-Maispuffer 211
Minz-Joghurt-Chutney 234
Minzlimonade 29
Minztee 35
Möhrenpudding 263
Mondsicheln, süße 268
Mungbohnensprossen mit Paprika 171

N

Nudel-Kartoffel-Salat 70
Nudelsalat mit Lotos 60
Nudelsalat, orientalischer 62
Nussiges Kürbisdessert 260

O

Okra mit Perlzwiebeln 169
Okra-Joghurt 223
Orientalischer Nudelsalat 62

P/Q

Paneer auf Florentiner Art 128
Paneer mit Bockshornklee 120
Paneer mit Erdnuss-Chutney 87
Paneer-Gemüse-Suppe 46
Paneer-Tikka mit Minze 88
Paratha-Fladen, gerollte 198
Paratha-Sandwiches 197
Paratha, klassische 196
Pikant gewürzte grüne Jackfrucht 143
Pikante Kartoffelplätzchen 115
Pikanter Joghurt-Milchreis 178
Pikantes Tomaten-Chutney 231
Pilz-Käse-Toast 110
Pilzkroketten 93
Pilzsüppchen, feines 40
Pilztopf mit Minze 156
Power-Frühstück 74
Quesadillas, indische 202

R

Reis, würziger, mit Toor-Linsen 188
Reispudding mit Kardamom 258
Rosen-Joghurt-Shake 25
Röstpaprika mit Paneer 136
Roti, klassische 206
Rübchen-Relish 243

S

Safran-Gemüse-Pilaw 182
Safran-Kahwah 34
Safran-Nuss-Milch 36
Safran-Nuss-Pudding 248
Safran-Paneer, zarter 126
Safran-Pistazien-Eis 265
Safranreis, süßer 262
Sago-Küchlein 114
Salat-Wrap, würziger 56
Salatmix mit Jaggery-Dressing 59
Sautierte Wasserkastanien 86
Scharf gewürzte Kulcha 215

Scharf gewürzter Joghurt 225
Scharf-süße Maisbällchen 77
Scharf-süße Sauce 228
Schnelle Chili-Pickles 242
Schokoladenkuchen 274
Sesam-Pralinen 266
Spinat mit Kichererbsen 172
Spinat-Pilaw 180
Spinatbällchen in Joghurtsauce 140
Spinatcremesuppe 42
Süße Käsekugeln in Sirup 270
Süße Mondsicheln 268
Süßer Eistee 27
Süßer Grießpudding 264
Süßer Safranreis 262
Süßkartoffelsalat 66
Süßsaures Chutney 229

T

Taschentuch-Rollen 208
Tomaten-Chutney, pikantes 231
Tomatencremesuppe 43
Tomatenreis 189
Tomatenschiffchen mit Paneer 67
Tropisches Jackfrucht-Curry 144

V

Vanillepudding mit Früchten 255
Vermicelli-Pudding 259

W

Wasserkastanien-Spargel-Pilaw 192
Wasserkastanien, sautierte 86
Weißkohl mit Erbsen 153
Würzige Kichererbsenrollen 82
Würzige Klößchen 37
Würzige Kräuterkartoffeln 132
Würziger Joghurt-Drink 26

Würziger Reis mit Toor-Linsen 188
Würziger Salat-Wrap 56
Würziges Zucchinigemüse 170

Z

Zarte Curry-Köfte 124
Zarter Safran-Paneer 126
Zitronenreis, gelber 179
Zucchini-Mungbohnen-Dal 148
Zucchini-Spargel-Cremesuppe 48
Zucchinigemüse, würziges 170
Zucchinisalat, grüner 54
Zwiebeln, eingelegte 235

GRUNDZUBEREITUNGEN

Frische Würzpasten zubereiten 292
Gemüse blanchieren 290
Gemüse vorbereiten 284–287
Gewürze mischen und rösten 294–295
Gewürze zum Aromatisieren von Currys 291
Grundzubereitungen für Desserts 304–305
Hülsenfrüchte im Schnellkochtopf
garen 282–283
Khoya herstellen 301
Klassische Vinaigrette 297
Kochen mit Paneer (Frischkäse) 298–299
Kochen mit Tomaten 288–289
Naturjoghurt herstellen 300
Nüsse zubereiten 306
Reis garen 303
Safran-Kardamom-Gewürz herstellen 296
(Süß-)Kartoffeln backen 280
Teig zubereiten 301
Toastbrot einweichen 303
Typische Zutaten vorbereiten 302
Vorgaren im Schnellkochtopf 281
Würzzutaten herstellen 296

BILDNACHWEIS

Eising Studio | Food Photo & Video (Martina Görlach, Katrin Oswald): S. 6–7, S. 22–23, S. 72–73, S. 116–117, S. 174–175, S. 216–217, S. 244–245, S. 278–279; S. Eising/M. Görlach: Umschlagrückseite; Stockfood/C. Cooke: S. 4; StockFood/U. Koeb: S. 8–9

MENÜS FÜR BESONDERE ANLÄSSE

MENÜ 1

Rosen-Joghurt-Shake *(Lassi Gulbahar)*	25
Burger auf indische Art *(Vada Paav)*	84
Käse-Safran-Tikka *(Zafrani Paneer Tikka)*	90
Sautierte Wasserkastanien *(Garma Garam Singhade)*	86
Sesam-Pralinen *(Til Khoya Bahaar)*	266
Minztee *(Pudina Chai)*	35

MENÜ 2

Grüne Brise *(Angoori Hara Panna)*	33
Herzhafter Gesundheits-Dal *(Daliya Hara Bhara)*	75
Scharf-süße Maisbällchen *(Chatpati Makai Tikkia, serviert mit Green Coconut Chutney)*	77
Paneer mit Erdnuss-Chutney *(Mazeedaar Makai Paneer)*	87
Nussiges Kürbisdessert *(Lazeez Lauki Lacche)*	260
Minztee *(Pudina Chai)*	35

MENÜ 3

Erdbeer-Kokos-Erfrischungsdrink *(Strawberry Malaika)*	24
Gefüllte Bohnen-Pfannkuchen *(Bhare Hare Cheele)*	78
Würzige Kichererbsenrollen *(Khandvi)*	82
Lotoswurzel-Kartoffel-Fritten *(Kamal Kakdi Sandwich Kurkure)*	100
Schokoladenkuchen *(Chai-Time Choco Cake)*	274
Minztee *(Pudina Chai)*	35

MENÜ 4

Granatapfel-Punsch *(Anari Punch)*	32
Herzhafter Gesundheits-Dal *(Dalia Hare Bhara)*	75
Brokkoli-Käse-Kebabs *(Hare Paneer Kebab)*	94
Gefüllte Champignons *(Khumb Ki Katori)*	106
Dattel-Ananas-Dessert *(Lajawaab Khajoori Ananas)*	250
Minztee *(Pudina Chai)*	35

BEZUGSQUELLEN

Die meisten Zutaten und Küchenutensilien in diesem Buch sind in Supermärkten und Asialäden erhältlich. Eine Alternative bietet die Bestellung im Internet. Die besten Onlinebezugsquellen sind hier zusammengefasst:

DEUTSCHLAND

www.india-express-food.de
E-Mail: info@india-express-food.de
Außer Lebensmitteln, Süßigkeiten und Knabbereien sind hier auch einige Küchenutensilien erhältlich.

www.india-store.de
E-Mail: info@india-store.de
Viele Lebensmittel, aber auch Tafelgeschirr, Textilien, Kosmetik und Bollywood-Filme.

www.indischekuechenwelt.com
E-Mail: kontakt@indischekuechenwelt.com
Gute Auswahl an Küchenutensilien, Lebensmitteln und Gewürzen.

www.indische-lebensmittel-online.de
Größter deutscher Anbieter für indische Lebensmittel, Gewürze, Tee und Milchprodukte.

www.maharani-shop.de
E-Mail: info@maharani-shop.de
Indische Lebensmittel, Spirituosen, Geschenkideen und vieles mehr.

SCHWEIZ

www.govinda-shop.ch
E-Mail: info@govinda-shop.ch
Lebensmittel, Musik und eine Auswahl an ayurvedischen Produkten.

ÖSTERREICH

www.hongkongshop.at
E-Mail: chang@hongkongshop.at
Frische Kräuter, Gemüse, indische Lebensmittel und Kochzubehör.